mosaik

Dr. Gunther Karsten

So lernen Sieger

Die 50 besten Lerntipps

aus den internen Lernbereichen

- Forschungserkenntnisse
- Mentalfaktoren
- Lernmethoden
- Gedächtnistechniken
- Lernoptimierung

MOSAIK

MIX
Aus verantwortungsvollen Quellen
FSC® C005833

Verlagsgruppe Random House FSC-DEU-0100
Das für dieses Buch verwendete FSC®-zertifizierte Papier
Profibulk von Sappi liefert IGEPA.

1. Auflage

Umschlaggestaltung: Eisele Grafik-Design
Redaktion: Annette Baldszuhn
Layout und Satz: Barbara Rabus
Reproarbeiten: Lorenz & Zeller, Inning a. A.
Druck und Bindung: Těšínská tiskárna a.s., Český Těšín
CH · Herstellung IH
Printed in the Czech Republic
ISBN 978-3-442-39226-1

www.mosaik-verlag.de

Wer sagt, »Du musst heutzutage nichts mehr wissen,
du musst nur wissen, wo du es nachschlägst«,
hat meiner Meinung nach etwas missverstanden.

Jimmy Wales, Begründer von www.wikipedia.org
(der größten Sammlung menschlichen Wissens im Internet)

Inhalt

Vorwort

»So lernen Sieger – Die 50 besten Lerntipps« bringt eigene Erinnerungen an ein Forschungsprogramm zurück, das meine Kollegen und ich in den 1980er-Jahren am Max-Planck-Institut für Bildungsforschung durchgeführt haben.* Wir haben unsere Versuchsteilnehmer in einigen der im Buch beschriebenen Mnemotechniken unterrichtet, z. B. einer Kombination aus der Loci-Methode (Tipp 31) und der Ziffer-Konsonanten-Kodierung (Tipp 37). Ein für uns damals unerwarteter Befund war, dass eine 70-jährige Frau es schaffte, 120 Zufallszahlen, die ihr im Acht-Sekunden-Takt einzeln nacheinander präsentiert wurden, in der richtigen Reihenfolge wiederzugeben. Es hatte immerhin 16 Minuten gedauert, bis sie alle Zahlen aufgenommen hatte! Nun handelte es sich hierbei um die Teilnehmerin, die sich im Verlauf von 30 Übungssitzungen als die mit dem größten Lernpotenzial erwiesen hatte.

Es gab natürlich auch Teilnehmer, denen solche Leistungen nicht mehr möglich waren. Insgesamt aber trifft es sicher zu, dass Lerntipps, wie sie in diesem Buch beschrieben werden, mit großer Wahrscheinlichkeit vom jungen bis ins hohe Alter wirksam sind, wenn zwei Voraussetzungen erfüllt sind: Gesundheit und regelmäßiges und gezieltes Üben.

Der Erwerb von geistigen Fertigkeiten unterscheidet sich im Grundsatz nicht von musikalischen oder sportlichen Fertigkeiten. Lernen, Klavier zu spielen, befähigt nicht zum Trompetespielen, obwohl man sich vermutlich leichter tut, Letzteres zu lernen, wenn man das Erste bereits bewältigt hat. Vor diesem Hintergrund sollte

* http://opus.kobv.de/ubp/volltexte/2009/4024/

man eher nicht ganz allgemein über das »schlechte Gedächtnis« klagen, sondern ganz konkret das Gedächtnis- oder Lernproblem benennen, das wirklich stört und für dessen Beseitigung man auch bereit ist, die Zeit aufzuwenden, die für den Erwerb jedes einzelnen Lerntipps erforderlich ist. Die Verbesserung des Namensgedächtnisses erfordert ein anderes Trainingsprogramm als die Verbesserung des Textverständnisses.

Wenn man die Fertigkeit für den Alltag tauglich werden lassen möchte, dann reicht es leider auch nicht zu verstehen, wie die Fertigkeit im Prinzip funktioniert. Wie im Sport erfordert der Erwerb sehr viel Übung; im Idealfall sollte die Anwendung eines Lerntipps automatisch ausgelöst werden. Schafft man diese Stufe, dann gilt auch für geistige Fertigkeiten, was beispielsweise Skifahrern und Tänzern sehr vertraut ist: Auch nach sehr langen Pausen fällt es erstaunlich leicht, diese Fertigkeiten wieder abzurufen. Anders als vieles andere, was wir erleben oder lesen, scheinen wir fertigkeitsgebundene Verhaltensabläufe kaum zu vergessen. Ich prüfe seit meiner damaligen Forschung einmal oder zweimal im Jahr, ob meine Gedächtnistechnik noch funktioniert, beispielsweise zur Demonstration in einer Gedächtnisvorlesung. Bisher ging immer alles noch gut ...

Eine Besonderheit dieses Buches ist es, dass sein Autor Gedächtnisweltmeister ist. Er gehört damit zu einer kleinen Gruppe von Menschen, die in der Kulturgeschichte einen festen Platz gefunden haben. Dr. Gunther Karsten erwähnt die lange Tradition der Gedächtniskunst, die seit den alten Griechen belegt und ein fester Bestandteil der abendländischen Kunst- und eben auch Kulturgeschichte ist. Wer sich davon gefangennehmen lassen möchte, dem sei vor allem das Buch *The Art of Memory* von Frances Yates empfohlen. Wenn man in früheren Zeiten die Gedächtniskunst bis ins Kleinste beherrschte, sprach man von *Gedächtniskünstlern*, heutzutage ist die höchste Auszeichnung der Titel *Gedächtnisweltmeister*.

Der Begriff *Künstler* trifft genau, was damals wie heute gilt: dass mit Kreativität und Fantasie (Tipp 13) beim Prozess des Lernens auch eine erstaunliche Ästhetik von Gedankenbildern entstehen kann – letztlich einer der entscheidenden Faktoren für herausragende Behaltensleistungen! Was ich damit meine, versteht man, sobald man die Lerntipps selbst ausprobiert.

REINHOLD KLIEGL, PhD

Professor für Psychologie (Universität Potsdam)
Leibniz-Preis-Träger der Deutschen Forschungsgemeinschaft

1

Der Einstieg: Warum das Lernen lernen?

Vielleicht stellst du dir, lieber Leser, genau diese Frage, wenn du mein Buch in Händen hältst! Denn egal, wie alt du bist, musstest du ja bereits seit Jahren oder Jahrzehnten in deinem Leben viele Dinge lernen und hast somit das Lernen immer wieder praktiziert. Wenn du die Tätigkeit des Lernens also schon Hunderte oder Tausende Stunden vollzogen hast (und sicherlich auch recht erfolgreich), warum solltest du dich dann noch mit einem Buch beschäftigen, das das Lernen lehrt?

Du wirst dich vermutlich auch nicht damit beschäftigen, wie man »atmet«, »sieht« oder »geht«, denn auch das tust du (fast) seit deiner Geburt und beherrschst es bestimmt bereits ganz ausgezeichnet. Doch der große Unterschied zwischen den erwähnten Fähigkeiten (Gehen, Sehen, Atmen) und dem Lernen besteht darin, dass wir noch genauso gehen, sehen und atmen wie unser Vorfahre, der wissenschaftlich als *Homo erectus* bezeichnete Mensch vor 1,8 Millionen Jahren, als er seine »fortschrittlichen« Faustkeile und sonstigen Steinwerkzeuge herstellte.

Im Gegensatz dazu sind die Anforderungen an das heutige Lernen dramatisch gestiegen! Unsere natürliche Fähigkeit zu lernen wurde zum höchsten Kulturgut unserer Gesellschaft erhoben, weshalb wir im flottesten Falle nach 25 000 Stunden Lernzeit aus der Schule entlassen werden. Oder gar erst nach 25 Jahren der Ausbildung als promovierter Akademiker endlich in den Beruf einsteigen dürfen (wobei wir dann bereits fast 40 Prozent unserer durchschnittlichen Lebenszeit »verbraucht« haben). Und dann geht selbstverständlich auch in jedem Beruf das Lernen ohne Unterlass weiter, ob nun durch Fortbildungen, Weiterbildungen, Zusatzqualifikationen, das Lesen von Fachzeitschriften, das Aneignen von neuen Arbeitstechniken oder einfach durch das fachliche »Am-Ball-Bleiben«.

Um diese gewaltige geistige Aufgabe souverän bewältigen zu können, ist es in der Tat erforderlich, das Lernen zu lernen, und zwar unter Nutzung aller bisherigen über das Lernen bekannten wissenschaftlichen Erkenntnisse, unter Anwendung aller effizienten Lernmethoden und Lerntechniken und unter Einsatz aller mentalen Fähigkeiten, die wir Menschen im Laufe der Evolution entwickelt haben.

Genau das ist das Anliegen meines Buches: dir zu helfen, den Entwicklungssprung vom durchschnittlichen Homo sapiens zum hoch entwickelten, an die Anfordernisse unserer Informationswelt optimal angepassten »Homo studiosus« zu schaffen.

Wie du dieses Buch lesen solltest

Zu diesem Zweck stelle ich dir 50 Lerntipps vor, die ich in fünf Bereiche aufgeteilt habe. Du brauchst das Buch aber nicht unbedingt von vorne nach hinten durchzulesen, sondern kannst ruhig mit den Tipps anfangen, die dich am meisten interessieren oder neugierig machen. Jene Tipps, die du im Grunde schon gut kennst, kannst du auch nur überfliegen und so Zeit sparen.

Der Aufbau der Kapitel mit den einzelnen Lerntipps folgt immer dem gleichen Schema: Am Anfang steht eine kurze beschreibende Erklärung des Lerntipps. Danach wird er detailliert erläutert. Im Anschluss daran folgt ein Informationskasten – entweder mit einer den Lerntipp betreffenden wissenschaftlichen Studie (»Aus der Wissenschaft«) oder mit Anwendungsbeispielen aus der Praxis (»Aus der Praxis«). Zusätzlich habe ich noch zahlreiche Anekdoten und Aphorismen eingestreut, um die Lektüre des Buches einprägsamer, kurzweiliger und spannender zu gestalten.

Außerdem habe ich als Anrede das »Du« gewählt; ich hoffe, auch ein älterer Leser stört sich nicht daran. Insbesondere durch meine vielen Vorträge und Seminare habe ich die Erfahrung gemacht, dass ich mein Wissen der Zuhörerschaft in einer lockeren, entspannten und freundschaftlichen Atmosphäre viel leichter vermitteln kann. Und diese für das Lernen optimale Atmosphäre entsteht viel eher durch das offene »Du« als durch das steife »Sie«.

Nicht immer war es möglich, jeden der 50 Lerntipps ganz ausführlich zu behandeln. Falls du nun einen etwas komplexeren Lerntipp sehr interessant findest (z. B. *Mind Mapping, Loci-Methode, Master-System, PQ5R-Methode)* und noch nicht viel darüber weißt, rate ich dir, zu weiterführender Literatur zu greifen, um noch mehr Einzelheiten und Finessen zu erfahren (am Ende des Buches findest du eine Auflistung entsprechender Literatur). Trotzdem habe ich versucht, jeden Lerntipp so eingehend zu beschreiben, dass du ihn meistens gleich in die Praxis umsetzen kannst.

Wenn du dich in das Buch vertiefst, wird dir auffallen, dass einige für das Lernen wesentliche Aspekte, wie der Schlaf oder unsere Emotionen, mehrmals die Grundlage für einen Lerntipp darstellen. Das Motiv hierfür ist die immense Bedeutung dieser Faktoren für das Lernen, und zwar bedingt durch die verschiedenen Facetten, unter denen ihre Wirksamkeit für das Lernen zu sehen ist. Zudem ist es sicherlich auch nachzuvollziehen, dass die 50 Lerntipps nicht völlig separat voneinander stehen, sondern es teilweise auch Überschneidungen geben kann (z. B. ist ein Hauptaspekt bei der *Mind-Mapping-Methode* die in einem anderen Lerntipp erwähnte *Visualisierung*).

Wie du deinen Lernquotienten (LQ-Wert) bestimmen kannst

Wie effektiv lernst du bereits? Um deine Effektivität beim Lernen bestimmen zu können, führe ich in diesem Buch den Begriff Lernquotient (LQ) ein. Dieser Wert gibt an, in welchem Ausmaß du alle hier beschriebenen Lerntipps nutzt. Um deinen persönlichen LQ-Wert am Ende des Buches zu erhalten, musst du nur, nachdem du ein Kapitel über einen Lerntipp gelesen hast, eine Selbstbeurteilung abgeben, und zwar mit einer Punktzahl von 0 (diesen Lerntipp nutze ich gar nicht) bis 10 (diesen Lerntipp nutze ich immer oder sehr intensiv). Hierbei ist zu beachten, dass du dir auch dann eine hohe Punktzahl geben kannst, wenn du dich früher irgendwann einmal intensiv mit dem Lerntipp beschäftigt hast und ihn daher bereits gut kennst, er aber aus irgendwelchen Gründen für dich nicht relevant ist. Auch wenn deine

Beurteilung natürlich eine rein subjektive Selbsteinschätzung ist, erhältst du trotzdem eine sehr wertvolle und hilfreiche Aussage über dein Lernverhalten (gleichwohl wäre es förderlich, durch die Diskussion und den Vergleich mit anderen deinen Wert ein wenig zu »objektivieren«).

Es gibt noch einen weiteren triftigen Grund, weshalb du eine Punktbewertung für jeden Lerntipp vornehmen solltest: Indem du über deine bisherige Nutzung des Lerntipps reflektierst, befasst du dich eingehender mit meinen Erläuterungen dazu und speicherst sie dadurch fester und nachhaltiger ab. Man kann auch sagen, dass du durch deine Selbsteinschätzung eine höhere Verarbeitungstiefe bei der Informationsaufnahme erreichst.

Am Ende jedes der fünf Hauptkapitel, die immer zehn Lerntipps umfassen, kannst du dann deine zehn einzelnen Punktbewertungen addieren und so deine Lerneffektivität bezüglich eines Themenbereichs bestimmen. Nach der Lektüre des gesamten Buches addierst du die Punkte von sämtlichen 50 Lerntipps, wodurch du deinen LQ-Wert erhältst.

LQ steht für Lernquotient in Anlehnung an den IQ (Intelligenzquotient). Er ist der Quotient aus deiner Punktzahl und der Maximalpunktzahl von 500 Punkten und gibt dir deine Lerneffektivität hinsichtlich aller im Buch beschriebenen Lerntipps an. Wo wirst du liegen?

Wie du die Verbesserung deiner Lerneffektivität feststellen kannst

Anhand der Lernquotient-Tabelle am Ende des Buches kannst du auch unmittelbar sehen, in welchen Bereichen des Lernens du schwächer als in anderen der insgesamt fünf Lernbereiche bist. Sicherlich ist es ratsam, gerade in solchen schwächeren Bereichen deine Lerngewohnheiten zu überdenken, meine Lerntipps aufzugreifen und sie für eine gewisse Zeit auszuprobieren.

Einige Tipps können dir sehr schnell helfen (z. B. die *Marker-Methode* oder der *Priming-Effekt*), da sie leicht umzusetzen sind. Bei anderen dauert es dagegen etwas länger, bis du sie beherrschst oder deine Lerngewohnheiten umstellst (z. B. *Master-System, Mind-Mapping* oder *Loci-Methode*).

Wenn du dann nach einer gewissen Zeit des Ausprobierens, Erlernens und Anwendens der Lerntipps neugierig geworden bist, inwieweit sich deine Lerneffektivität gesteigert hat, rate ich dir, nach circa drei bis sechs Monaten die Tipps nochmals anzuschauen und erneut zu beurteilen, wie intensiv du nun die 50 Lerntipps in dein Lernverhalten integriert hast. Ich hoffe sehr, dass dann dein LQ-Wert deutlich höher liegt als bei deiner ersten Beurteilung!

Wie du aktiv auf www.Lerntipps-vom-Weltmeister.de mitwirken kannst

Die 50 hoffentlich für dich sehr hilfreichen Lerntipps aus diesem Buch findest du auch auf meiner Website www.Lerntipps-vom-Weltmeister.de – allerdings nur als Kurzbeschreibung. Die Webseite startet mit jeweils einem Tipp aus jedem der fünf Lernbereiche, wobei die Tipps dann wöchentlich erweitert werden. Aufschlussreich für alle, die am Thema Lernen Interesse haben, ist, dass die User selbst darüber abstimmen können, ob sie einen Lerntipp für sinnvoll halten oder nicht. Oder sie können angeben, ob sie ihn bisher noch nicht genutzt haben (z. B. weil sie ihn vielleicht noch nicht kannten). Somit kannst du dort einsehen, welche Tipps von allen anderen Lerninteressierten als besonders probat erachtet werden und welche nicht, da diese Tipps dann im Ranking (das wöchentlich aktualisiert wird) ganz oben stehen.

Mein Wunsch an DICH: Mach bitte auch DU bei der (kostenlosen) Abstimmung auf www.Lerntipps-vom-Weltmeister.de mit und trage so dazu bei, die »Besten der Besten« zu finden!

Übrigens kannst du mir gerne weitere Tipps, die du neben meinen 50 Lerntipps noch als wichtig einschätzt, zumailen. Unter »Leser-Lerntipps« ergänze ich auf meiner Webseite meine Lerntipps um weitere sinnvolle Tipps, die ebenfalls das Lernen effektiver gestalten können oder zu mehr Freude beim Lernen führen.

Wie du deine Lerneffektivität mit anderen vergleichen kannst

Zudem kannst du auch deinen Anfangs-LQ-Wert (also deinen beim ersten Durchlesen meines Buches erhaltenen Wert) und deinen End-LQ-Wert (nach deiner erneuten Selbstbewertung etwa drei bis sechs Monate später) auf der Webseite www.Lerntipps-vom-Weltmeister.de eintragen. Dadurch ergibt sich ein Mittelwert aller interessierten und aktiven Leser, und du bekommst ein direktes Feedback, wo du bezüglich deiner Lerneffektivität stehst.

Wie du dir deine Lern-Zukunft vorstellen kannst (Lernerfolgs-Storys)

Es ist im Grunde belanglos, wie gescheit du bist, in welche Klasse du gehst, in welchem Semester du studierst oder welche berufliche Laufbahn du eingeschlagen hast – jeder kann sich noch verbessern und sein Gehirn noch optimaler nutzen. Seine mentalen Möglichkeiten besser auszuschöpfen, bedeutet dabei nicht unbedingt, von morgens bis abends ununterbrochen zu büffeln, sich tagein, tagaus im stillen Kämmerlein Wissen reinzuschaufeln oder ein zurückgezogener Bücherwurm oder unbeliebter Streber zu werden (leider hat der Begriff »Streber« bei uns eine negative Bedeutung, obgleich es doch toll ist, nach mehr Können und Wissen zu streben). Denn wie du sehen wirst, gibt es in der Tat Methoden, Techniken, Strategien und wissenschaftliche Erkenntnisse, mit denen man zwar nicht ganz ohne Anstrengung, aber dennoch relativ leicht deutlich effektiver lernen kann.

Als zusätzliche Motivation und damit du erkennst, welche Triumphe eigentlich beim Lernen für die Schule, das Studium, die Ausbildung oder den Beruf möglich sind, habe ich die beeindruckenden Lernerfolgs-Storys einiger Personen aus meinem Leben zusammengestellt. Somit darfst du mir glauben, dass auch für dich erstaunliche Lernleistungen möglich sind, auch wenn du sie jetzt vielleicht noch für völlig unmöglich hältst!

Kim, 8 Jahre: Meine Tochter Kim musste für eine anstehende Klassenarbeit die zehn wichtigsten Sicherheitsaspekte in Bezug auf Strom und Elektrizität lernen. Im Grunde hatte sie diesen Lernstoff auch verstanden. Doch es kam schnell Frustration auf, als sie alle zehn Punkte aus dem Gedächtnis wiedergeben sollte, denn trotz größter Anstrengung fehlten ihr immer wieder vier oder fünf wichtige Punkte. Sie fing schon zu quengeln an und wollte aufgeben. Ich erklärte ihr dann, was es mit den Speicherfaktoren des Gedächtnisses auf sich hat und wie man sie für diese Lernaufgabe einsetzen kann. Nach kurzer Zeit kam dann bei ihr wieder Freude beim Lernen auf. Und am nächsten Morgen zählte sie gleich nach einem strahlenden »Guten Morgen« ganz selbstbewusst alle zehn Lerninformationen so locker auf, als wäre es ein Kinderspiel – was es übrigens nun auch für sie war! Ein paar Tage später brachte sie voller Stolz die zensierte Klassenarbeit nach Hause, sie hatte eine »1« bekommen – wow!

Clemens, 17 Jahre: Als Gymnasiast hat Clemens alle bedeutsamen Kerninformationen des ganzen Schuljahres in Philosophie mittels der Speicherfaktoren Transformation, Assoziation und Lokalisation gelernt. Über 150 solcher Einzelinformationen, wie die Namen aller behandelten Philosophen, deren Grundthesen, die zugrunde liegenden Argumentationsketten und berühmte Aphorismen, speicherte er auf diese Weise sicher ab. Das Resultat: Er schrieb mit einer »1« als Note mit großem Abstand die beste Jahresabschlussklausur!

Boris, 23 Jahre: Als Informatik-Student hat Boris nebenbei noch Betriebswirtschaftslehre studiert. Aus Zeitmangel besorgte er sich für die Hauptprüfungen immer erst am Freitag das Vorlesungsskript bzw. die Lehrbücher und arbeitete sie übers Wochenende durch. Dabei nutzte er sehr ausgiebig die sogenannte Loci-Methode und legte damit die Hauptinformationen des Prüfungsstoffs auf circa 200 bis 300 mentalen Ankerpunkten ab, die er dann in der Prüfung gezielt abschritt und dadurch wiedergeben konnte. Nach seiner Aussage war die Topnote »Sehr gut« für ihn immer sicher; wobei er nie verstehen konnte, warum die meisten anderen Studenten viele Wochen oder gar Monate für ihre Prüfungsvorbereitungen benötigten.

Michaela, 38 Jahre: Meine Frau Michaela (ehemals auch erfolgreiche Gedächtnissportlerin) hatte sich nach vielen Jahren der Mutterrolle für eine Stelle als Internationale Sales-Managerin bei einer Röntgengeräte-Vertriebsfirma im tiermedizinischen Bereich beworben. Tatsächlich hatte sie den Job auch bekommen und sollte sich nun innerhalb von zwei bis drei Monaten hauptsächlich zu Hause in das komplexe Fachgebiet einarbeiten. Beim Lernen griff sie natürlich auf ihre noch vom Gedächtnissport geläufigen Lerntechniken zurück, nutzte zudem u. a. die Memo-Mapping-Methode und beachtete die wichtigsten (in diesem Buch beschriebenen) Grundprinzipien für ein effektives Lernen. Du kannst dir kaum vorstellen, wie verdutzt der Chef war, als sie sich bereits nach etwas mehr als zwei Wochen von ihm testen ließ und sie alles bis ins kleinste Detail wusste. So etwas hatte er in seiner 15-jährigen Firmengeschichte noch nicht erlebt!

Swe Chooi, 58 Jahre: Vor einigen Jahren konnte ich mich bei einer Veranstaltung in Asien selbst von einer unglaublichen Gedächtnisleistung überzeugen. Dort durfte ich die Behauptung eines mir seit Jahren bekannten Mannes von fast 60 Jahren überprüfen, dass er nämlich das ganze 1774 Seiten umfassende »Oxford-Wörterbuch« im Gedächtnis abgespeichert hätte. Dafür drückte er mir das monströse Werk lächelnd in die Hände und bat mich, irgendeine englische Vokabel auszuwählen, er würde dann deren Nummer (all die zigtausend Vokabeln sind durchnummeriert) sowie die englische Definition der Vokabel fast wortwörtlich aufsagen. Und tatsächlich, als ich ihm eine willkürlich herausgesuchte Vokabel nannte, musste er nur zwei bis drei Sekunden überlegen, sagte mir die korrekte Kennzeichnungsnummer (so etwas wie »Das ist das 37 394ste Wort«) und die genaue Definition. Alle weiteren Testfragen beantwortete er ebenfalls hundertprozentig richtig. Verblüffend! Doch auch er benutzte lediglich die in meinem Buch beschriebenen Lern- und Merkstrategien, wie die Schlüsselwortmethode, den Speicherfaktor Visualisation und die Loci-Methode!

Ich hoffe, diese ersten authentischen Anekdoten haben dich angespornt und neugierig gemacht auf das spannende Abenteuer Lernen!

2

Lerntipps aus der wissenschaftlichen Forschung

Tipp 1

Serieller Positions-Effekt

Einer der aus der Gedächtnisforschung bekannten klassischen Effekte ist der Serielle Positions-Effekt. Hierunter versteht man, dass bei der Darbietung von mehreren Informationen über einen gewissen Zeitraum hinweg hauptsächlich die am Anfang sowie am Ende dargebotenen Informationen im Gedächtnis behalten werden. Diese allgemeine Erkenntnis hat weitreichende Konsequenzen für ein effizientes Lernen.

Im Grunde kennen die meisten von uns den Seriellen Positions-Effekt bereits von einem Vortrag oder einer Rede. Man erinnert sich dabei in der Regel am deutlichsten an den Anfang und an das Ende. Dies ist auch einer der Gründe, weshalb diese beiden Teile vom Redner im Vorfeld besonders gut ausgearbeitet werden sollten.

Wissenschaftlich wurde dieses Gedächtnisphänomen, dass seriell – also nacheinander – dargebotene Informationen nicht gleich gut behalten werden, sondern je nach Position besser oder schlechter, in den letzten Jahrzehnten immer wieder bestätigt. Übrigens differenziert man noch zwischen dem sogenannten Primacy-Effekt, mit dem die gute Erinnerung an die Anfangselemente einer Auflistung bezeichnet wird, und dem Recency-Effekt, worunter man die gute Behaltensleistung der letzten Items einer Liste an Informationen versteht.

Doch tritt dieser Effekt nicht nur bei zeitlich kurzen Informationsdarbietungen (wie Listen von Wörtern, Vorträgen etc.) auf, sondern auch beim Vorlesungsstoff über ein ganzes Semester. So versagten

Studenten in den Prüfungen eher bei Fragen zum Vorlesungsstoff, der aus der Mitte des Semesters stammte, als bei den Fragen zum Stoff des Semesteranfangs oder -endes.

Ich möchte mich weniger mit den wissenschaftlichen Erklärungsansätzen für dieses Gedächtnisphänomen beschäftigen, sondern eher praktische Hinweise und Tipps geben, wie du es für deine Lernoptimierung einsetzen kannst:

- Man sollte den mittleren Teil eines umfangreichen Lernstoffs intensiver bearbeiten und häufiger wiederholen.
- Insbesondere in der Mitte von Lernabschnitten sollte man sich noch einmal energisch aktivieren und motivieren, um das Aufmerksamkeitsniveau in dieser kritischen Phase zu erhöhen.
- Präsentationen, Vorträge etc. sind so zu gestalten, dass am Anfang und am Ende wichtige Informationen kommen, jedoch im mittleren Teil die interessanten und spannenden Informationen. Oder man reichert diesen mittleren Teil durch fesselnde Anekdoten oder eine unterhaltsame Darbietung an, um die Erinnerungsschwächen auszugleichen.
- Am Ende einer Lerneinheit sollte eine kurze Zusammenfassung stehen. (Im Unterricht z. B. könnte der Lehrer immer einen Schüler die Schulstunde kurz und kompakt zusammenfassen lassen, wobei die anderen Schüler kritisch zuhören und notfalls ergänzen.)
- Die Lerneinheiten sind sowohl zeitlich als auch von der Stoffmenge her möglichst klein zu halten, sodass für jede Lerneinheit immer wieder der (positive!) Primacy- sowie Recency-Effekt zur Wirkung kommen kann. Eine solche Lerneinheit sollte bei intensivem Arbeiten 30 bis 45 Minuten nicht überschreiten. Bei eher lockeren, thematisch sehr interessanten Lernstoffen kann sich eine Lerneinheit auf maximal 90 Minuten erstrecken.

Die nachfolgende Grafik eines realen Experimentes zur Erinnerungsleistung bei zu lernenden Wortlisten zeigt zum einen recht deutlich den Seriellen Positions-Effekt. Andererseits wird auch ersichtlich, wie die in späteren Kapiteln beschriebenen Mnemotechniken die Vergessensrate im mittleren Hauptlernabschnitt stark eindämmen können (siehe auch Kasten »Aus der Wissenschaft«).

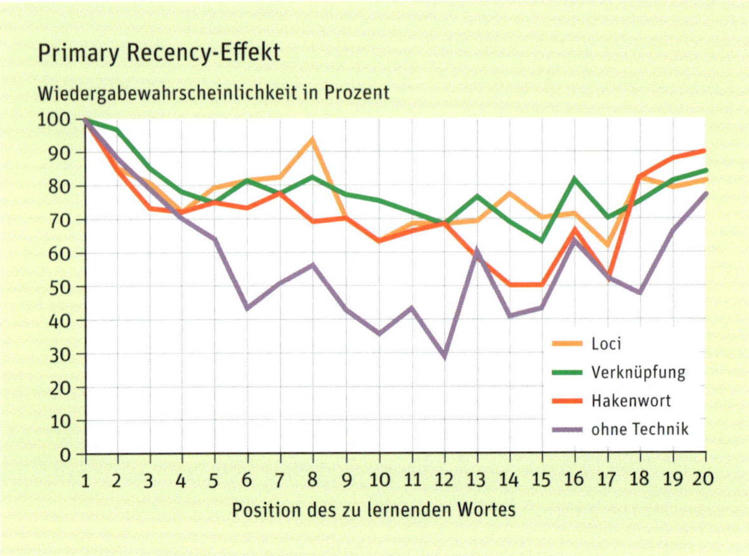

Den Versuchspersonen wurden insgesamt 20 Wörter für jeweils sieben Sekunden pro Wort gezeigt. Die Kurven geben die Wiedergabewahrscheinlichkeit für die einzelnen Wortpositionen in Abhängigkeit von der eingesetzten Lerntechnik an (Roediger, 1980). Es kam in diesem Versuchsteil bei der (sofortigen) Wiedergabe der Wörter nicht auf die genaue Positionsangabe an.

Weltrekord: Der Serielle Positions-Effekt im beschriebenen Experiment wäre schon bei einem mittelmäßigen Gedächtnissportler überhaupt nicht sichtbar, denn er/sie könnte immer alle 20 Wörter problemlos wiedergeben. Wenn man die später beschriebenen Gedächtnistechniken wirklich beherrscht, könnte man deutlich schneller und viel mehr Wörter memorieren (und nahezu fehlerfrei!). Der aktuelle Weltrekord liegt bei 300 korrekt an der richtigen Position memorierten Wörtern in 15 Minuten, also ein Wort alle drei Sekunden!

Erinnere dich also immer wieder an diesen wichtigen Behaltenseffekt für Anfang und Ende bei jedem Lernvorgang und nutze ihn!

AUS DER WISSENSCHAFT

In einer amerikanischen Studie (Roediger, 1980) hatten Versuchspersonen die Aufgabe bekommen, möglichst viele von 20 Wörtern zu behalten, die jeweils sieben Sekunden lang gezeigt wurden. Gleich danach mussten die behaltenen Wörter aus dem Gedächtnis aufgeschrieben werden. In der Grafik links sieht man deutlich den Seriellen Positions-Effekt bei allen eingesetzten Merkmethoden (d. h. mit höherer Wahrscheinlichkeit wurden Anfangs- und Endwörter behalten). Außerdem ist ersichtlich, dass der Einbruch der Merkleistung im mittleren Lernteil ganz gravierend ausfällt, wenn »normal«, also ohne Techniken gelernt wird. Nutzt man jedoch spezielle Mnemotechniken (wie die im Kapitel 3 beschriebenen), werden auch in mittlerer Position befindliche Wörter mit recht hoher Wahrscheinlichkeit im Gedächtnis behalten.

Übrigens: Wertet man nur die behaltenen Wörter, die exakt an die richtige Position von 1 bis 20 gesetzt wurden, zeigt sich ein noch drastischerer Unterschied. Ohne Lerntechnik ist im mittleren Bereich kaum ein Wort korrekt. Mit der effektivsten Loci-Gedächtnistechnik verbessert sich die Erinnerungsleistung um fast 150 Prozent (sofortige Wiedergabe) bzw. sogar um 350 Prozent (Wiedergabe nach 24 Stunden)!

Diesen Lerntipp nutze ich:

0	1	2	3	4	5	6	7	8	9	10		☞	

0 = nie 10 = immer

Tipp 2

Zeit-Anstrengungs-Axiom

Neben dem effektiven Einsatz von Lerntechniken ist der Lernerfolg von den zwei Faktoren »Zeit« und »Anstrengung« abhängig. Damit ist gemeint, dass in der Regel die gelernte Stoffmenge sowohl durch das Verlängern der Gesamtlernzeit als auch durch die Intensivierung des kognitiven Einsatzes (Anstrengung) zunimmt.

Aus der wissenschaftlichen Forschung habe ich den Kombinationsbegriff »Zeit-Anstrengungs-Axiom« abgeleitet. Im Grunde scheint dessen Bedeutung geradezu eine Binsenweisheit zu sein:

Wenn man mehr Zeit für das Lernen verwendet,
lernt man mehr;
und wenn man sich beim Lernen mehr anstrengt,
lernt man auch mehr.

Trotzdem finde ich es wichtig, auf diesen Zusammenhang ganz explizit hinzuweisen. Zum einen, da er Gegenstand zahlreicher wissenschaftlicher Untersuchungen war, und zum anderen, weil gerade bei den Faktoren Zeit und Anstrengung von vielen Lernenden immer wieder »Lernsünden« begangen werden.

Zeit

Jedem sollte klar sein, dass für die Aufnahme einer größeren Menge an Lernstoff auch eine entsprechend große Menge an investierter Lernzeit erforderlich ist. Das Gehirn benötigt einfach diese Zeit zur

Aufnahme, zur Verarbeitung und für die kurzfristige, aber auch langfristige Abspeicherung des Stoffs. Doch viele sind der Meinung, dass sie sich den Lernstoff auch ein bis zwei Tage vor der Prüfung reinpauken können und so für die Prüfung gewappnet sind. Dies mag auch mal bei dem einen oder anderen klappen, doch ein tiefgehendes Verständnis, ein kreatives, eigenes Denken unter Nutzung der neuen Informationen sowie eine dauerhafte Abspeicherung des Gelernten sind dadurch nicht möglich.

Außergewöhnliches zu leisten ist keine Tat, es ist Gewohnheit.
Aristoteles, griechischer Philosoph, 384–322 v. Chr.

Obwohl es jedem einleuchten mag, dass man mit mehr zur Verfügung stehender Zeit auch mehr lernen kann, ist es nicht ohne Weiteres klar, ob die Verteilung der vorgegebenen Lern-Gesamtzeit (von z. B. 20 Minuten) auf eine Lerneinheit, auf zwei oder auf mehrere Einheiten einen Einfluss auf die Behaltensleistung hat oder nicht. Bereits vor 50 Jahren hat der amerikanische Psychologe B. R. Bugelski die sogenannte »Total-Time-Hypothese« aufgestellt. Sie besagt, dass unabhängig von der Verteilung der Lern-Gesamtzeit (ob nun z. B. 20 Minuten am Stück oder zweimal zehn Minuten oder viermal fünf Minuten) die Lernleistung immer die gleiche sein soll. Auch wenn man von dieser Lern-Hypothese immer wieder hört, hat sie sich in den allermeisten Fällen als nicht zutreffend erwiesen. Wie ich es im Lerntipp 20 genauer erläutere, ist es in der Tat von gravierender Bedeutung, wie man sich seine Lernzeit einteilt. Beachte dies also beim Lernen!

Anstrengung

Doch auch wenn man die Einsicht besitzt, dass Lernen Zeit erfordert, wird – insbesondere von Schülern – häufig der Fehler gemacht, dass sie sich zu sehr auf diesen Zeitfaktor verlassen. Sie planen zwar zum Beispiel drei bis vier Stunden nach der Schule für das Lernen ein, nehmen es aber allzu locker, trödeln herum, schweifen ab, springen unkonzentriert von einem zum anderen Thema, fläzen sich auf dem Bett und lassen sich von lauter Musik oder ständigen Handyanrufen ablenken. Ein solches Lernen ohne konzentrierte bewusste Lernanstrengung und Nutzung aller unserer »grauen Zellen« ist äußerst ineffektiv – und im Grunde eine massive Lernzeit-Vergeudung. Zudem haben Experimente gezeigt, dass viele Menschen ganze 15 Minuten benötigen, ehe sie in der Lage sind, nach einer selbst- oder fremdverursachten Ablenkung wieder ein hohes Maß an Konzentration und den vollen Fokus auf ein schwierigeres Thema erreichen zu können.

Unser Gehirn optimal und bis an seine Grenzen zu nutzen, erfordert nun mal Anstrengung. Genauso wie auch ein gut durchtrainierter Körper sich anstrengen muss, um maximale Leistung zu erbringen. Selbst wenn man beim Lernen nur mehr oder weniger still dasitzt, verbraucht unser Gehirn trotz seines geringen Gewichts von circa 1,5 kg (was etwa zwei Prozent unserer Gesamtkörpermasse entspricht) 20 bis 25 Prozent der insgesamt für unser Dasein erforderlichen Energie. Dieser immens hohe Verbrauch ist sogar einigermaßen nachzuvollziehen, wenn man an die ungeheure Anzahl von (minimal!) zehn Milliarden Gehirnzellen (Neuronen) mit wohl unglaublichen zehn bis 100 Billionen (eine 1 mit 12 Nullen!) Neuronenverbindungen denkt, die unseren menschlichen »Hochleistungscomputer« ausmachen.

Doch welchen Effekt hat geistige Lernanstrengung auf unser Gehirn? Kann man zum Beispiel anatomische Unterschiede in den Gehirnen von Menschen sehen, die eine unterschiedlich lange Schulbildung hatten und/oder in ihren Berufen unterschiedlich stark mental gefordert wurden? Untersuchungen der Gehirne von 20 verstorbenen Personen an der Universität von Kalifornien (Jacobs, 1993) bestätigten, was sich in Tierexperimenten bereits häufig bewahrheitet hatte. Die neuronale Vernetzung in Gehirnen von Studenten, die den langen und mühsamen Weg des akademischen Lernens absolviert hatten, war deutlich ausgeprägter als von Schulabbrechern. Und nicht nur das: Es zeigte sich sogar, dass die durch große Leistungen herausstechenden Studenten ein dichter vernetztes Gehirn aufwiesen als der »Durchschnittsstudent«!

Natürlich kann man im Nachhinein nicht sagen, ob die höhere Vernetzungsdichte Ursache oder Folge eines erfolgreichen Ausbildungsweges war. Doch kann uns eine mögliche anatomische Veränderung unseres Gehirns im Grunde egal sein, wenn wir die Früchte des eifrigen und fleißigen Lernens unmittelbar durch bestätigendes Lob, erquickliche Noten, motivierende Anerkennung, belohnende Auszeichnungen oder finanziellen/beruflichen Aufstieg einfahren. Allerdings hat auch im Bereich des Lernens der folgende weit und breit bekannte, aber von vielen zu wenig beachtete Spruch seine Gültigkeit: Ohne Fleiß kein Preis!

AUS DER WISSENSCHAFT

In einer amerikanischen Studie (Salomon, 1984) konnte anhand von 124 Schülern der 6. Klassenstufe gezeigt werden, dass die Lernleistung von der Lernanstrengung und dem kognitiven Aufwand abhängig war. Hierbei musste die Hälfte der Schüler einen Lehrfilm im Fernsehen anschauen, der anderen Hälfte wurde ein Text über den gleichen Lernstoff zum Lesen gegeben. Die Lesegruppe empfand ihre Aufgabe deutlich anstrengender als die TV-Gruppe, die die Aufgabe als angenehm und leicht empfand. Allerdings schnitt die Lesegruppe im anschließenden Fragetest signifikant besser ab.

Diesen Lerntipp nutze ich:

0	1	2	3	4	5	6	7	8	9	10		☞	

0 = nie 10 = immer

Tipp 3

Priming-Effekt: Einstimmen auf den Lernstoff

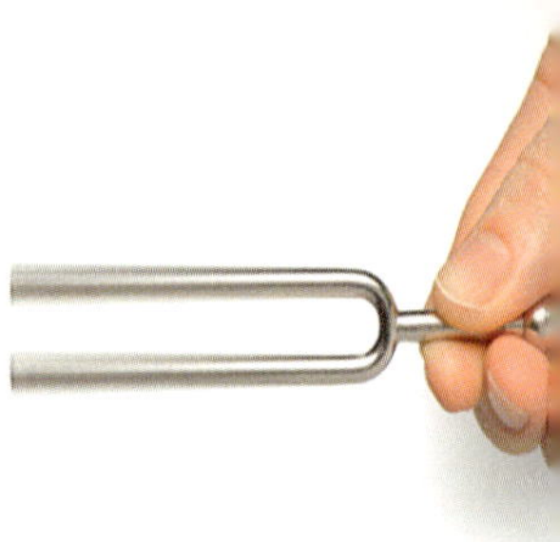

Voraktiviere dein Gehirn für den Lernstoff und bereite es so auf das neue Lernthema vor. Dies erreicht man, indem man vorab sein entsprechendes bereits vorhandenes Wissen in Erinnerung ruft und gezielt Fragen formuliert, die für einen von besonderem Interesse sind und deren Beantwortung man sich von der Bearbeitung des Lernstoffs erhofft. Dadurch schaltet das Gehirn in einen aktiven Such- und Aufnahmemodus!

Das Wort »Priming« leitet sich vom englischen Wort *to prime* = vorbereiten, instruieren ab. Es bezeichnet das gedächtnisphysiologische Phänomen, dass wir durch eigene Vorerfahrungen bezüglich eines Gedächtnismaterials Vorteile im Hinblick auf das Lernen und Behalten haben können. Unabhängig davon, ob diese Vorerfahrungen unbewusst vorliegen oder bewusst aktiviert werden, helfen sie uns dabei, ähnliche Informationen leichter zu erfassen, zu verarbeiten und uns letztendlich besser daran zu erinnern.

Wissenschaftliches Grundlagenexperiment: Wissenschaftlich ist der Priming-Effekt durch Experimente wie das folgende entdeckt worden: Probanden wurden am Computerbildschirm Buchstabenblöcke gezeigt, und sie sollten immer so schnell wie möglich entscheiden, ob es ein Wort ist oder nicht (z. B. »Puma«, »Blorg«, »Turm«, »Rasen«). Durch die Messung der Reaktionszeit konnte dabei gezeigt werden, dass die Reaktionsgeschwindigkeit beim Wort »Puma« höher ist, wenn direkt vorher das eine ähnliche Bedeutung aufweisende Wort »Tiger« (semantischer Priming-Effekt) gezeigt wurde. Ebenfalls erfordert es weniger Zeit, das Wort »Rasen« als reales Wort zu erkennen, wenn unmittelbar vorher das ähnlich klingende Wort »Nasen« (phonetischer Priming-Effekt) auftauchte, als wenn das Wort »Turm« voranging. Somit kann die Aktivierung ähnlicher Informationen die nachfolgende Informationsprozessierung beschleunigen.

Aus diesem Grund sollte man sich vor jeder Lerneinheit unbedingt auf den zu lernenden Stoff einstellen und sich bewusst machen, was genau man lernen möchte. Sein bereits vorhandenes Wissen über das Lernthema sollte man aktivieren und Fragen und Ideen im Geiste (oder noch besser schriftlich) formulieren.

Indem man sich bewusst macht, was beim nächsten großen Lernthema auf einen zukommt, beugt man dem gefürchteten Effekt vor, »ins kalte Wasser geworfen zu werden«. Vielleicht kann man schon Erkenntnisse oder Probleme antizipieren oder Schwerpunkte setzen, wodurch die Wahrscheinlichkeit für einen späteren Lernerfolg erhöht wird. Auf diese Weise lernt man nicht nur »so ins Blaue hinein«, sondern bekommt eine Vorstellung davon, auf was es hauptsächlich ankommt. Durch den Priming-Effekt kann man sein Gehirn bereits auf das Lernen einstimmen, bevor das eigentliche Lernen überhaupt beginnt. Und dadurch wird das Lernen während der geplanten Lerneinheit wesentlich effizienter.

Schon ein kurzer Überblick über die anstehende Schulstunde oder den bevorstehenden Vortragsinhalt primt uns und macht uns aufnahmefähiger. Ebenso ist es ratsam, vor dem Lesen eines Buches sorgfältig dessen Inhaltsverzeichnis anzuschauen oder sich vor der Einführung eines neuen Lernthemas über dessen Struktur zu informieren.

Ein Erklärungsansatz für den Priming-Effekt ist, dass man gezielt die zuständigen und passendsten neuronalen Netzwerke im Gehirn für das spätere Lernen voraktivert, wenn man sich mit ähnlicher Information (meistens aus seinem Langzeit-Gedächtnis) primt; manche sprechen auch davon, dass sich dadurch die selektive Aufmerksamkeit erhöht. Allerdings wirkt ein solcher Priming-Effekt nicht sehr lange und liegt je nach Verwendungsart zwischen einigen Sekunden und 24 Stunden.

Gewusst wie: Ich versuche immer zu primen, bevor ich einem anderen seine Frage beantworte oder eine interessante Information preisgebe. Dadurch gewinnt die neue Information beim anderen mehr Bedeutung und bleibt länger haften. So fragte mich mein kleiner Sohn einmal, wie groß die Zahl sieben Milliarden (die ungefähre Anzahl der Menschen auf der Erde im Jahr 2011) denn überhaupt ist. Ich überlegte kurz und forderte ihn dann auf zu zählen, etwa mit einem Tempo von einer Zahl pro Sekunde. Bei etwa 20 unterbrach ich ihn und fragte ihn (zum Primen!) nach seiner Meinung, wie lange er denn zählen müsste, bis er bei sieben Milliarden angekommen wäre. Ganz spontan sagte er: »Ach, das habe ich sicher schon heute Abend geschafft.« Eine kleine Überschlagsrechnung im Kopf mit der ganzen Familie ergab dann das erstaunliche Ergebnis: über 200 Jahre!

Übrigens tritt dieser Priming-Effekt ganz natürlich auf. Zum Beispiel wenn man bald Vater/Mutter wird und nun unversehens allenthalben Kinderwagen, Babynahrung oder Windelangebote sieht. Oder er wird bewusst zur Verständniserleichterung genutzt. Wie schwer ist es beispielsweise, in einen Spielfilm hineinzufinden, wenn man nicht durch die Kurzbeschreibung in der TV-Zeitung geprimt wurde! Aber auch die reißerischen Schlagzeilen einer Tageszeitung primen einen für den nachfolgenden Text.

Und ich selbst nutze hoffentlich interessante und passende Titel und Fotos für jeden hier beschriebenen Lerntipp, um dich gedanklich am Anfang jeder Lerntipp-Beschreibung auf die richtige Spur zu bringen und somit auf den Inhalt zu primen!

AUS DER PRAXIS

Ich kann mich noch gut erinnern, dass mein Biologielehrer uns regelmäßig am Anfang der Schulstunde geprimt hat. Begannen wir ein neues Thema, wie zum Beispiel »Die Funktionsweise des menschlichen Immunsystems«, stellte er sich nicht nur einfach hin und betete die Fakten und Zusammenhänge herunter. Vielmehr hat er einige themenrelevante Stichwörter dazu an die Tafel geschrieben und uns eine Schulstunde lang selbst – meist in Gruppenarbeit – überlegen und diskutieren lassen. So sollten wir uns erst einmal selber Gedanken machen, welche Aufgaben ein Immunsystem eigentlich zu bewältigen hat und wie es dementsprechend aufgebaut sein könnte. Erst dann, als wir quasi mit unserem eigenen Gedankennetzwerk geprimt waren, hat er die Katze aus dem Sack gelassen.

Man kann sich vorstellen, wie aufmerksam und begierig wir nun seinen Lehrstoff aufnahmen und diesen sofort direkt mit unseren Ideen verglichen. Ganz besonders faszinierend war es, wenn wir dabei genauso »schlau« wie der große Meister – die Evolution – waren!

Diesen Lerntipp nutze ich:

0	1	2	3	4	5	6	7	8	9	10		☞	

0 = nie 10 = immer

Tipp 4

Emotionen: Der Lern-Katalysator

Emotionen sind für das Lernen von immenser Bedeutung, wobei sie quasi wie ein Katalysator unsere Lernprozesse stark beschleunigen können. Dabei sollte man einerseits auf den eigenen emotionalen Zustand während des Lernens und andererseits auf eine emotionale Beladung des Lernstoffs achten!

Es ist eine traurige Wahrheit, dass die meisten Schüler und Studenten (aber im Grunde alle Lernenden) kaum den Aspekt der Emotionen beim Lernen beachten. Zu oft sind sie sich über ihren eigenen emotionalen Zustand beim Lernen überhaupt nicht im Klaren bzw. machen keine Anstalten, positiv darauf einzuwirken. Vielmehr meinen sie, dass allein die Investition von einigen Nachmittagsstunden pro Woche ins Lernen schon ausreicht, um den Lernstoff intus zu haben. Dabei realisieren sie nicht, dass Gefühle wie Langeweile, Unlust, Frustration, Zwang oder Stress die Lernleistung *drastisch* senken!

Ohne zu sehr in die neurophysiologischen Hintergründe einzusteigen, ist zu erwähnen, dass es ganz bestimmte vornehmlich für die Gefühlsverarbeitung zuständige Gehirnareale (z. B. Hippocampus und Amygdala) gibt, die durch Emotionen (z. B. beim Lernen) aktiviert werden und dadurch den Lernstoff deutlich besser ins Gedächtnis einspeichern. Die unglaubliche Wichtigkeit dieser Gefühlsareale sieht man auch daran, dass die Erinnerungsleistung von Versuchspersonen deutlich zurückging, wenn man das Gefühlsempfinden durch chemische Substanzen (β-Rezeptorenblocker) hemmte. Weiterhin ist bekannt, dass Patienten, bei denen der Hippocampus vollständig fehlt oder zerstört ist, fast überhaupt keine neuen Informationen speichern können.

Es ist faszinierend, dass es mit der heutigen fMRT-Technik (funktionelle Magnetresonanztomographie) bereits gelungen ist, nur aufgrund der vorhandenen oder nichtvorhandenen Aktivierung dieser »Emotions-Areale« vorherzusagen, ob eine Versuchsperson den Lernstoff erinnern wird oder nicht! (Spitzer, 2003).

Erstaunlicherweise kann eine positive Grundstimmung beim Lernen die Lernleistung wirklich um ein Vielfaches erhöhen. Dies habe ich häufig beim Lernen englischer Vokabeln mit meiner fünfjährigen Tochter gemerkt. Hatte sie partout keine Lust dazu, quälte sie sich (und ich sie) in 20 Minuten mit vielleicht drei bis vier neuen Vokabeln; war sie jedoch »bei Laune«, so konnte sie in der gleichen Zeit 10, 15 oder sogar 20 Vokabeln lernen!

> *Das Leben meistert man entweder lächelnd oder überhaupt nicht.*
> Chinesische Weisheit

Auch wenn die meisten es nicht für möglich halten, kann man durchaus bewusst auf seine Gefühlswelt Einfluss nehmen und dadurch in einen effektiveren Lernzustand kommen. Hier einige Tipps dazu:

- Beginne nicht griesgrämig die Lerneinheit, sondern bringe dich vorher in eine gute Stimmung, etwa durch Musik, Sport, ein begeisterndes Buch oder auch ein paar Minuten Fernsehen (so konnte in einem Experiment gezeigt werden, dass nach mehrminütigem Anschauen humorvoller Filme die Lernleistung merklich gesteigert war).
- Auch durch ein In-sich-Gehen und die Fokussierung auf positive innere Bilder kann man seine Stimmung anheben. Dies kann dann sogar zu einem Lernritual werden, das man vor jeder Lernsession einsetzt (ich selber habe meine Gedächtnisleistung bei Meisterschaften durch eine solche mentale innere Glücksfokussierung deutlich steigern können; dies dauerte nur circa eine halbe Minute, ließ mich den Wettkampf aber immer mit einem Lächeln beginnen).

- Positive Körperbewegungen, die man in die Lerneinheit immer wieder einschiebt, können ebenfalls Einfluss auf die eigene Gefühlslage haben: beispielsweise Arme in die Luft strecken, Daumen in die Höhe richten, gleitende harmonische Bewegungen (z. B. Qigong, Tai Chi oder Ähnliches) oder ein breites Grinsen im Gesicht …
- Mache es zu deiner eigenen Entscheidung zu lernen, und stelle dir so klar wie möglich die positiven Auswirkungen vor, wenn du den Lernstoff tatsächlich beherrschst (z. B. eine super Note, Anerkennung durch die Freunde, Lob der Eltern, Anwendung des Wissens – wie den Einsatz der Spanischkenntnisse beim nächsten Spanien-Urlaub, etc.).

Wenn man für sich erkennt, wie man die obigen Tipps am besten einsetzt, wird man erstaunt sein, wie viel besser man lernt, wenn man vorher nur ein »Frustlernen« betrieben hat. Denn nutzt du diesen Lernkatalysator *Emotion* (und wendest auch die anderen in diesem Buch beschriebenen Lerntipps an), legst du die Basis für ein effektives Lernen und wirst dadurch eher Zusammenhänge im Lernstoff erkennen und bald richtig gut »mitkommen«. Außerdem wird sich dann auch über kurz oder lang das Gefühl bei dir einstellen, das ich das »Lernkick-Gefühl« nenne: wenn du nämlich selbst von deinem eigenen Verstehen und Wissen fasziniert bist!

Aber es gibt noch einen anderen emotionalen Aspekt beim Lernen. Er betrifft die Emotionsgeladenheit des Lernstoffs. Es ist in der Tat so, dass man einen Lernstoff umso besser aufnimmt und behält, je mehr Emotionen er in sich trägt und dadurch auf den Lernenden überträgt. Dagegen ist ein gefühlsneutrales, trockenes und abstraktes Lernmaterial für unser Gedächtnis nur schwer verdaubar und somit schwer lernbar.

Doch wie bringt man Emotionen in den Lernstoff hinein? Am einfachsten, indem man den Lernstoff für sich sinnhaft, anwendbar und konkret werden lässt. So erzeugen folgende beispielhafte Fragestellungen Emotionen: In welcher Situation kann die chemische Reaktion im Alltag hilfreich sein? Wie verblüfft wird die Kassiererin sein, wenn ich sie mit der neuen Kopfrechenmethode abhänge? Wie wird sich der Kaiser nach dem Verrat tatsächlich gefühlt haben? Inwiefern könnte das physikalische Gesetz mein Leben retten?

Übrigens wird die Lern- und Gedächtnisleistung in der Wissenschaft häufig dadurch getestet, dass die Versuchspersonen eine lange Liste von Wörterpaaren in einer vorgegebenen Zeit zu lernen haben. In der Prüfungsphase wird dann eines der Wörter vorgelegt, und man muss aus dem Gedächtnis das zum Wortpaar gehörige Wort wiedergeben. Ein Beispiel wäre das Wortpaar Elefant – Fahrrad. Wenn man nun einfach emotionslos das Fahrrad neben dem Elefanten abstellt, wird man sich schwerlich später daran erinnern. Wenn man jedoch den Elefanten ungelenk und lustig trällernd auf dem Rad fahren »sieht« und sich darüber amüsiert, wird durch die höhere Emotionsgeladenheit die Lerninformation für einen selbst interessanter und die Abspeicherung wesentlich sicherer!

AUS DER WISSENSCHAFT

In einer Studie (Spitzer, 2003) wollte man herausfinden, ob sich die Erinnerungsleistung von Versuchspersonen für neutrale Wörter in Abhängigkeit davon unterscheidet, ob sie die zu lernenden Wörter in einem neutralen, negativen oder positiven Gefühlszusammenhang (aktiviert durch entsprechende Bilder) lernten. Es zeigte sich, dass bei positiver Gefühlslage die Erinnerungsleistung (im Vergleich zu einer neutralen oder negativen Gefühlslage) um 50 Prozent erhöht war!

Diesen Lerntipp nutze ich:

0	1	2	3	4	5	6	7	8	9	10		☞	

0 = nie 10 = immer

Tipp 5

Yerkes-Dodson-Gesetz: Entspannte Anspannung ist optimal

Ein optimaler Zustand für das Lernen und die Prüfung ist der Erregungszustand in der Mitte von Entspannung und Anspannung. Schon vor 100 Jahren wurde wissenschaftlich nachgewiesen, dass die Leistungsfähigkeit optimal ist, wenn man ein Erregungsniveau aufweist, das nicht zu gering und nicht zu hoch ist – somit am besten im mittleren Bereich liegt.

Es gibt wenige allgemeingültige und anerkannte »Gesetze« im Bereich der Lernpsychologie, eines davon ist jedoch das Gesetz von R. Yerkes und J. D. Dodson (1908). Sie haben herausgefunden, dass die Leistungsfähigkeit eines Menschen sehr stark von seinem während der Aufgabe vorliegenden Erregungszustand (auch als physiologisches Aktivitätsniveau bezeichnet) abhängt. Und zwar wird dann eine optimale Leistungsfähigkeit erzielt, wenn der emotionale Erregungszustand nicht zu niedrig, aber auch nicht zu hoch ist. Mit anderen Worten: Man darf nicht zu sehr »durchhängen«, sich langweilen oder aufgrund von Desinteresse lethargisch sein. Ebenso können ein totales Aufgedrehtsein, zu starkes Lampenfieber, übermäßige Ängste oder auf der anderen, emotional positiven Seite eine übertriebene Hochstimmung oder übermäßige Euphorie genauso zu Leistungseinbußen führen.

Diesen Zusammenhang von Leistungsgrad und Erregungszustand kann man sehr schön an der folgenden Grafik erkennen. In ihr wird der umgekehrte u- bis v-förmige Verlauf der Kurven ersichtlich, wenn man die Leistungsfähigkeit gegen das Erregungsniveau aufträgt. Außerdem erkennt man, dass der für eine optimale Leistung erforderliche Erregungszustand zudem vom Schwierigkeitsgrad der Aufgabe abhängt.

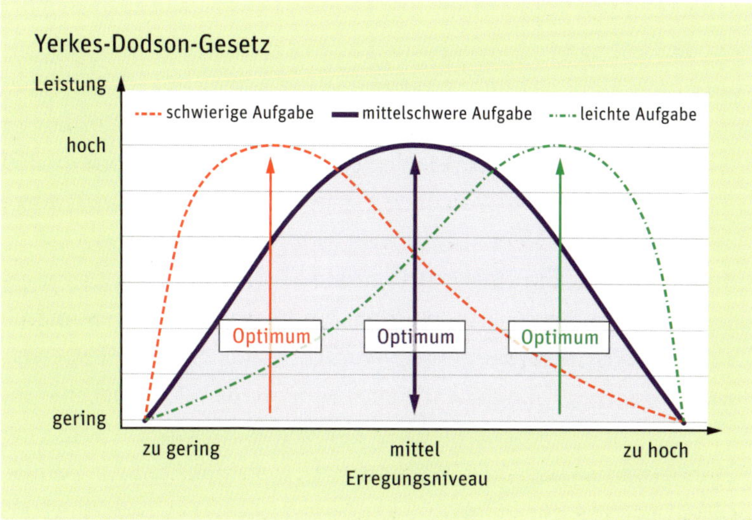

Beziehung zwischen Leistung und Erregungsniveau bzw. Schwierigkeitsgrad (nach Yerkes und Dodson, 1908). Anhand von drei Beispielkurven sieht man, dass der optimale Erregungszustand vom Schwierigkeitsgrad der zu bewältigenden Aufgabe abhängig ist. Zum Beispiel ist ein höheres Erregungsniveau für leichte Aufgaben besser.

Bei leichten Aufgaben sollte man sich mehr aktivieren und anregen, um sein volles Leistungspotenzial auszuschöpfen. Bei schwierigeren Aufgaben ist eher ein entspannter Gemütszustand anzustreben, wenn man die Aufgabe angeht (denn ihr hoher Schwierigkeitsgrad wird den eigenen Erregungszustand mit der Zeit schon von selbst erhöhen).

Somit sollte man sich beim Lernen immer wieder selbst beobachten, ob mehr oder weniger Aktivierung nötig ist. Die zwei nachteiligen

Erregungszustände und wie man sie vermeiden kann, werde ich kurz genauer beleuchten.

Zu niedriges Erregungsniveau

Es tritt schnell bei einer Unterforderung und damit Langeweile auf, wodurch man weit von seinem Leistungsoptimum entfernt ist. Gegenmaßnahmen wären dann das Erschweren der Aufgabenstellung oder die Erhöhung des Zeitdrucks. Entsteht das niedrige Erregungsniveau durch Müdigkeit und Abgespanntheit, helfen einige kurze, aber anstrengende Sportübungen oder eine kalte Dusche. Bei fehlender Motivation sollte man sich den Nutzen und die Vorteile durch das Erledigen der Aufgabe so bildhaft und spannend wie möglich ausmalen.

Übermäßiges Erregungsniveau

Dieser negative Lernzustand entsteht häufig durch Versagensängste, Zeitdruck oder den übergroßen Wunsch, etwas Bedeutendes erreichen zu wollen. Phänomene wie ein »Brett vor dem Kopf haben«, ein Blackout oder ein totales Versagen – also eine Performance weit unter seinem normalen Leistungslevel (im Sport auch als »Choking« bezeichnet) – sind das Ergebnis. Hier helfen Meditation oder Entspannungsübungen. Bei einem Blackout soll es außerdem hilfreich sein, wenn man tief Luft holt, dann so lange wie möglich den Atem anhält und langsam ausatmet; dadurch erhält das Gehirn weniger Sauerstoff und muss seine Überaktivität bremsen, was den Datenzugriff dann wieder erleichtert. Bei einem zu hohen Erregungszustand kann es auch nützlich sein, sich die relative Bedeutungslosigkeit des erwünschten punktuellen Erfolges klarzumachen.

> *Ungeahnte Kraft entsteht aus der inneren Freiheit, nicht das haben zu müssen, was man sehnlichst begehrt.*
> Gunther Karsten, Chemiker, Autor und Gedächtnis-Weltmeister, geb. 1961

AUS DER PRAXIS

Es war die zehnte und letzte Disziplin der dreitägigen Gedächtnis-Weltmeisterschaft 2007 im Königreich Bahrain. In den letzten zehn Jahren war ich noch nie so dicht an meinem heiß ersehnten Ziel gewesen, Gedächtnis-Weltmeister zu werden. Im bisherigen Wettkampf hatte alles super geklappt, und ich war mit ganz vorn in der Gesamtwertung. Ich brauchte jetzt »nur« noch eine Zeit von unter 48 Sekunden für das fehlerfreie Memorieren eines 52er-Kartenspiels, um zu gewinnen. Doch diese unbedingt erforderliche Zeit lag nur einen Tick über meiner offiziellen Bestzeit! Ich wusste, dass meine sich durch Händezittern, Herzklopfen und Angstschweiß zeigende Erregung niemals eine solche Leistung zulassen würde. Es gab nur eine Möglichkeit: den Druck herauszunehmen, indem ich mir klarmachte, wie belanglos ein Sieg ist gegenüber den wirklich wichtigen Dingen des Lebens, wie Gesundheit, Familie, Freunde oder dem Genießen von Musik und Natur. Diese tiefe gedankliche Vorstellung entspannte mich, ermöglichte meinem Gehirn wieder höchste Leistungsfähigkeit und führte mich mit einer Zeit von 47,21 Sekunden zum so sehr erhofften Weltmeistertitel.

Diesen Lerntipp nutze ich:

0	1	2	3	4	5	6	7	8	9	10		☞	

0 = nie 10 = immer

Tipp 6

Interferenz-Phänomen beim Lernen

Im Bereich des Lernens ist mit dem Begriff »Interferenz« gemeint, dass zwei Lerninformationen sich beim Abspeicherungsprozess gegenseitig behindern können. Dies ist insbesondere dann der Fall, wenn sie einander sehr ähnlich sind und mit geringem zeitlichem Abstand gelernt werden. Aufgrund dieser gegenseitigen Störung beim Lernvorgang ist es sehr bedeutsam, immer möglichst interferenzfrei zu lernen.

Der Begriff *Interferenz* kommt aus dem Lateinischen und kann als »Überlagerung« oder »gegenseitige Beeinflussung« übersetzt werden. Den meisten ist dieser Begriff wohl eher aus der Physik geläufig, und zwar durch die Interferenzeffekte – wie der Auslöschung – beim Zusammentreffen von Wellen.

Doch eher unbekannt ist die Bedeutung des Begriffs Interferenz in der Lernpsychologie, obwohl die ersten wissenschaftlichen Untersuchungen zum Interferenz-Phänomen beim Lernen schon vor über 100 Jahren durchgeführt wurden. Seitdem hat sich immer wieder bestätigt, dass das Lernen und Vergessen nicht nur von der zu lernenden oder zu behaltenden Information allein abhängig ist, sondern auch durch eine zusätzliche Lerninformation beeinflusst (meistens beeinträchtigt) werden kann. Somit kann man den Begriff Interferenz im Bereich des Lernens auch treffend mit *Gedächtnishemmung* umschreiben. Die Bedeutung dieses Gedächtnisphänomens für ein effektives Lernen wird damit betont.

Schon aus dem Alltag mag vielen dieses Phänomen bekannt sein: Liest man mehrere recht ähnliche Bücher gleichzeitig oder sieht Filme des gleiches Genres in kurzem Abstand hintereinander, so ist man sich manchmal sehr unsicher bezüglich des genauen Handlungsverlaufes oder der Zuordnung der beschriebenen Charaktere, oder – noch schlimmer – wichtige Sachverhalte können wir einfach nicht mehr rekapitulieren. Interferenz ist aufgetreten! Aufgrund der Ähnlichkeit der Informationen und der zeitlichen Nähe der Informationsaufnahme wurde nämlich die langfristige Abspeicherung beeinträchtigt oder gar verhindert.

Anhand eines anderen Beispiels aus dem Alltag kann man die zwei wissenschaftlich unterschiedenen Arten des Interferenz-Phänomens leicht verstehen: die proaktive (vorwärtsgerichtete) und die retrograde (rückwirkende) Interferenz.

Wer schon einmal im Leben umgezogen ist und eine neue Telefonnummer bekommen hat, dem wird aufgefallen sein, wie schwierig es ist, sich die neue Nummer einzuprägen. Die alte Telefonnummer drängt sich immer wieder sehr hartnäckig in den Vordergrund unseres Gedächtnisses und hemmt das Erinnern der neuen Nummer. Dies nennt man *proaktive Interferenz:* Die alte Information behindert das Lernen der neuen Information. Doch hat man dann endlich die neue Telefonnummer sicher gelernt, fällt es einem plötzlich schwer, sich an die alte Telefonnummer zu erinnern. Hier spricht man von *retrograder Interferenz:* Neue (gelernte) Information behindert das Abrufen der alten Information (die eigentlich bereits in unserem Gedächtnis gespeichert war).

Wissenschaftliche Experimente zu diesem das Lernen negativ beeinflussenden Phänomen, bei denen die Versuchspersonen mehr oder weniger ähnliche Wortpaar-Listen zu lernen hatten, zeigten dabei, dass eine schlechte Behaltensleistung zwar auch durch den Zeitfaktor (zwischen den Lerneinheiten verstrichene Zeit) bestimmt war, aber primär auf die Ähnlichkeit von zu lernenden Wortpaaren zurückzuführen war.

Daraus resultieren ganz praktische zu beachtende Lernregeln zur Minimierung des lernbehindernden Interferenz-Phänomens:

- Nach der intensiven Beschäftigung mit einem Lernthema sollte man eine möglichst längere Lern-Ruhepause einlegen (eine Stunde bis mehrere Stunden wären ideal zur Vermeidung von Interferenz).
- Ist dies aufgrund der zu bewältigenden Lernstoffmenge nicht möglich, sollte man sich auf keinen Fall mit einem ähnlichen Lernthema (z. B. nicht Französisch nach Englisch), sondern mit einem gänzlich anderen Fachbereich beschäftigen (z. B. Physik nach Englisch).
- Ist schon vor dem Lernen des neuen Lernstoffs verwandte Information im Langzeitgedächtnis gespeichert, sollte dieses Wissen aktiviert und in den Lernprozess rekapitulierend integriert werden! Denn dieses alte, bereits fest abgespeicherte Wissen führt zu keiner Interferenz, sondern fördert im Gegenteil die Lernstoffaufnahme immens.

Es gibt aber noch eine weitere sehr wichtige Interferenz-Erscheinung, die ich als *simultane Interferenz* bezeichne und die Schülern/Lernenden häufig das Lernen erschwert, obgleich die Lehrer dabei die besten Absichten haben. Hierunter verstehe ich die Störung des Lernprozesses durch gleichzeitig präsentierte, äußerst ähnliche Information.

Eine solche *simultane Interferenz* tritt zum Beispiel auf, wenn ein Englischlehrer den Schülern die fast gleich klingenden vier neuen Vokabeln *whole, haul, hole, hawl* beibringen möchte. Im Gegensatz zum Lehrer sind für den Schüler alle diese Wörter fremd, sodass die extreme Ähnlichkeit der Vokabeln eine so drastische Interferenzwirkung zwischen den Vokabeln untereinander hervorruft, dass kein einziges Wort hängen bleibt. Auch ein Merksatz wie *On the bridge stands a witch, which is rich* ist nicht hilfreich (wie ich es direkt mit meinem fünfjährigen Sohn erlebte: Selbst nach 20-facher Wiederholung brachte er immer noch alle drei Wörter durcheinander – so etwas nenne ich jetzt selbst verschuldete [Lehr]-Frustration!). Denn wenn der Schüler kein einziges Wort davon schon fest im Langzeitgedächtnis gespeichert hat, mit dem er die neue(n) Vokabel(n) sinnvoll verknüpfen kann, ist das Chaos im Gedächtnis vorprogrammiert.

Somit ergibt sich hieraus die folgende zusätzliche Lernregel:

- Mehrere neue und (phonetisch, inhaltlich etc.) sehr ähnliche Informationen sollten nicht gleichzeitig, sondern immer nacheinander gelernt werden.

Obige Regeln zum Interferenz-Phänomen sollten insbesondere Schüler und Studierende beachten, wenn sie in der Klausurenphase in kurzer Zeit eine große Lernstoffmenge zu bewältigen haben. Denn beachtet man die genannten Regeln, behält das Gedächtnis mehr und löscht weniger!

AUS DER PRAXIS

In einer englischen Studie von Prof. Crouse Anfang der 1970er-Jahre sollten zwei Gruppen einen Prosatext über das Leben eines fiktiven Dichters lesen und lernen. Die eine Gruppe bekam gleich im Anschluss daran einen sehr ähnlichen Text über zwei andere Dichter zum Lernen. Die andere Gruppe musste ebenfalls einen Text bearbeiten, dieser handelte aber von einem ganz anderen Wissensgebiet. Danach testete man die Behaltensleistung der zwei Gruppen bezüglich des ersten Prosatextes. Durch die (retrograde) Interferenz war die erste Gruppe um fast 50 Prozent schlechter als die Vergleichsgruppe (die nur nicht verwandte Information zusätzlich zu lernen hatte).

Diesen Lerntipp nutze ich:

0	1	2	3	4	5	6	7	8	9	10		☞	

0 = nie 10 = immer

Tipp 7

Zeigarnik-Effekt

Unter diesem wissenschaftlich belegten Effekt versteht man das Phänomen, dass etwas noch nicht Abgeschlossenes länger und besser in Erinnerung bleibt. Diesen Effekt kann man beim Lernen nutzen, indem man noch Unklarheiten/Auflösungen/Fragen für einige Zeit (Stunden oder Tage) offenlässt, bevor man sie abklärt. Das Gehirn bekommt dadurch die Chance, im Unterbewusstsein daran weiterzuarbeiten, selber Lösungen zu finden und es fester abzuspeichern.

Dieser bereits um 1925 von der russischen Psychologin Bljuma W. Zeigarnik an der Universität Berlin untersuchte Gedächtniseffekt ist nahezu unbekannt, kann aber bei richtiger Nutzung die Erinnerungsleistung unseres Gedächtnisses an den Lernstoff merkbar erhöhen.

Entdeckung des Zeigarnik-Effekts: Die Geschichte ist recht amüsant und macht den Grundgedanken bereits klar: Die Psychologin – damals noch Studentin – ging mit einer großen Gruppe von Freunden in einen Berliner Biergarten, wo sie zahlreiche unterschiedliche Getränke und teilweise auch Speisen beim zuständigen Kellner orderten. Später bestellten sie noch mal die gleiche Runde und waren ganz erstaunt, dass der Kellner noch genau wusste, wer welches Getränk zu bekommen hat. Schließlich zahlten sie und gingen. Doch am Ausgang trafen sie weitere Freunde und beschlossen, noch zu bleiben. Als sie nun abermals die gleiche Runde beim selben Kellner bestellen wollten, war seine Erinnerung plötzlich verflogen, obgleich er kurz zuvor die gesamte Bestellung noch so exzellent gewusst hatte.

Durch dieses Erlebnis neugierig geworden, ging Bljuma Zeigarnik diesem Gedächtnisphänomen in jahrelangen wissenschaftlichen Untersuchungen näher auf die Spur und untermauerte damit die tatsächliche allgemeine Existenz dieses sogenannten Zeigarnik-Effekts.

Definition des Zeigarnik-Effekts: Unterbrochene und damit unerledigte Aufgaben werden besser als erledigte Aufgaben erinnert (dies gilt manchmal sogar, wenn für die unerledigten Aufgaben weniger Zeit aufgewendet wurde!).

In ihren Studien (Zeigarnik, 1927) stellte sie mehreren Hundert Versuchspersonen (Schüler, Studenten und Lehrer) zahlreiche Aufgaben aus ganz unterschiedlichen Bereichen, wie Multiplikationsaufgaben, Bastelanweisungen, Malübungen, Schreibtests etc. Bei der Hälfte der Aufgaben wurden die Versuchspersonen jedoch in ihrem Tun unterbrochen, sodass sie diese nicht beenden konnten.

Indem die Psychologin bei den ganz unterschiedlichen Aufgaben immer wieder überprüfte, an wie viel sich die Versuchspersonen später noch erinnerten, konnte sie nachweisen, dass die Probanden sich in der Regel deutlich besser an jene Aufgaben und Handlungen erinnerten, die sie noch nicht erledigt hatten, als an solche, die für sie abgeschlossen waren – und zwar im Durchschnitt etwa doppelt so gut!

Als Erklärungsansatz wird vermutet, dass durch die Aufgabenunterbrechung quasi eine aufgabenspezifische kognitive Spannung aufgebaut wird. Dadurch versucht das Gehirn die Informationen unterbewusst weiter zu assoziieren und zu analysieren, wodurch auch der spätere bewusste Zugriff auf die relevanten Inhalte verbessert wird.

Allerdings ist das Auftreten des Zeigarnik-Effekts von mehreren Beeinflussungsfaktoren abhängig, und somit tritt er mal mehr, mal weniger gravierend in Erscheinung.

Insbesondere tritt der Zeigarnik-Effekt auf bzw. stärker auf,

- wenn man ein eigenes inneres Bedürfnis zur Erledigung der Aufgabe verspürt,
- wenn man sich der Aufgabe gewachsen fühlt und zuversichtlich ist, diese auch selbst erledigen zu können,
- wenn man nicht unter starkem Zeitdruck steht,
- wenn man sich nicht in einem müden Zustand befindet,
- wenn man kurz vor der Auflösung beziehungsweise Vollendung die Aufgabe abbricht, da sich dadurch eine stärkere kognitive Spannung aufbaut (unterbricht man die Aufgabe sehr frühzeitig, hat man sich noch nicht ausreichend in den Lernstoff oder in die Tätigkeit vertieft, damit der Zeigarnik-Effekt wirksam werden kann).

Außerdem ist der Zeigarnik-Effekt bei folgenden Personen ausgeprägter:

- bei ehrgeizigen Personen
- bei Kindern

Zudem zeigte sich bei den Untersuchungen zum Zeigarnik-Effekt ein interessanter Nebeneffekt: Wenn die Versuchspersonen wählen konnten, mit welcher Aufgabe sie sich in der Pause weiterbeschäftigen wollten, entschieden sie sich meistens für ihre unerledigten Aufgaben. Also nicht für Aufgaben, die denen ähnlich waren, die sie bereits erledigt hatten. Somit scheint uns ein innerer Erledigungswille zusätzlichen (Lern-)Antrieb verschaffen zu können!

Es sollte an dieser Stelle darauf hingewiesen werden, dass der Zeigarnik-Effekt wissenschaftlich nicht immer eindeutig nachzuweisen war, da er sehr komplex ist und – wie oben kurz beschrieben – von zahlreichen Faktoren beeinflusst werden kann.

Dennoch bin ich von dessen Wirksamkeit beim Lernen überzeugt. Zudem wird er oft für Werbespots genutzt: wenn nämlich die Auflösung bzw. Pointe ganz am Ende des Spots oder gar erst einige Zeit später in einem Anschluss-Spot gezeigt wird.

AUS DER PRAXIS

Als ich an einer amerikanischen Universität studierte, war es im Literatur-Intensivkurs über drei Wochen hinweg die Aufgabe, jeden Tag einen neuen Science-Fiction-Roman (jeweils mit circa 250 Seiten) zu lesen, um dann am nächsten Tag im zweistündigen Seminar darüber diskutieren zu können.

Bei so einer Aufgabe kann man den Zeigarnik-Effekt sinnvoll einsetzen, indem man den Roman nicht am Stück bis ganz zu Ende liest, sondern sich die letzten »auflösenden« Seiten für den nächsten Morgen aufhebt. Dadurch speichert das Gehirn die Namen, Schlüsselbegriffe und Fakten besser ab (und arbeitet zusätzlich noch unterbewusst selber kreativ an möglichen Romanausgängen).

Weitere Anwendungsgebiete des Zeigarnik-Effekts: mathematische Beweisketten, Artikel über wissenschaftliche Versuche, geschichtliche Abläufe etc.

Diesen Lerntipp nutze ich:

0	1	2	3	4	5	6	7	8	9	10		☞	

0 = nie 10 = immer

Tipp 8

Nutze den Schlaf zum Lernen

Während bestimmter Schlafphasen wird die relevanteste Information des Tages verarbeitet und gespeichert, was auch als »Wissenskonsolidierung« bezeichnet wird. Deshalb sollte man das Wichtigste des Lernstoffs einige Minuten vor dem Einschlafen noch einmal wiederholen!

Nicht nur am Tag, sondern auch im Schlaf lernen wir – genauer gesagt unser Gehirn. Alle Merkinhalte, die wir am Tag aufnehmen, werden im Schlaf in bestimmten Arealen des Gehirns zahlreichen intensiven Bearbeitungs- und Speicherprozessen unterzogen. Dabei werden zunächst alle Merkinhalte im Hippocampus (einem nach seiner Seepferdchenform benannten sehr wichtigen Gehirnareal) zwischengespeichert, wobei ein ständiger Austausch mit der Großhirnrinde (auch als Neocortex bezeichnet) geschieht, und zwar in besonderem Maße, während wir schlafen. Aber was passiert in der Großhirnrinde, und wie wichtig ist dieser Austausch zwischen Hippocampus und unserem Langzeitspeicher im Neocortex?

Vereinfacht kann man davon ausgehen, dass in diesem Austauschprozess das Wichtige vom Unwichtigen getrennt wird. Eine Information, die einen hohen Stellenwert besitzt, wandert dabei zur Großhirnrinde, in der neue Verbindungen dauerhaft verknüpft werden.

Und das ist auch der eigentliche Lernprozess. Informationen mit eher niedrigem Stellenwert gelangen somit kaum oder gar nicht in die Großhirnrinde, diese Informationen sind wir deshalb schnell wieder los. Wichtige Informationen dagegen werden während des Schlafes anscheinend in Bereichen des Hippocampus in Form von neuronalen Netzwerkmustern erneut aktiviert und wie bei einem Druckvorgang auf den Langzeitspeicher im Neocortex »gestanzt«. Dabei scheint es sogar so zu sein, dass die Entscheidung, welche Information im Schlaf fester abgespeichert werden soll, bereits während des Tages im Wachzustand getroffen wird. Vielleicht kann man es sich so vorstellen, dass möglicherweise bedeutsame Informationen eine Art »Markierung« erhalten, die im Schlaf dann das Signal gibt, diese Informationen (und nicht jene ohne Markierung) den tiefer gehenden Bearbeitungsprozessen zu unterziehen. Eine solche »Markierung« scheint ganz allgemein – aber natürlich auch bei allen Lernvorgängen – gefördert zu werden durch emotionale Aufwertung, Sinngebung oder Wiederholung.

Aufgrund dieser wichtigen Prozesse im Schlaf ist ausreichend langer und tiefer Schlaf wesentlich für ein effektives Lernen! Übrigens spricht man hierbei auch von Wissenskonsolidierung (d. h. Wissensverfestigung) im Schlaf. Diese Wissenskonsolidierung geschieht vornehmlich in der Tiefschlafphase und nicht wie irrtümlich früher vermutet im REM-Schlaf (REM = Rapid Eye Movement, so benannt nach den schnellen Augenbewegungen in dieser Phase).

Darüber hinaus zeigen neue Erkenntnisse, dass Informationen im Schlaf nicht nur gefestigt und gespeichert werden, sondern kognitive Prozesse der Umstrukturierung, Umorganisierung und Neuverknüpfung stattfinden. Diese nächtlichen im Gehirn ablaufenden Prozesse können sogar unbewusste Lösungsfindungen bei Problemen oder neue kreative Einsichten im Schlaf möglich machen, sodass man morgens nicht nur »wissender«, sondern auch »klüger« aufwachen kann.

Experiment: In einem viel beachteten Experiment (Born, 2004) sollten die Versuchspersonen drei einfache Rechenaufgaben mit Zahlenreihen durchführen. Man sagte ihnen allerdings nicht, dass sich hinter diesen

Aufgaben eine simple Regel verbarg, die das Lösen der Aufgaben extrem beschleunigen würde. Dann ließ man eine Gruppe anschließend über Nacht acht Stunden schlafen, bevor sie weitere zehn Aufgaben lösen sollte (in zwei Kontrollgruppen blieben die Versuchspersonen entweder acht Stunden über Nacht bzw. tagsüber wach). Das erstaunliche Ergebnis: 59 Prozent der »Schlafgruppe« erkannten nach dem Schlafen die verborgene Regel während der weiteren Rechendurchgänge, aber nur 23 Prozent der Kontrollgruppen – also mehr als doppelt so viele!

Somit wurde im Schlaf die Basis für die spätere Erkenntnis gelegt!

Dieses Experiment des mit dem Leibniz-Preis (der mit 2,5 Millionen Euro international höchstdotierte wissenschaftliche Forschungspreis) ausgezeichneten deutschen Wissenschaftlers Prof. Jan Born gibt auch eine Erklärung dafür, dass in der Wissenschaftsgeschichte viele Beispiele während des Schlafs gemachter »Entdeckungen« vorliegen. So soll etwa dem deutschen Chemiker Kekulé der zündende Einfall für die korrekte Molekülstruktur des Benzolringes im dösenden Halbschlaf erschienen sein. Und vom russischen Chemiker Mendelejew wird berichtet, dass ihm die entscheidende Idee zum Aufbau des Periodensystems der Elemente im Traum gekommen ist.

Neben dem Einsatz von effektiven Lernmethoden ist also auch ein gesunder Schlaf, der nicht durch bis in die Morgenstunden dauernde Partys, Alkoholkonsum oder Schlafmittel gestört wird, von enormer Bedeutung für das Lernen! Zum Schluss möchte ich noch einmal betonen, wie beherzigenswert es ist, die wichtigsten Lerninformationen des Tages quasi als Zusammenfassung direkt vor dem Einschlafen zu rekapitulieren. Denn damit wird dem Gehirn im Grunde ein Zeichen gesetzt, genau diese Lernstoff-Informationen bevorzugt während der Nacht zu verarbeiten und abzuspeichern.

AUS DER PRAXIS

So könnte dein optimaler Lerntag aussehen:
Während der langen Lernstunden hast du dir am frühen Abend eine längere Zusammenfassung des Lernstoffs erarbeitet, evtl. unter Markierung ganz besonders bedeutender Stichwörter. Nach einem leichten Abendessen und einem anschließenden Spaziergang, einer entspannenden Fernsehsendung, einem lockeren Spiel oder etwas Sport begibst du dich ins Bett. Auf dem Nachttisch liegt schon deine etwa zwei- bis vierseitige Zusammenfassung. Diese liest du konzentriert noch einmal durch. Dann schaust du auf die markierten Stichwörter und rekapitulierst im Geiste, was dir dazu einfällt. 10 bis 15 Minuten reichen hierfür aus. Mit einer positiven Grundstimmung in Anbetracht des erfolgreichen Lerntages und deines vorgenommenen Zieles (um das Gehirn für die »Nachtarbeit« einzustimmen), am Morgen noch alle wichtigen Stichwörter zu wissen oder eine Prüfung mit Bravour zu bestehen, gibst du dich entspannt unserem Bruder des Lernens – dem Schlaf – hin.

Diesen Lerntipp nutze ich:

0	1	2	3	4	5	6	7	8	9	10		☞	

0 = nie 10 = immer

Tipp 9

Kontext-/Zustandsabhängiges Lernen

Wann immer wir einen Lernstoff aufnehmen, wird dieser nicht isoliert abgespeichert, sondern stets im Verbund mit den im Lernprozess vorliegenden Gegebenheiten: den äußeren (Kontext) sowie den inneren (eigener Zustand). Generell ist deshalb die Erinnerungsleistung eindeutig umso besser, je mehr man das Lernumfeld auf die Prüfungssituation abstimmt.

Ob wir nun dem Lehrer zuhören, einer Vorlesung beiwohnen, ein Buch in den eigenen vier Wänden durcharbeiten oder Recherchen im Internet anstellen, immer nehmen wir nicht nur die von uns anvisierte Information auf, sondern werden dabei gleichzeitig ständig mit äußeren und inneren Nebeninformationen bombardiert. Auch wenn diese für uns eigentlich keine direkte Bedeutung haben, weil sie zum Beispiel nicht prüfungsrelevant sind, ist das Gehirn nicht vollständig in der Lage, sie herauszufiltern – vielmehr werden viele dieser Informationen in das vom Gedächtnis gesponnene »Lernnetz« mit eingewoben und bleiben damit fester Bestandteil der aufgenommenen Lerninformation. Und damit sind auch diese Nebeninformationen für das erfolgreiche Abrufen des Lernstoffs – zum Beispiel in der Prüfung – doch sehr bedeutsam.

Eine konkrete Fragestellung wäre: *Hat man mit Hintergrundgeräuschen gelernt, erinnert man sich dann in der Prüfung an mehr, wenn es ruhig ist oder wenn ebenfalls Hintergrundgeräusche vorhanden sind?*

Die Wissenschaft unterteilt diese Einflüsse von Nebeninformationen auf den Lernprozess in die äußere und innere Beeinflussung und spricht auch von Kontextabhängigem bzw. Zustandsabhängigem Lernen.

Kontextabhängiges Lernen

Hiermit ist der Einfluss des äußeren Lernumfeldes auf das Lernen gemeint, also aller Informationen, die unser Gehirn während des Lernens mehr oder weniger unbewusst wahrnimmt: zum Beispiel die Objekte des Raums, die vorhandene Lichteinstrahlung, die Geräusche (Stimmengewirr im Hintergrund, Straßenlärm etc.) oder die Bewegung von weiteren Menschen im Lernumfeld. Somit ist mit Kontext (lat. = Verflechtung, Zusammenhang) der äußere Rahmen und Zusammenhang gemeint, in dem wir die Lernaufgabe bewältigen.

Das Erstaunliche ist nun, dass diese Nebeninformation des Lernkontextes sehr bedeutsam für die Abspeicherung der eigentlich zu lernenden Information ist. Wie sich in zahlreichen Experimenten herausgestellt hat, ist dieser Faktor so erheblich, dass die Lerninformation später dann umso besser erinnert wird, je mehr der Wiedergabekontext (i. d. R. die Prüfungssituation) dem ursprünglichen Lernkontext ähnelt.

Experiment: In einer englischen Studie (Martin, 1993) mussten 40 Taucherneulinge entweder unter Wasser (W) oder an Land (L) sich einen neuen Lernstoff (Dekompressionstabellen) aneignen. Als sie danach geprüft wurden, stellte sich heraus, dass die Lernleistung im Durchschnitt um 64 Prozent höher war, wenn der Lernstoff im gleichen Umfeld abgefragt wurde, wie er auch gelernt worden war. Mit anderen Worten: Die W(Lern)/W(Prüf)- und L(Lern)/L(Prüf)-Kombinationen waren deutlich besser als die W/L- und L/W-Kombinationen.

Die Erklärung für den enormen Einfluss des Faktors Lernkontext ist naheliegend: Die Nebeninformation des Lernkontextes wird beim Abspeichern offensichtlich mit der Lerninformation so stark im Gedächtnis verflochten abgelegt, dass ein ähnlicher Kontext in der Abrufphase starke Abrufreize erzeugt und damit die Wahrscheinlichkeit erhöht, den Lernstoff im Gedächtnis »wiederzufinden«. Dieses Mehr an Abrufreizen durch den Kontext ist auch der Grund, warum dieses Phänomen überwiegend bei Experimenten mit »freier Wiedergabe« nachzuweisen war und weniger stark ausgeprägt ist bei der Wissensüberprüfung durch »Wiedererkennen« (z. B. bei Multiple-Choice-Aufgaben).

Folgende bedeutsame Lerntipps leiten sich für dich daraus ab:

- Insbesondere für sehr wichtige Prüfungen sollte man sich über die Prüfungsgegebenheiten informieren und seine Lerneinheiten in einem möglichst identischen Lernumfeld absolvieren. Dies betrifft insbesondere die Geräuschkulisse (z. B. nicht mit Musik lernen, wenn in der Prüfung keine erlaubt ist), die Lichtverhältnisse (nicht nur nachts mit künstlichem Licht lernen, wenn in einem hellen Raum mit Sonnenlicht geprüft wird) oder die Räumlichkeiten (nicht nur in seiner kleinen Stube lernen, sondern z. B. im Bibliothekssaal, wenn die Prüfung im großen Hörsaal stattfindet).
- Ist obiger Punkt im konkreten Fall kaum umzusetzen, dann sollte man wenigstens eine spezielle Lerneinheit, in der man den gesamten Lernstoff der Prüfung intensiv wiederholt, im ähnlichen oder besser identischen Kontext wie bei der Prüfung absolvieren (z. B. im Prüfungsraum).
- Ist auch dies nicht möglich, sollte man sich in der Prüfung mental in sein normales Lernumfeld begeben und damit zusätzliche Abrufreize für den prüfungsrelevanten Lernstoff schaffen.

Zustandsabhängiges Lernen

Dieser lernphysiologische Begriff bezeichnet das Phänomen, dass die Erinnerungsleistung in der Regel besser ist, wenn der persönliche innere Zustand, in dem man sich beim Lernen befand, möglichst dem Zustand ähnlich ist, in dem man den Lernstoff wieder abzurufen versucht.

Für das Lernen bedeutsame Zustandsfaktoren sind zum Beispiel die eigene Gefühlslage, die Körperhaltung, Kaugummi-Kaubewegungen, der Alkoholspiegel oder Geschmacksempfindungen. So ist beispielsweise gelegentlich zu beobachten, dass Alkoholiker sich auf etwas im alkoholisierten Zustand Gelerntes im nüchternen Zustand partout nicht entsinnen können, aber mit Leichtigkeit wieder bei entsprechendem Alkoholpegel.

Folgende bedeutsamen Lerntipps leiten sich für dich daraus ab:

- Achte auf eine identische entspannte Stimmungslage beim Lernen und in der Prüfung (unter Langeweile durchgezogene Lerneinheiten haben mit der unter Angst und Stress ablaufenden Prüfung nichts gemein).
- Ständig im Bett liegend zu lernen, wenn man sein Wissen sitzend wiedergeben muss, verschenkt kostbare Abrufreize.
- Wer sich beim Lernen mit seiner Lieblingsschokolade belohnt, sollte sie sich auch in der Prüfung gönnen.

Zwar lassen sich solche Übereinstimmungen zwischen Lern- und Prüfungssituation nicht immer erreichen, doch sollte man dieses Lernphänomen stets für ein optimales Lernen im Hinterkopf behalten!

AUS DER WISSENSCHAFT

In einer amerikanischen Studie (Dark, 1998) sollten Versuchspersonen im Alter von 17 bis 56 Jahren einen zweiseitigen Artikel in zwei Lernkontexten (unter absoluter Ruhe bzw. mit Hintergrundgeräuschen aus der Cafeteria) bearbeiten. Anschließend wurde ihr Wissen wiederum in den beiden unterschiedlichen Kontexten überprüft. Es ergaben sich die folgenden vier Durchschnittswerte:

Korrekte Antworten (von max. 10)		Lernkontext Ruhe	Lernkontext Geräusche
Prüfungskontext	Ruhe	6,7	5,4
Prüfungskontext	Geräusche	4,6	6,2

Hiermit wird eine Lernsteigerung durch den kontextabhängigen Lerneffekt von durchschnittlich 15 bis 45 Prozent belegt, mit der höchsten Prüfungsleistung für die Ruhe/Ruhe-Bedingung (so wie es in der Regel auch sein sollte!).

Diesen Lerntipp nutze ich:

0	1	2	3	4	5	6	7	8	9	10		☞	

0 = nie 10 = immer

Tipp 10

Potenzgesetz des Lernens/Vergessens

Die Prozesse des Lernens und Vergessens laufen zeitlich nicht linear, sondern in der Regel nach einer Potenzfunktion ab. Das heißt, man lernt und vergisst anfangs schneller und später immer langsamer. Nutze dieses Potenzgesetz, um effizienter und effektiver zu lernen und weniger Zeit zu vergeuden!

Es ist schon eine interessante Frage: »Wie schnell vergesse bzw. lerne ich eigentlich?« Allerdings ist die Antwort schwierig, denn es spielen zu viele Einflussfaktoren eine Rolle, wie das Lernmaterial, die Vorinformationen, die eingesetzten Lernmethoden (siehe Kapitel 4), die Stimmungslage, die Motivation etc.

Was die Wissenschaft in den letzten 100 Jahren allerdings herausgefunden hat, ist, dass das Vergessen nicht zeitlich linear geschieht. Unter »linear« ist zu verstehen, dass im gleichen Zeitraum immer die gleiche Menge an Lernstoff vergessen wird, man also zum Beispiel nach zwei Stunden zehn Prozent vergessen hat, nach weiteren zwei Stunden wieder zehn Prozent (also insgesamt 20 Prozent), nach weiteren zwei Stunden wieder zehn Prozent (insgesamt 30 Prozent) usw. Vielmehr hat sich in zahlreichen Untersuchungen bestätigt, dass das Vergessen am besten durch eine Potenzfunktion beschrieben werden kann. Das heißt, dass im gleichen Zeitraum eine immer kleiner werdende Stoffmenge gelernt bzw. vergessen wird.

Die folgende Grafik zeigt eine solche Potenzfunktion. Auch wenn die Einheiten aufgrund der Abhängigkeit von den genauen Versuchs-

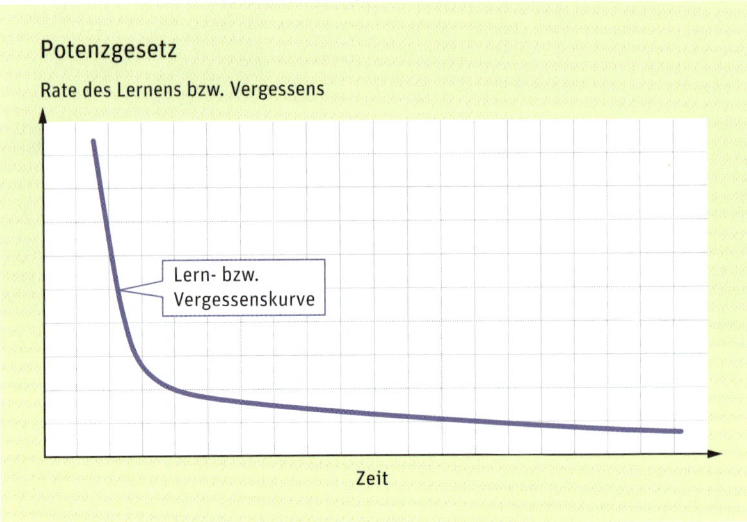

Lern- bzw. Vergessenskurve: Am Anfang wird viel gelernt bzw. viel vergessen, später weniger. Ein solcher typischer Verlauf ist oft als Potenzfunktion darstellbar.

bedingungen nicht angegeben sind, sieht man sehr schön den Verlauf der Kurve. Insbesondere zu beachten ist das rapide Vergessen innerhalb der ersten Zeiteinheiten! Dieses Ergebnis zeigte sich bereits durch die langwierigen Selbstversuche von Prof. Hermann Ebbinghaus, der als Vater der modernen Gedächtnisforschung angesehen wird. Mit seinen Untersuchungen legte er um 1885 den Grundstein für die moderne Gedächtnisforschung. Daraus resultiert auch die häufig zitierte niederschmetternde Botschaft, dass 50 Prozent der gelernten Information schon nach 20 Minuten vergessen werden! Allerdings muss man dabei beachten, dass Ebbinghaus seine Versuche mit sinnlosem Lernmaterial durchführte, indem er sich immer wieder kurze sinnfreie Wortsilben einprägte und zu verschiedenen Zeitpunkten seine Behaltensleistung testete. Bei sinnhafter Information fällt das anfängliche Vergessen nicht ganz so dramatisch aus.

Prof. Ebbinghaus: Damit du diesen wichtigen Forscher und seine Erkenntnisse nicht so leicht vergisst, emotionalisiere ich seine Person für dich, indem ich hier einige eigentlich für den Lerntipp unbedeutende Informationen anfüge. Doch aktivieren genau diese Zusatzinformationen Emotionen und Fantasie (Lerntipps 13 und 14)! Ebbinghaus war trotz der Beherrschung mehrerer Sprachen recht arm (es war immer »**Ebb**e« in der Kasse). Deshalb hatte er auch kein Geld für Versuchspersonen und memorierte in seinen fünf Jahre dauernden Versuchen Hunderttausende Silben selbst (»zu **Haus**e«)! Übrigens kam ihm die Idee mit den sinnlosen Silben wohl durch ein Buch des Autors von »Alice im Wunderland«, das damals gerade erschienen war.

Wie können wir aber unsere Lernstrategie durch die Erkenntnisse aus der Forschung von Prof. Ebbinghaus und anderer Wissenschaftler zum Thema Potenzfunktion und (logarithmischer) Vergessenskurve optimieren?

- Bereits in den ersten ein bis zwei Stunden sollte man den Lernstoff unbedingt wiederholen.
- Vor der Prüfung sollten die Hauptpunkte des Lernstoffs noch mal frisch ins Gedächtnis gebracht werden, um sicherzugehen, dass sie nicht dem rapiden Vergessen anheimgefallen sind.
- Kleine Lernbrocken werden überproportional schneller gelernt als größere (Füttere dein Gedächtnis besser mit kleineren Lernhappen!).
- Ein »Überlernen« – also weiteres Wiederholen des bereits beherrschten Lernstoffs – verringert kaum die Vergessensrate. (Analogie: Nach der Autowäsche das Auto noch ein paar Mal zu waschen, lässt es auch nicht langsamer schmutzig werden!) Dagegen ist das regelmäßige Rekapitulieren des Lernstoffs in immer größer werdenden Abständen wichtig!
- Selbst nach einem Monat lag noch ein verborgenes Wissen von circa 20 Prozent vor! Dies lässt vermuten, dass wir auch nach Jahren etwas schneller wiedererlernen, was wir einmal beherrscht haben (z. B. eine

Fremdsprache), aber total vergessen zu haben glauben. Doch war das Wissen nicht gefestigt oder wiederholt man zu spät, kann es auch ganz verschüttgehen!

Wenn man sich nun den Zusammenhang Lernrate/Zeit ansieht, ist interessant, dass die Kurve im Grunde genauso aussieht. Insbesondere beim Lernen von Fertigkeiten wie Jonglieren, Tippen, komplexen Bewegungsabläufen etc. lernt man am Anfang sehr schnell, dann muss man jedoch recht viel Zeitaufwand für recht kleine Lernzuwächse betreiben. Die sogenannte Pareto-Regel beziffert diese Problematik recht anschaulich. Vilfredo Pareto war ein italienischer Ökonom des 19. Jahrhunderts, dem auffiel, dass in vielen Ländern immer 20 Prozent der Bevölkerung circa 80 Prozent des Vermögens besitzen. Auch in anderen Zusammenhängen hat sich diese 20/80-Pareto-Regel bestätigt, und so kann man auch im Bereich des Lernens behaupten, dass man mit 20 Prozent Zeitaufwand 80 Prozent des Lernstoffs aufnehmen kann. Würde man tatsächlich 100 Prozent des Lernstoffs beherrschen wollen – also noch 20 Prozent mehr –, müsste man ein Vielfaches an zusätzlicher Zeit investieren. Daraus resultieren folgende wichtige Aspekte:

- Man sollte seine Zeit effektiv einsetzen und das Wesentliche des Lernstoffs aufnehmen. Wenn du 80 Prozent des Lernstoffs beherrscht, ist in der Regel eine gute Note sicher. Überlege also, ob dir ein »Gut« reicht und du deine Zeit evtl. eher für andere Fächer einsetzt.
- Wer voller Stolz behauptet, die Note »2« mit nur recht geringem Aufwand bekommen zu haben, aber leicht eine »1« geschafft hätte, wenn er nur ein wenig mehr gelernt hätte, ist auf dem Holzweg. Denn zwischen diesen beiden Noten liegen meistens viel Zeitaufwand und Anstrengung!
- Andererseits macht es einen gewaltigen Unterschied in der Schule, Uni oder im Beruf, ob man zu den Besten zählt oder guter Durchschnitt ist. Man hat dann nicht nur ein bisschen mehr Chancen, Erfolg, Geld oder

Ruhm, sondern zehn-, hundert- oder tausendmal mehr – dies sehen wir an den Stars in allen Bereichen, ob als Forscher, Musiker, Manager oder Sportler! Also kann sich der deutliche Extraaufwand letztendlich doch lohnen!

AUS DER WISSENSCHAFT

In einer Studie (Hiller, 1991) zu Ehren von Prof. Ebbinghaus wurden seine Gedächtnisstudien von zwei Studenten exakt wiederholt (über 100 Jahre später!). Die Ergebnisse waren ganz erstaunlich: Die Lernleistungen sowie die Vergessensraten beider Studenten waren mit denen von Prof. Ebbinghaus nahezu identisch! Dies verblüfft umso mehr, als dass er von vielen als Genie angesehen wurde, da er viele Sprachen beherrschte und zahlreiche Pionierarbeiten im Bereich der Psychologie leistete. Das lässt vermuten, dass sich das »natürliche« Gedächtnis der Menschen – also wenn keine Vorkenntnisse genutzt werden oder Lerntechniken zum Einsatz kommen – kaum unterscheidet!

Diesen Lerntipp nutze ich:

0	1	2	3	4	5	6	7	8	9	10		☞	

0 = nie 10 = immer

Ermittlung der Gesamtpunktzahl der zehn Lerntipps dieses Kapitels

Bei jedem der zehn in diesem Kapitel vorgestellten Lerntipps solltest du dir eine Punktzahl von 0 (Lerntipp nutzt du nie) bis 10 (Lerntipp nutzt du immer) gegeben haben. Trage in die nachfolgende Tabelle nun die einzelnen Punkte ein und zähle sie zusammen. Dadurch erfährst du, wie ausgiebig du die Kenntnisse der wissenschaftlichen Forschung zum Lernen bereits nutzt oder eben auch noch nicht. (In Kapitel 7 kannst du dann deinen LQ-Gesamtwert bestimmen.)

Lerntipps aus der wissenschaftlichen Forschung	Punkte
1 • Serieller Positions-Effekt	
2 • Zeit-Anstrengungs-Axiom	
3 • Priming-Effekt: Einstimmen auf den Lernstoff	
4 • Emotionen: Der Lern-Katalysator	
5 • Yerkes-Dodson-Gesetz: Entspannte Anspannung	
6 • Interferenz-Phänomen beim Lernen	
7 • Zeigarnik-Effekt	
8 • Nutze den Schlaf zum Lernen	
9 • Kontext-/Zustandsabhängiges Lernen	
10 • Potenzgesetz des Lernens/Vergessens	
Gesamtpunktzahl (maximal 100 Punkte)	

Deine Fragen, Gedanken, Kommentare oder Ideen zu diesem Kapitel:

Zur Motivation: Erfolgsstory eines Schülers

Im Jahr 2008 hat ein 16-jähriger Schüler mit Namen Hasem seinen ganzen Mut zusammengenommen und mich angerufen. Er hatte durch mein Buch *Lernen wie ein Weltmeister* von meinen Lerntechniken erfahren und war ganz begeistert davon, insbesondere von der Loci-Methode und der Vokabel-Schlüsselwort-Methode. Obwohl er früher nie ein besonders guter Schüler war, konnte er damit eine durchaus beachtliche Realschulabschlussnote von »2,0« (was der beste Notendurchschnitt der Klasse war!) erreichen und den bedeutsamen Sprung aufs Gymnasium schaffen.

Er fragte damals höflich, ob er mir manchmal schreiben und gelegentlich ein paar Tipps von mir haben dürfte. Durch seine starke Verbesserung, seine kleinen gewonnenen Gedächtniswetten mit Freunden, sein gewachsenes Selbstbewusstsein und nicht zuletzt durch die Anerkennung von Schülern und Lehrern war er so motiviert worden, dass er sich mein (japanisches) Lebensmotto »KAIZEN« (frei übersetzt: »Versuche, dich täglich zu verbessern«) unbedingt zu eigen machen wollte. Und dies tat er dann auch!

Regelmäßig schrieb er mir von seinen erstaunlichen schulischen Verbesserungen und seinen tollen Noten. Und jedes Mal setzte er noch einen drauf! Schließlich schaffte er sein Abitur mit der grandiosen Durchschnittsnote von »1,4« – wodurch er mit weitem Abstand der beste Schüler seines Jahrgangs war!

Lassen wir ihn selbst zu einer seiner mündlichen Abiturprüfungen zu Wort kommen:

»Die Themen für Gemeinschaftskunde waren ›EU‹ und ›Entwicklungspolitik‹. Hier dachte ich, für so ein Fach ist die Routenmethode doch wie geboren. Ich habe mir also alles gemerkt, indem ich massig verortet habe. Den Tag vor der Prüfung sagte ich mir: ›Morgen werde ich's allen zeigen‹ – also ein bisschen Selbstmotivation. Ich war in der mündlichen Prüfung dann gar nicht aufgeregt, und die zwei Routen, die ich benutzte, brachten mir 15 Punkte ein. Ich dachte nur: ›Das war die Rede meines Lebens.‹ Ich war selbst erstaunt, dass ich eigentlich nur diese zwei Routen im Kopf durchgegangen bin, nichts Wichtiges weggelassen habe und so überzeugen konnte.«

Übrigens studiert er nun Medizin.

3

Lerntipps zu den Speicherfaktoren des Gedächtnisses

Tipp 11

Nutzung unseres Gehirns als Transformator

Unser Gehirn liebt geradezu konkrete und anschauliche Informationen. Doch Lernstoff ist oft abstrakt und unanschaulich (z. B. Zahlen, Vokabeln, Fachbegriffe, Fremdwörter oder Namen). Deshalb sollten wir jegliche abstrakte Information zu konkreter, anschaulicher Information transformieren (lat. = umwandeln) – wodurch unser Gehirn mitsamt seinem Hauptakteur, dem Gedächtnis, wesentlich effektiver und leistungsfähiger arbeiten kann!

In diesem Kapitel über die Speicherfaktoren unseres Gedächtnisses möchte ich auf die sieben mentalen Faktoren eingehen, die zu herausragenden Gedächtnisleistungen führen können und dadurch für einen nachhaltigen Lernerfolg immens bedeutsam sind. Über diese mentalen Faktoren verfügt im Grunde jeder Mensch und kann sie deshalb unmittelbar einsetzen. Übrigens bilden viele dieser sieben Mentalfaktoren auch die Basis von praktischen Lerntechniken sowie Gedächtnistechniken, auf die ich in den anschließenden Kapiteln 4 und 5 genauer eingehen werde.

Nachdem ich meine Gedächtnisleistungen seit 1998 von Jahr zu Jahr verbessern konnte (sogar teilweise auf über 3000 Prozent!), hatte ich mich schon vor einiger Zeit gefragt, welche geistigen Fähigkeiten ich eigentlich dafür nutze. Denn ich wusste aus der wissenschaftlichen Literatur, dass ein Erwachsener durch Training seine allgemeine Gedächtnisleistung ganz grob um lediglich 30 Prozent steigern kann.

Durch meine Analyse fand ich letztendlich heraus, dass meine (für die meisten unglaublichen) Leistungen auf nur sieben mentalen Faktoren beruhen, die fast jeder beim Lern- und Speicherprozess vernachlässigt, die jedoch im Verbund äußerst effektiv für das Lernen sind. In der Abbildung unten sind alle sieben Mentalfaktoren zusammengestellt. Ich nenne es das Heptagramm der mnemotechnischen Mentalfaktoren.

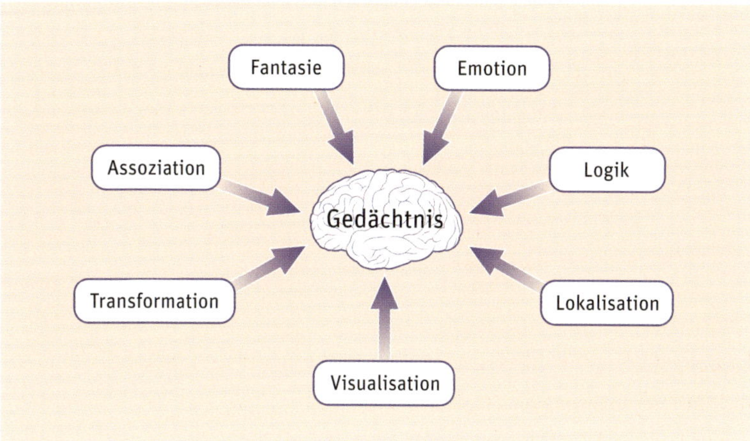

Heptagramm der mnemotechnischen Mentalfaktoren. Diese sieben Mentalfaktoren sind nützlich, um unsere Gedächtnisleistung immens zu steigern.

Unter Nutzung dieses Heptagramms kannst du jegliche Information beim Lernen für das Gedächtnis leichter »verdaubar« und somit besser speicherbar machen, wobei du stets möglichst viele von diesen Mentalfaktoren einsetzen solltest.

Transformation

Mittels dieses ersten Mentalfaktors sollte jegliche abstrakte und unanschauliche Information beim Lernen umgewandelt werden. Beispielsweise sind insbesondere Zahlen sehr abstrakt – mit einigen wenigen Ausnahmen wie die beiden Zahlen 9 und 11, die zusammen zum Porsche 911 transformiert werden können. Sicherlich sind dir auch die mehrstelligen Zahlen 0815, 4711 und 007 geläufig. Die meisten anderen Zahlen haben für uns jedoch keine Bedeutung und stellen somit eine willkürliche Aneinanderreihung von einzelnen Ziffern dar, die deshalb schwer zu behalten sind. Hier ist es ratsam, sie mit einem Zahlen-Transformations-System so umzuwandeln, dass sie für uns eine anschauliche Bedeutung bekommen. Im Lerntipp 37 über das Master-System wirst du die meines Erachtens effektivste Methode kennenlernen, wie man sich Zahlen schnell, einfach und sogar mit Spaß einprägen kann.

Doch auch Namen, Fachbegriffe und Vokabeln sind für unser Gedächtnis sehr abstrakt, denn im Grunde handelt es sich bei diesen Informationen mehr oder weniger um eine zufällige Abfolge von Buchstaben. Auch hier sollte man immer den Gedächtnisprozess dadurch erleichtern, dass man eine Transformation zu einem ähnlichen bekannten und möglichst anschaulichen Begriff vornimmt. Im Lerntipp 36 über die Schlüsselwort-Methode wirst du lernen, wie man mit dem Speicherfaktor Transformation Vokabeln für unser Gedächtnis zu appetitlichen Lernhappen umwandelt.

Auch Namen sind zum Glück sehr leicht zu transformieren, insbesondere Vornamen, weil viele davon anschaulichen Begriffen sehr ähnlich sind. Somit muss man dann nicht die recht abstrakten Namen memorieren, sondern nur das durch den anschaulichen Begriff entstehende Bild. Einige Beispiele sollen dies verdeutlichen:

Martin wird transformiert zum anregenden Drink *Martini*.

Sarah wird transformiert zur heißen *Sahara*.

Gerd wird transformiert zu einem interessanten *Gerät*.

Anne wird transformiert zu einer (bunten) *Kanne*.

Sascha wird transformiert zu einem ehrwürdigen *Pascha*.

Natürlich gibt es auch schwerere Vornamen und auch – wie du gleich siehst – kompliziertere Nachnamen, doch mit der Zeit bekommt man Übung im flinken und erfolgreichen Transformieren. Und als Nebeneffekt trainiert man dabei sogar seine verbale Kreativität!

AUS DER PRAXIS

Das Sterbejahr des großen deutschen Philosophen Arthur Schopenhauer, 1860, kann man leicht zum Fußballverein 1860 München transformieren.

Der Name »Washkansky« wird zu *Waschen*, *kann* und *Ski*, also zur sprachlich etwas holprigen Aufforderung: »**Wasch**en **kan**nst du die **Ski**!« (Louis Washkansky überlebte 1967 als erster Mensch eine Herztransplantation – eine Weltsensation. Allerdings starb er nach 18 Tagen.)

Beim medizinischen Fachbegriff »Adipositas« = Fettleibigkeit **addi**ert man (in der Transformation) viel Fett am **Po** und **si**tzt damit auf einer **Tas**se.

Auch wenn es auf den ersten Blick komisch wirkt: Solche Transformationen können und dürfen sonderbar sein und müssen nichts mit der eigentlichen Information zu tun haben – es funktioniert trotzdem oftmals unglaublich gut!

Diesen Lerntipp nutze ich:

0	1	2	3	4	5	6	7	8	9	10		☞	

0 = nie 10 = immer

Tipp 12

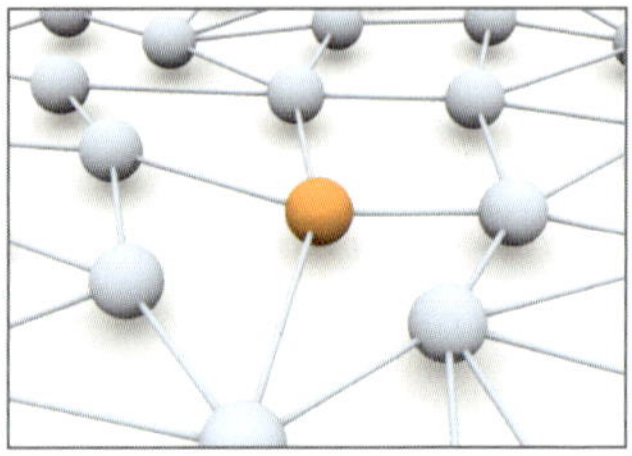

Mit Assoziation zum Wissens-Ass

Jeder von uns weiß bereits unglaublich viel, sodass auch der beste Computer neidisch sein könnte. Nutzt man dieses Wissen, indem man jegliche neue Information in möglichst vielfältiger Form mit im Langzeitgedächtnis gespeicherten Daten assoziiert, steigt dadurch die Erinnerungsleistung drastisch. Dabei zählt jede Assoziation zur Abspeicherung, egal wie »sinnvoll« oder »sinnlos« sie ist.

Der Begriff »Assoziation« kommt aus dem Lateinischen und bedeutet »verbinden«, »vernetzen«, »vergesellschaften«. Im Bereich des Lernens ist damit gemeint, dass Informationen miteinander gedanklich verbunden, also assoziiert werden können. Der Sinn und Zweck davon ist nicht nur eine bessere Abspeicherung im Gedächtnis, sondern auch die intensivere Verarbeitung der Information, was zu einem tieferen Verständnis des Lernstoffs führt. Außerdem fallen einem auch manchmal durch den Vorgang des Assoziierens neue kreative Ideen ein.

Die Lerntechnik des Assoziierens kann man im Grunde auf zwei unterschiedliche Arten anwenden, die ich Neu-Neu-Assoziation und Neu-Alt-Assoziation nenne.

Neu-Neu-Assoziation

Zum einen kann man mehrere neue Informationen miteinander assoziieren und dann gemeinsam abspeichern. Auf diese Weise wird ein größeres und interessanteres »Lernpaket« geschnürt. Ein solches Lernpaket entspricht einer geringeren Anzahl von Informationseinheiten (auch »Chunks«, engl. = Brocken, genannt) als die einzelnen Informationen, aus denen es besteht (Näheres hierzu im Lerntipp 18). Dadurch wird der »Flaschenhals des Lernens« – nämlich unser sehr begrenzt aufnahmefähiges Kurzzeitgedächtnis – besser genutzt, und die neuen Informationen finden eher den Weg durch das Kurzzeitgedächtnis hin zum Langzeitgedächtnis.

Gewusst wie: Nehmen wir an, man hätte in Astronomie zu lernen, dass unsere Galaxie, die Milchstraße, aus circa 100 Milliarden Sternen besteht, und gleich in der nächsten Unterrichtsstunde kommt im Biologieunterricht wieder eine neue Information, nämlich dass unser Gehirn aus circa 100 Milliarden Gehirnzellen (einschließlich der 20 Milliarden Neuronen der Großhirnrinde) besteht. Diese zwei neuen Informationen können wir dann direkt miteinander assoziieren, indem wir uns vorstellen, dass alle Sterne unserer Milchstraße als Gehirnzellen in unserem Kopf sind, denn die Zahl ist ja identisch.

Es spielt dabei keine Rolle, dass die beiden neuen Informationen im Grunde nichts miteinander zu tun haben. Es ist lediglich wichtig, dass sie mindestens eine Gemeinsamkeit haben, die dann die Verbindung (Assoziation) darstellt. Wenn es mehrere Gemeinsamkeiten sind, die man für das Assoziieren nutzt, umso besser. In unserem Beispiel gilt in beiden Fällen, dass sie etwas »aussenden«: Neuronen elektrische Signale und Sterne Licht. Somit ist das Assoziationsnetz durch diesen zweiten Assoziationsfaktor noch verstärkt.

Neu-Alt-Assoziation

Die zweite Art des Assoziierens ist wesentlich geläufiger. Hierbei assoziiert man die neue Information mit bereits im eigenen Langzeitgedächtnis gespeicherter (alter) Information. Man zieht dabei die neue Information quasi an einer mentalen Schnur durch das Kurzzeitgedächtnis direkt zu der im Langzeitgedächtnis bereits fest verankerten alten Information, mit der eine gute Assoziationsmöglichkeit gegeben ist. Diese Art des Lernens geht sehr schnell und hat noch den Vorteil, dass auch die neue Information recht fest abgespeichert wird, da sie von der bewährten Stabilität (denn man erinnert sich ja noch daran!) der alten Information profitieren kann. Selbstverständlich ist es noch besser, gleichzeitig mehrere Assoziationen mit einer Vielzahl von »alten« im Langzeitgedächtnis abgespeicherten Daten zu bilden.

Gewusst wie: Als neue Information musst du lernen, dass der älteste Mensch laut der Bibel 969 Jahre alt wurde (übrigens war das Methusalem). Jetzt nehmen wir an, du weißt, dass die erste Mondlandung im Jahr 1969 war (vorhandene alte Information). Wie kann man beide Informationen nun miteinander verbinden? Es fällt auf, dass bis auf die 1 die Ziffernfolge in beiden Informationen identisch ist. Diese Gemeinsamkeit muss nun in irgendeiner Form für eine (möglichst anschauliche) Assoziation genutzt werden, zum Beispiel: Die Mondfähre landete direkt neben dem Grabstein von Methusalem, auf dem geschrieben steht: »Methusalem, verstorben im Alter von 969 Jahren«.

Gewusst wie: Als neue Information ist zu lernen, dass durch Pierre de Coubertin die Olympischen Spiele wieder eingeführt wurden (1896). Bekannt ist einem evtl. der Cooper-Test, mit dem die Ausdauer von Schülern, Sportstudenten, Soldaten oder Schiedsrichtern durch zwölfminütiges Dauerlaufen bewertet wird. Wir assoziieren nun die beiden ähnlich klingenden Namen, indem wir uns vorstellen, dass Herr Coubertin auf die Idee der Wiederbelebung der Olympischen Spiele kam, als er selber den (allerdings erst später entwickelten) Cooper-Test machen musste – und dabei einen Coup landete!

Insbesondere an der Neu-Alt-Assoziationsmöglichkeit kann man sehen, dass einem das Lernen zunehmend leichter fallen wird, je mehr man weiß. Man hat dann einfach immer mehr Assoziationsmöglichkeiten, die die Einspeicherung neuer Informationen verbessern können. Und mit »verbessern« ist ein Arsenal an positiven Aspekten gemeint: »beschleunigtes Lernen«, »vereinfachtes Lernen«, »kreativeres Lernen« und last, but not least »mehr Spaß am Lernen«.

Nutze deshalb dein gesamtes Wissen und den Speicherfaktor Assoziation wann immer möglich für dein Lernen! Dies ist übrigens schon ab frühestem Kindesalter möglich. So sollen nach Schätzungen Schulkinder mit sechs bis sieben Jahren bereits 14 000 Wörter kennen, von denen sie 5000 bis 9000 aktiv gebrauchen. Dies entspricht sogar schon etwa der Hälfte des durchschnittlichen Wortschatzes eines Erwachsenen! Rechnet man all die Kenntnisse, Erfahrungen und Eindrücke eines solchen jungen Kindes hinzu, ergeben sich bereits bei Schülern der ersten Klasse fast unbegrenzte Assoziationsmöglichkeiten.

AUS DER PRAXIS

Immer wenn du eine neue Information lernen musst, gehe buchstäblich »in dich« und klopfe dein im Langzeitgedächtnis aufbewahrtes Wissensinventar auf Assoziationsmöglichkeiten hin ab. Erstelle – wenn möglich – mehrere unterschiedliche Assoziationen, da dadurch die Wahrscheinlichkeit erhöht wird, dass du die gelernte Information auch wieder abrufen kannst, wenn es erforderlich ist. Denn das Auffinden selbst nur einer dieser erstellten Assoziationen kann zum erfolgreichen Abruf der gesuchten Information führen.

Noch ein Anwendungsbeispiel: »Wie viele Menschen waren bisher auf dem Mond?« Antwort: 12. Mögliche Assoziationen: In jedem der zwölf Monate eines Jahres ist ein Astronaut zum Mond geflogen. Oder: Jeder der zwölf Apostel war auf dem Mond.

Diesen Lerntipp nutze ich:

0	1	2	3	4	5	6	7	8	9	10		☞	

0 = nie

10 = immer

Tipp 13

Fantastisch lernen mit Fantasie

Eine unserer größten mentalen Fähigkeiten ist die Fantasie. Warum setzen wir sie so selten beim Lernen ein und begnügen uns mit dem Pauken der trockenen Fakten, Daten, Gesetze oder Zusammenfassungen? Reichere den Lernstoff mit dem ungeheuren Schatz deiner Fantasie an und mache damit dein Lernen zum fantastischen Erlebnis!

Viele Ausbildende, Lehrer, Dozenten oder Professoren meinen es im Grunde gut, wenn sie den Lernstoff auf das Wesentliche reduzieren und in einer Art sehr konzentrierter Wissensessenz vermitteln oder zusammenfassen. Der Grund für diese Vorgehensweise ist klar: Die Verringerung der Text- bzw. Stoffmenge soll zu einer Zeitersparnis beim Lernen führen. Aber weit gefehlt!

Zwar ist für den Wiederholungsprozess beim Lernen diese Reduktion des vermittelten Lernmaterials (man nennt dies in der Wissenschaft auch »reduktives Lernen«) sinnvoll, da dadurch wichtige Erinnerungsprozesse in Gang gesetzt werden. Aber für ein Freude bereitendes, langfristiges und damit effektives Lernen ist genau die entgegengesetzte Lernstrategie ratsam: das elaborative (ausarbeitende) Lernen, also das Hinzufügen von weiterer Information zum Lernstoff, und zwar mit Kreativität und Fantasie!

Um den wichtigen Einsatz der Fantasie beim Lernen verständlich zu machen, erwähne ich in meinen Seminaren immer die Analogie »Geschenke«. Denn jeder kennt dies aus seinem eigenen Leben:

Man möchte einer anderen Person ein schönes Geschenk machen und hat nach langwieriger Suche auch tatsächlich etwas Passendes gefunden. Doch jetzt kommt der zweite wichtige Schritt: das Einpacken. Geschenke zu schenken, ohne sie in Geschenkpapier zu verpacken, ist in den Augen der meisten ein Unding und würde in der Regel zu großer Enttäuschung führen.

> *Welch eine herrliche Gabe ist nicht die Fantasie, und welchen Genuss vermag sie zu gewähren.*
> Thomas Mann, deutscher Schriftsteller, 1875–1955

Dabei wird durch das Einpacken des Geschenks nicht nur die Spannung und der Überraschungseffekt beim Auspacken gesteigert, sondern das Präsent wird durch ein wunderschönes Geschenkpapier und nahezu künstlerisch gestaltete Schleifenkonstruktionen in den Augen des Empfängers ungeheuer aufgewertet.

Viele werden schon die Zuordnung bei der Analogie erkannt haben:

Geschenk verhält sich zu ***Geschenkpapier***
wie
Lernstoff zu ***Fantasie***.

Denn genauso sollten wir es beim Lernen machen: Wann immer wir den Lernstoff mit Fantasie ausschmücken, wird der Stoff spannender und überraschender und damit in seinem Erinnerungswert immens aufgewertet.

Doch wie setzt man Fantasie ganz konkret beim Lernen ein? Hierzu einige Beispiele:

- **Geschichte:** Karl der Große wurde 747 n. Chr. geboren. Dies ist eine trockene Geschichtszahl, die man wohl schnell wieder vergessen würde. Transformieren können wir das Geburtsjahr zu einem der größten Passagierflugzeuge, der Boeing 747. Das hilft schon mal. Aber wenn man jetzt fantasievoll ausschmückt, wie der kleine Karl der Große in der riesigen Boeing 747 geboren wird, gewaltig schreit und so kahl (ähnlich klingend wie »Karl«) wie die Außenhaut des Flugzeugs ist, hat man viele – nur vermeintlich unnötige – Informationen zum eigentlichen Lernstoff hinzugefügt. Doch genau durch diesen »Fantasie-Kleber« erreicht man eine dauerhafte und langfristige Abspeicherung im Gedächtnis.

- **Namen merken:** Auch Namen, ob nun von Personen, die uns neu vorgestellt werden, von Prominenten oder von Berühmtheiten der Vergangenheit, können wir uns wunderbar mit Fantasie merken. Bei leichten Namen wie Herrn *Reese* oder Frau *Holzer* klappt es schon durch die Transformation zu beispielsweise *Reise* bzw. *Holz*, doch bei schwierigeren und längeren Namen muss man zusätzlich seine Fantasie einsetzen. Beim Nobelpreisträger Prof. *Susumo Tonegawa* wäre folgende fantasievolle Geschichte möglich: Er ist ein *Sumo*-Ringer, hebt eine gewaltige *Tonne*, und alle *gaffen*.

- **Fachbegriffe:** Die Bezeichnung »Asthma« für die recht häufige Atemwegserkrankung kann man einem Schüler beibringen, indem er zuerst eine Transformation zu *Ast* und *Ma* vornimmt und sich dann mit seiner Fantasie ausmalen soll, dass ein sperriger Ast in seiner Lunge steckt, er dadurch kaum atmen kann und mit letzter Kraft »Ma« ruft. Kann man das vergessen?

Oftmals hört man den Einwand, dass es viel zu viel Zeit kostet und aufwendig ist, neben dem anstrengenden Lernen noch zusätzlich fantasievolle Gedankengebäude im Kopf zu entwickeln – insbesondere, da ohnehin in der Regel aufgrund der Fülle des Lernstoffs Mangel an Lernzeit herrscht. Dem halte ich jedoch immer wieder vehement folgende Argumente entgegen:

1. Zwar ist der Zeitaufwand anfangs größer, doch holt man diese Zeitinvestition später wieder dadurch herein, dass der mit Fantasie verankerte Lernstoff seltener wiederholt werden muss.

2. Das Lernen mit Fantasie macht einfach mehr Spaß und hält die Motivation beim Lernen aufrecht, wodurch die Lernzeit effektiver genutzt wird.
3. Durch die häufige bewusste Aktivierung der eigenen Kreativität und Fantasie werden genau diese wichtigen mentalen Eigenschaften »ganz nebenbei« trainiert.

Schenke dir also selber das kostbare Gut Wissen, indem du den Lernstoff stets mit ausschmückender Fantasie einhüllst. Dein Gedächtnis wird begeistert sein und dir dauerhaftes Behalten des Gelernten zurückschenken!

AUS DER PRAXIS

Bei jedem Lernstoff solltest du dir überlegen, wie du ihn mit Fantasie so aufbereiten kannst, dass er für dich interessant, unterhaltsam und spannend erscheint, ob nun als »verrücktes«, aber anschauliches mentales Memobild (zum besseren Erinnern im Kopf erstelltes fantasievolles Bild) oder als ereignisreiche Geschichte, die vor deinem inneren Auge wie ein spannender Film abläuft.

Diesen Lerntipp nutze ich:

0	1	2	3	4	5	6	7	8	9	10		☞	

0 = nie 10 = immer

Tipp 14

Emotion: der EGO-Effekt

Unser Gedächtnis arbeitet sehr effektiv bezüglich jeder Information, die uns selber stark betrifft – dies war evolutionär sinnvoll! Nutze diesen Effekt: Bringe dich und deine Person so oft wie immer möglich direkt in die Lerninformation ein. Die Lern- und Erinnerungsleistung steigt dadurch dramatisch!

Der Ursprung dieses Lerntipps, dem ich die Bezeichnung »EGO-Effekt« gegeben habe, liegt vermutlich Hunderte von Millionen Jahre in der Vergangenheit. Er beruht auf dem ursprünglich sehr egoistischen Sinn des Lernens: nämlich die eigene Überlebenschance in der Welt durch das Lernen relevanter Informationen zu erhöhen. Denn in der Evolution hat eher der Wissendere als der Stärkere den Kampf ums Überleben gewonnen.

> *Es gibt ein Recht des Weiseren, nicht ein Recht des Stärkeren.*
> Joseph Joubert, französischer Moralist, 1754–1824

Unser Gehirn musste sich im Lauf der Zeit darauf spezialisieren, jene Informationen besonders gut aufzunehmen, zu verarbeiten und zu behalten, die unmittelbaren Bezug zu unserer eigenen Person haben und uns so den notwendigen persönlichen (Überlebens-)Vorteil verschaffen. Somit lässt sich vereinfacht sagen: Umso mehr wir als Person – als Ego – in den Lernstoff integriert und eingesponnen sind, desto relevanter erscheint uns dieser Lernstoff und desto erinnerungswürdiger ist er für unser Gehirn.

Doch wie lässt sich dieser EGO-Effekt ganz konkret zum Lernen nutzen? Ganz einfach: Versuche dich selber als zentralen Ausgangspunkt oder Hauptperson des Lernstoffs zu sehen! Einige Beispiele:

- **Geschichte:** Wenn man im Fach Geschichte Wissen über das Leben einer berühmten Persönlichkeit anhäufen möchte oder muss, ist dies viel einfacher, wenn man sich wie ein Schauspieler vorstellt, dass man genau diese Person ist. Dadurch bekommt man nicht nur eine andere emotionale Einstellung zum Lernstoff, sondern kann evtl. auch leichter Gedanken und Taten dieser Person nachvollziehen. Wem dies zu schwierig erscheint, der kann aber auch versuchen, in seinem eigenen Leben Entsprechungen für die zu lernenden Fakten zu finden. (Wann sind einem selber Vorurteile zum Verhängnis geworden? Wann hat man selber Rachegelüste verspürt? Wann war man selber übermütig oder gar größenwahnsinnig?)

- **Philosophie:** Soll man sich über die Aspekte und Konsequenzen einer philosophischen Idee Gedanken machen, so aktiviert man mehr Gehirnzellen, wenn man zuerst die unmittelbaren Auswirkungen auf einen selber durchdenkt, als wenn man sich über die abstrakte »dritte Person« mit dem Thema beschäftigt (erst nach dieser »Ego-Aktivierung« betrachtet man die Wirkungen auf die Allgemeinheit).

- **Physik:** Beim Hagen-Poiseuille-Strömungsgesetz könnte man sich vorstellen, dass man mit angehaltener Luft in einer dicken Röhre mit starker Wasserströmung taucht und innerlich jubelt, dass sie plötzlich viel enger wird. Denn nach obigem Gesetz erhöht sich die Strömungsgeschwindigkeit dadurch drastisch und lässt uns schneller das Ende der Röhre erreichen. Und jetzt wird es sogar spannend: *Wie viel schneller werde ich, wenn sich der Rohrdurchmesser halbiert – erreiche ich das Rohrende, bevor mir die Luft ausgeht?* Aus einem trockenen physikalischen Gesetz wird so eine Frage von Leben oder Tod.*

* Vier Mal schneller.

- **Fremdsprache:** Ist man zum Beispiel als ein Klaus oder eine Heike wirklich im richtigen emotionalen Zustand, wenn man beispielsweise im Französisch-Kurs sitzt? Nein! Dies ändert sich aber mit seinem eigenen modifizierten Ego: mit einer Namensänderung zu einem typischen französischen Namen wie François oder Veronique! Zudem kann man sich noch vorstellen, dass man nach langer Zeit im Ausland wieder nach Paris gezogen ist und nun geschwind sein Französisch aufpolieren muss. Und plötzlich hat sich durch das Ins-Spiel-Bringen des Ego-Faktors eine effektivere Lernperspektive ergeben. Wie möchtest du also ab jetzt für dein Fremdsprachen-Lernen heißen?

- Nehmen wir noch einmal das **Wörterpaar-Lernbeispiel:** Elefant – Fahrrad. Versuche ich mir dieses Wortpaar so einzuprägen, dass ein Elefant *irgendein* Fahrrad zertrampelt, so ist dies weniger erinnerungswürdig, als wenn ich mir vorstelle, dass es mein eigenes nagelneues, auf einer Deutschen Meisterschaft gewonnenes BMW-Mountainbike ist.

- **Produktname:** Der Name des bekanntesten bei Aufmerksamkeitsdefizit-Hyperaktivitäts-Störungen (ADHS) eingesetzten und verschreibungspflichtigen Medikaments ist »Ritalin«. Denn der Erfinder probierte es 1944 zuerst an seiner Frau aus, die mit Spitznamen »Rita« hieß. Sonderbar, sich vorzustellen, dass man seine eigene Frau als Versuchskaninchen benutzt!

Übrigens ist der EGO-Effekt nicht nur zum Lernen, sondern auch zum Lehren sehr gut einsetzbar. So versuche ich zum Beispiel meinen Kindern einen komplexen Sachverhalt nicht anhand eines abstrakten Gedankengebäudes zu erklären, sondern binde sie in den zu erklärenden Sachverhalt möglichst stark ein. So könnte eine Erklärung zum Begriff »Vergebung« wie folgt beginnen: »Stell dir vor, deine beste Freundin hat etwas sehr Hässliches über dich gesagt …«

Oder bei der Erklärung der Krankheit »Asthma« würde ich die Kinder bitten, sich selber Mund und Nase fast ganz zuzuhalten und dann in Ruhe sowie auch bei heftiger Bewegung versuchen zu atmen. Erst dann, nach dieser – wie ich es nennen möchte – *emotionalen Egoisierung*, folgt die recht abstrakte akademische Erklärung (und schließlich der Einsatz von Transformation und Fantasie, um den Wortlaut des Fachbegriffs *Asthma* abzuspeichern – siehe Lerntipp 13).

Denke also bitte beim Lernen stets daran, diesen EGO-Effekt wann immer es geht einzusetzen. Normalerweise ist es verwerflich, ein Egoist zu sein, doch beim Lernen ist es anders, hier sei es unserem Gehirn zur Leistungssteigerung gegönnt!

AUS DER PRAXIS

Wie du später noch erfahren wirst, basieren viele sehr effiziente Lernmethoden auf der Erstellung von mentalen Bildern, Bildergeschichten oder Anekdoten. Es ist für mich immer wieder erstaunlich, wie erfolgreich der EGO-Effekt dabei eingesetzt werden kann. Nicht nur aus den bereits beschriebenen Gründen, sondern weil man dabei auch sein Körpergedächtnis nutzen kann. Denn mental vorgestellte Aktivitäten des eigenen Körpers in einer Lernanekdote liefern beim späteren Wiedergabeversuch sehr wirksame Abrufreize.

Diesen Lerntipp nutze ich:

0	1	2	3	4	5	6	7	8	9	10		☞	

0 = nie 10 = immer

Tipp 15 

Logik beim Lernen hilft – ist doch logisch: Logomonik

Lernstoff, den man verstanden hat oder dessen Logik man erkannt hat, bleibt in der Regel sehr lange im Gedächtnis. Zudem macht dieses Verstehen Spaß. Versuche somit immer logische Zusammenhänge zu erkennen. Wenn Logik beim Lernstoff naturgemäß nicht vorliegt – zum Beispiel bei Namen oder Vokabeln –, so nutze die elegante Pseudo-Logik-Technik!

Wohl jeder kann bestätigen, dass wir etwas recht lange behalten, wenn wir es kapiert haben, also eine Logik in den verschiedenen Einzelinformationen eines Sachverhalts erkennen. Dies gilt umso mehr, je mehr Zeit wir für das »Durchdringen« der Materie aufgewandt haben und/oder je größer schließlich der Aha-Effekt ist.

Doch was ist eigentlich der Grund für das lange Behalten von einmal verstandenem Lernstoff? Sicherlich kommen wir nur auf ein solches Verstehensniveau, indem wir die für das Verstehen notwendigen zahlreichen Einzelinformationen im Geiste miteinander verknüpft und assoziiert haben und damit ein großes Gesamtbild des Lernstoffs für uns entstanden ist. Auch wenn wir dann innerhalb eines längeren Zeitraums einzelne Aspekte des Lernstoffs vergessen, erkennen wir immer noch unser Gesamtbild und können die fehlenden »Wissens-Puzzleteile« ergänzen. Erst wenn nach längerer Zeit ohne aktive Wiederholung oder Anwendung des Lernstoffs bei uns so viele Wissenslücken entstanden sind, dass wir nicht mehr das Gesamtbild sehen, ist auch kein (logisches) Verständnis mehr vorhanden und werden auch alle weiteren Informationsteile dem schnellen Vergessen anheimfallen.

Gewusst wie: Man könnte natürlich die offiziellen Abmessungen eines Fußballtores mit 7,32 m Länge und 2,44 m Höhe mühsam auswendig lernen. Man könnte sich aber auch überlegen, warum es eigentlich bei einem so populären Objekt wie dem Fußballtor so entsetzlich krumme Zahlen sind? Die Auflösung: Es kommt durch die englischen Maße 8 Yards (= 91,5 cm) und 8 Fuß (= 30,5 cm). Das ist doch logisch, denn die Fußballregeln haben ihre Wurzeln in England!

Es reicht nicht aus, einen gut funktionierenden Verstand zu haben; das Wichtigste ist, ihn auch gut zu nutzen.
René Descartes, französischer Philosoph und Naturwissenschaftler, 1596–1650

Doch leider kann man nicht alles verstehen und allem ursächlich auf den Grund gehen – evtl. aus Zeitmangel oder weil es einfach unseren derzeitigen geistigen Horizont übersteigt. Aber häufig ist ein Verstehen auch überhaupt nicht möglich; dies kann bei Namen, Vokabeln oder auch Zahlen der Fall sein, weil sie einfach keinen logischen Hintergrund haben. Da unser logischer Verstand jedoch ein solch hervorragendes Werkzeug für eine langfristige Abspeicherung ist, wäre es nun schade, wenn wir die phänomenalen analytischen und logischen Fähigkeiten unseres menschlichen Geistes nicht auch für diesen »unlogischen« Lernstoff einsetzen würden.

In diesen Fällen empfehle ich die Anwendung einer Art Pseudo-Logik, wobei ich für die entsprechende Lerntechnik den Begriff »Logomonik« geprägt habe. Dieses Wort setzt sich aus »Logik« und »Mnemonik« (das Fremdwort für Gedächtniskunst) zusammen. Die Grundidee dieser Lerntechnik ist das Auffinden oder Entwickeln von in gewisser Weise künstlich erschaffenen logischen (also pseudo-logischen) Aspekten bei dem zu lernenden Material. Es muss also keine »reale« Logik im Lernmaterial erkannt werden (denn die gibt es ja in der Regel auch nicht), sondern man projiziert einfach eigene logische »Merkideen« auf den Lernstoff. Dabei müssen diese Merkideen keinen sinnhaften Zusammenhang zum Lernstoff haben, sondern nur den Funken der Logik enthalten. Diese Lerntechnik funktioniert großartig, denn anscheinend ist es unserem Gedächtnis egal, ob reale Logik oder Pseudo-Logik eingesetzt wird. Normalerweise werden wir für diese logomonischen Merkideen auch unser bereits vorhandenes Wissen zur Abspeicherung des neuen Lernstoffs nutzen. Im Gegensatz zum Speicherfaktor Assoziation legen wir dabei jedoch ein ganz besonderes Augenmerk auf (von uns kreierte) logische Zusammenhänge.

Nun einige Beispiele, damit du verstehst, was ich eigentlich meine:

- Der (mittlerweile verstorbene) Apple-Gründer Steve Jobs wurde 1955 geboren. Ist doch logisch! Er hat seine Genialität direkt von Einstein bekommen, als der 1955 – also im selben Jahr – gestorben ist.
- In 4000 m Höhe ist der Sauerstoffanteil in der Luft um 40 Prozent niedriger. Ist doch logisch! Denn da muss man fast auf allen »4-en« zum WC (Symbol: 00) kriechen (oder als Pseudo-Formel: 40 Prozent + WC = 4000).
- In der PISA-Studie von 2009 lag der Schwerpunkt bei der Kompetenz der Schüler im **L**esen. 2012 ist der Schwerpunkt die **M**athematik, und 2015 liegt er bei den **N**aturwissenschaften. Ist doch logisch! Denn es geht wohl nach dem Alphabet: L, M, N ...
- Der Gründer des Internetlexikons »Wikipedia« heißt Jimmy Wales. Ist doch logisch! Denn WWW steht vielleicht nicht nur für »WorldWide Web«, sondern es könnte doch auch für »WalesWikipediaWissen« stehen, und die dortige Wissenssammlung ist so riesig wie ein Wal.
- Adam wurde laut Bibel 130 Jahre alt. Ist doch logisch! Denn er war ja das erste Mitglied der MENSA – der Vereinigung für Hochintelligente mit einem IQ von über 130.
- Im Jahr 1989, dem Jahr der Wiedervereinigung von Deutschland, hatte die BRD gut 61 Millionen Einwohner, die DDR etwas mehr als 16 Millionen. Ist doch logisch! 61 und 16 sind spiegelbildlich zueinander.

- Bei einem echten Lächeln sind deutlich mehr Muskeln aktiv als bei einem aufgesetzten Lächeln. Zu Ehren des Entdeckers nennt man es deshalb *Duchenne*-Lächeln. Ist doch logisch! So ein fröhliches Lächeln zeige ich auch beim herrlich warmen *Duschen*.

Wie man an den Beispielen deutlich sieht, müssen die miteinander logomonisch verknüpften Informationen faktisch gesehen nichts – aber auch rein gar nichts – miteinander zu tun haben. Es reicht, dass nur eine winzige theoretische oder erdachte Möglichkeit eines logischen Zusammenhangs besteht!

AUS DER PRAXIS

Bei jeder neuen Information, die du kurz- oder langfristig abspeichern willst, nehme einen Logik-Check vor. Frage dich, warum die Sache so heißt, sich so verhält oder eben so ist, wie sie ist. Ist keine reale Logik zu finden, nutze dein gesamtes Wissen und deine kreative Fantasie zum Auffinden einer Pseudo-Logik. Der Nebeneffekt: Wenn du häufig die Logomonik zum Lernen einsetzt, trainierst du automatisch deine analytischen, kombinatorischen und kognitiven Fähigkeiten, was auch einen positiven Einfluss auf deinen IQ haben kann!

Diesen Lerntipp nutze ich:

0	1	2	3	4	5	6	7	8	9	10		☞	

0 = nie 10 = immer

Tipp 16

Lokalisation: Lernen auf dem Lokus

Unser Gehirn hat über Jahrmillionen seine Fähigkeit optimiert, sicher abzuspeichern, wo sich jene Objekte oder Gegebenheiten in einem räumlichen Areal exakt befinden, die für unser Überleben relevant sind. Dieses geniale Grundsystem der Abspeicherung von Wissen an Orten bildet einen phänomenalen Speicherfaktor für das Lernen.

Um diesen Speicherfaktor den Zuhörern in meinen Vorträgen vor Augen zu führen, stelle ich immer folgende Frage: »Haben Sie einen Kühlschrank?« Sie sollen dann einfach nur für sich selbst lautlos die Frage wahrheitsgemäß mit »Ja« oder »Nein« beantworten und sich dabei beobachten. Tu dies bitte auch! Natürlich kann fast jeder die Frage bejahen. Das Gleiche soll dann jeder mit einer weiteren Frage machen: »Haben Sie eine Zahnbürste?« Auch du wirst wohl darauf innerlich mit Ja antworten.

Dann lüfte ich das Geheimnis dieser simplen Fragen: Jeder, der solche Fragen mit Ja beantwortet, katapultiert sich quasi sofort an den Ort des Frageobjektes. Man steht somit mental direkt vor dem Kühlschrank bzw. an dem Ort, wo sich die eigene Zahnbürste normalerweise befindet. Man kann auch gar nichts dagegen machen, es passiert einfach. Denn das ist eines der Grundprinzipien, nach denen unser Gedächtnis arbeitet: Wann immer möglich, »verortet« es die Information – also positioniert sie an einem bestimmten Ort.

Interessanterweise konnten die Gehirnforscher vor einigen Jahren sogar auf neuronaler Ebene Erklärungsansätze dazu liefern. So sind sie auf ganz bestimmte Neuronen (Gehirnzellen) im Hippocampus gestoßen, die man mittlerweile als »Ortszellen« bezeichnet. Sie bilden in ihrer Verschaltung in spezifischer Weise bestimmte Positionen in einem vertrauen Raum ab und feuern immer dann, wenn wir uns an dieser betreffenden Stelle aufhalten. Diese Ortszellen scheinen somit dem Gehirn bei der Konstruktion »mentaler Landkarten« zu helfen. (Übrigens war es im Laufe der Evolution überlebenswichtig, sich an den exakten Ort von Wasserquellen, Nahrungsmitteln oder Gefahren erinnern zu können!)

Ist es dann aber nicht naheliegend, diese ausgeklügelte, hocheffektive Gedächtnisstrategie, die uns in den letzten Jahrmillionen das Überleben gesichert hat, ganz gezielt zum Lernen einzusetzen?

Das Grundprinzip des Speicherfaktors Lokalisation ist, dass man ganz bewusst den Lernstoff an einem Locus bzw. an vielen Loci mental positioniert. Der Begriff »Lokus« kommt aus dem Lateinischen und heißt »Ort«, »Stelle«, »Platz«. Dass wir umgangssprachlich das Wort Lokus als Synonym für Toilette benutzen, hat wohl den Hintergrund, dass in der Schülersprache der ursprüngliche lateinische Begriff *locus necessitas* (= Ort der Notdurft) einfach zu Lokus verkürzt wurde.

Doch im Zusammenhang mit dem Lernen hat dieser Begriff eine ganz andere Bedeutung: Wir verwenden einen Lokus – also einen von uns frei gewählten Ort – als Ankerpunkt für unsere abzuspeichernde Information.

Eine solche Lokalisation von Lernstoff ist so hilfreich und wirksam, dass sich daraus schon vor über 2500 Jahren eine eigenständige Lernmethode entwickelt hat, die als Loci-Methode oder Routenmethode bezeichnet wird. Im Kapitel 5 über die Gedächtniskunst beschreibe ich die Grundprinzipien dieser phänomenalen Lernmethode (Lerntipp 35) genauer.

Als ich vor über zehn Jahren zum ersten Mal vom mentalen Speicherfaktor Lokalisation erfahren hatte, war ich unglaublich verblüfft, wie effektiv er funktioniert und wie schnell er eingesetzt werden kann. Denn auch mir erging es oft so, dass ich viel gelesen oder gelernt hatte und dann nur einen Bruchteil davon direkt abrufen konnte. Ich wusste dann immer, dass ich noch viele weitere Informationen interessant fand, doch stöberte ich frustriert im Gehirn herum, ohne diese Informationen wiederfinden zu können. Aber die Information war doch vorhanden, denn auf eine gezielte Frage hin konnte ich sie meistens problemlos wiedergeben. Somit fehlt es uns in der Regel an einer Zugriffsmöglichkeit auf unser Wissen. Und genau hier setzt die Funktionsweise der Lokalisation an.

Die Lokalisation von Wissen geht in drei wesentlichen Schritten vor sich:

- Im Schritt 1 wählt man im Vorfeld des Lernens Orte (Loci) in einem bekannten Umfeld (z. B. die eigene Wohnung) und lernt diese auswendig (was erstaunlich leicht geht!).
- Im Schritt 2 verknüpft man jede zu lernende Information als mentales Bild mit jeweils einem Lokus.
- Bei der Wiedergabe ruft man schließlich im Schritt 3 die mental abgelegten Informationen wieder ab, indem man die einzelnen Loci-Orte wieder im Geiste durchgeht.

Auch wenn diese Art und Weise, Wissen abzuspeichern, für die meisten sehr sonderbar und auf den ersten Blick umständlich erscheint, vollziehen wir einen ähnlichen Abrufprozess ganz natürlich. Nämlich dann, wenn wir einen Gegenstand (z. B. Brille, Schlüssel oder Portemonnaie) verlegt haben und ihn partout nicht wiederfinden können. Wenn man dann mental durch die Räumlichkeiten schreitet, in denen man ihn abgelegt haben könnte, trifft es einen wie ein (Gedanken-)Blitz, und man weiß auf einmal ganz genau, wo er tatsächlich liegt (in der Sprache des Speicherfaktors Lokalisation: wo er »verortet« ist).

Ich hoffe, ich habe euch mit dieser ersten kurzen Erklärung der Loci-Methode neugierig auf mehr gemacht, denn es ist ein immenses Glücksgefühl, Hunderte von Fakten für eine Prüfung abgespeichert zu haben und hundertprozentig zu wissen, dass man sie auch alle sicher abrufen kann!

Es hat sich gezeigt, dass jeder die Wissenslokalisation ohne viel Vorbereitung zum Lernen nutzen kann. Allerdings kommen insbesondere jene Menschen besonders gut mit dieser Methode zurecht, die über ein gutes räumlich-visuelles Gedächtnis verfügen. Damit ist übrigens kein fotografisches Gedächtnis gemeint, denn so etwas existiert nach den jetzigen Kenntnissen der Wissenschaft – zumindest bei geistig gesunden Menschen – überhaupt nicht! Vielmehr kann man jenen ein gutes räumlich-visuelles Gedächtnis bescheinigen, die, wenn sie nicht auf den gefragten Namen oder Begriff kommen, häufig angeben können, wo sie die Information gelesen haben, also dass sie beispielsweise am Anfang von Buch X unten rechts steht. Hier nutzt unser Gedächtnis wieder das natürliche Prinzip der Verortung!

AUS DER WISSENSCHAFT

In einer italienischen Studie (De Beni, 1985) sollten Studenten 20 Wortgruppen aus jeweils drei Wörtern lernen (insgesamt also 60 Wörter). Die Versuchsgruppe verwendete zum Lernen 20 Loci-Orte; die Kontrollgruppe lernte nach ihrer üblichen Lernstrategie. Als dann die Behaltensleistung überprüft wurde, war die Versuchsgruppe, die Loci-Orte zum Lernen einsetzte, in der freien Wiedergabe der Wörter deutlich besser: sowohl direkt nach dem Einprägen als auch nach einer Woche!

Diesen Lerntipp nutze ich:

0	1	2	3	4	5	6	7	8	9	10		☞	

0 = nie 10 = immer

Tipp 17

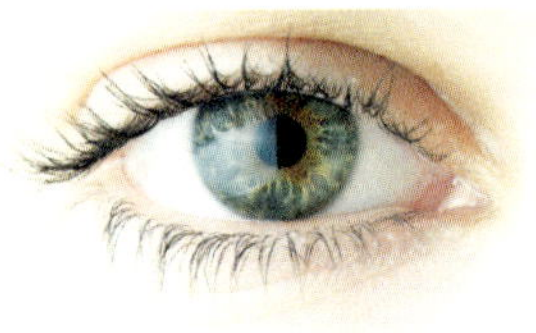

Nutze deine Visualisationskraft

Viele Menschen lernen nur abstrakt und verbal. Doch alle Menschen besitzen die phänomenale Fähigkeit der Visualisierung. Das Visualisationsvermögen befähigt uns, vor unserem »inneren Auge« Bilder zu erstellen. Diese immense Leistung des menschlichen Gehirns sollte man ausgiebig nutzen, um den Lernstoff abzuspeichern, Probleme anschaulich zu machen und mit Ideen im Geiste zu hantieren – schon Albert Einstein tat dies regelmäßig!

Der Mensch ist in der Lage – vermutlich im Gegensatz zum Tier –, bewusst Bilder im Geiste zu erstellen. Und zwar unabhängig davon, ob man diese mentalen Bilder schon in irgendeiner Form in der Realität gesehen hat. Stell dir einfach einmal einen Elefanten vor, der ein Doppeldecker-Propellerflugzeug auf dem Rücken trägt und mit dem Rüssel dem Piloten eine Banane reicht. Geht doch, oder?

Leider ist der Begriff »Visualisation« ein wenig einschränkend, denn die meisten von uns setzen dabei lediglich ihren »Gesichtssinn«, also den Sehsinn, ein. Der Grund ist wohl die Herleitung aus den lateinischen Begriffen *visus/videre* = Sicht/sehen.

Der visuelle Aspekt bei der Erstellung eines mentalen Bildes ist in der Tat wichtig, denn der für den Menschen so bedeutsame Sehsinn scheint einen direkten Bezug zu unserem Verstehen zu haben. Dies drückt sich in zahlreichen Redewendungen aus: »Siehst du das ein?«, »Durchschaust du das?«, »Geht dir ein Licht auf?«, »Du bist ganz schön helle!«, »Den vollen Durchblick haben« oder »Blickst du da durch?«

Die große Bedeutung des Sehsinns drückt sich auch darin aus, dass unglaubliche zwei Millionen Nervenleitungen von den Augen zum Gehirn gehen (was circa 80 Prozent aller ins Gehirn eintreffender Nervenleitungen entspricht). Nichtsdestotrotz solltest du zur Bereicherung und Verstärkung möglichst viele Sinne beim Erstellen von Mentalbildern nutzen, wie den Hörsinn, Tastsinn oder Geruchssinn. So entsteht ein multisensorisches und damit leichter merkbares Mentalbild!

Somit empfehle ich die Nutzung unserer Visualisationskraft, um abstrakte Information zu konkreter, anschaulicher Information umzuwandeln. Genau dieses Prinzip nutzen wir bereits beim Sprechen und damit auch beim Denken: nämlich immer dann, wenn wir Sprachbilder für eine abstrakte Aussage benutzen. Hier nur einige von Tausenden möglichen Beispielen: »Nicht auf den Kopf gefallen sein«, »Die Schäfchen im Trockenen haben«, »Unter einer Decke stecken«, »In einem Boot sitzen«, An einem Strang ziehen« oder ganz anschaulich »Die Hosen voll haben«.

Die Anschauung ist das Fundament der Erkenntnis.
Johann Heinrich Pestalozzi, Schweizer Pädagoge, 1746–1827

Ein wichtiger Grund des Einsatzes unserer Visualisationskraft für das Lernen ist der, dass wir Bilder viel schneller erfassen und uns besser merken können als Wörter oder abstrakte Zusammenhänge (siehe Kasten »Aus der Wissenschaft«). Man könnte sagen, die Visualisation ist das »Auge des Geistes«. Dies erkennt man auch in dem umfänglichen Einsatz von Symbolen, Grafiken, Diagrammen, Logos, Piktogrammen oder Icons in unserem Leben. Außerdem kann man komplexe Sachverhalte um einiges leichter begreifen und verstehen, wenn man ein anschauliches Bild davon vor Augen geführt bekommt oder es für das Lösen einer Aufgabe selbst erstellt. Die alte Weisheit »Ein Bild sagt mehr als tausend Worte« trifft den Nagel auf den Kopf!

Beispiel Albert Einstein: Wie relevant es ist, ob man Bilder zum Lernen einsetzt oder sich auf das verbale Pauken und Büffeln beschränkt (oder durch Lehrinstitutionen darauf beschränkt wird), sieht man sehr schön am Beispiel des großen deutschen Physikers Albert Einstein. Auf die Frage, ob er in der Schule gut war, würden viele mit einem entschiedenen (und vielleicht auch frohlockenden) »Nein, wie man weiß, war er ganz schlecht!« antworten. Doch ist dies nur die halbe Wahrheit. Bis zum 15. Lebensjahr ging Albert Einstein auf eine Münchner Schule, in der die Schüler militärisch streng in überreglementierter Weise ganz traditionell sprachorientiert pauken und büffeln mussten; dort litt er in der Tat entsetzliche Lernqualen und wurde teilweise als geistig zurückgeblieben angesehen (so waren z. B. seine sprachlichen Fähigkeiten lange Zeit weit unterdurchschnittlich)! Als der junge Einstein dann aber auf eine Schweizer Pestalozzi-Schule kam, auf der visuelle Lernmethoden und das eigenständige Denken in Bildern gefördert wurden, blühte er regelrecht auf, und schnell ließen seine dortigen herausragenden Leistungen sein späteres Genie erahnen.

Vielleicht steckt ja auch in dir ein kleiner Einstein! Jedenfalls möchte ich dich anhalten, stets zu versuchen, den Lernstoff zu visualisieren, an den im Geiste entstandenen Mentalbildern mit allen deinen Sinnen zu feilen und schließlich mit diesen geistigen »Lernbildern« zu lernen. Auf diese Weise wird dein Visualisationsvermögen zu einem immens potenten Lernwerkzeug, um abstrakte Sachverhalte im Geiste zu veranschaulichen und dann die richtigen Schlüsse, Folgerungen und Antworten ableiten zu können. Ein Beispiel aus dem Bereich »Denksportaufgaben« soll verdeutlichen, dass man mit visuellem Denken viel weiter kommt als mit abstraktem bzw. mathematischem Überlegen.

Beispielaufgabe: In einem Bücherregal steht ein zweibändiges Lexikon, wobei jeder Band genau 350 Seiten hat. Leider steckt ein Bücherwurm darin und knabbert von der ersten Seite von Band I bis zur letzten Seite von Band II. Frage: Durch wie viele Seiten knabbert er sich?*

* *Lösung der Aufgabe:* Wenn die zwei Bände in üblicher Weise im Regal stehen, dann frisst sich der Wurm durch null Seiten bzw. zwei Buchdeckel.

Mit etwas Übung wirst du selbst erleben, wie unglaublich sicher und langfristig solche Mentalbilder im Gedächtnis gespeichert bleiben. Ich selber war vor einigen Jahren ganz fasziniert, als ich in der Disziplin »1 h Spielkarten« mit 1044 memorierten Karten Weltmeister wurde. Nach einem Codiersystem hatte ich dafür mehr als 500 (Doppel-)Bilder in nur 60 Minuten im Geiste erstellt und konnte danach alle Bilder – ohne einen einzigen Fehler – in der richtigen Reihenfolge wiedergeben (und wusste selbst nach Tagen noch die meisten Bilder). Die Kraft der Bilder ist gewaltig!

AUS DER WISSENSCHAFT

In einem klassischen Experiment (Standing, 1973) konnte auf beindruckende Weise unsere Speicherfähigkeit für Bilder gezeigt werden. Hierfür wurden Probanden 1000 lebhafte, farbige Bilder für jeweils fünf Sekunden gezeigt. Gleich danach wurde getestet, an wie viele sie sich noch erinnern konnten. Im Durchschnitt machten sie nur acht (!) Fehler und hatten somit eine Erinnerungsquote von 99,2 Prozent (bei einem entsprechenden Test mit Wörtern wurden im Durchschnitt 300 Fehler gemacht!). Auch nach zwei Tagen wurden noch viele der Bilder erinnert, immerhin noch circa 90 Prozent! Weitergehende Untersuchungen und Extrapolationen deuteten darauf hin, dass wir uns von einer Million Bildern vermutlich über 730 000 Bilder merken könnten!

Diesen Lerntipp nutze ich:

0	1	2	3	4	5	6	7	8	9	10		☞	

0 = nie 10 = immer

Tipp 18

Überwinde den Flaschenhals des Lernens mit Chunking

Das Kurzzeitgedächtnis – unser Arbeitsgedächtnis – besitzt eine erschreckend kleine Speicherkapazität von circa sieben Chunks (Informationseinheiten) und stellt den Flaschenhals für das Lernen neuer Informationen dar. Man kann es aber »austricksen«: Setze beim Lernen stets dein bereits im Langzeitgedächtnis vorhandenes Wissen ein, um die »Lernhappen« zu vergrößern und dadurch den Lernprozess zu beschleunigen, zu verbessern und zu vereinfachen.

Nach einem der gängigsten Gedächtnismodelle, dem ternären Gedächtnismodell, haben wir nicht nur ein Gedächtnis, sondern drei unterschiedliche Gedächtniseinheiten. Man spricht vom *Ultrakurzzeitgedächtnis*, vom *Kurzzeitgedächtnis* und vom *Langzeitgedächtnis*. Sie unterscheiden sich u. a. in den Arbeitsweisen (elektrisch/chemisch), in ihrem Aufgabenbereich, in der Speicherdauer und der -kapazität.

Ultrakurzzeitgedächtnis

Dieses Gedächtnis »filtert« alle Daten, die aus der gesamten Umwelt auf uns eintreffen, blitzschnell. Zwar hat es eine sehr hohe Speicherkapazität, aber eine extrem geringe Speicherdauer von maximal ein bis zwei Sekunden. Somit ist es für das Lernen uninteressant.

Langzeitgedächtnis

Dieses Gedächtnis ist wohl am bekanntesten. In ihm kann eine Unmenge (manche Wissenschaftler meinen sogar eine unbegrenzte Menge) an

Informationen über Jahre oder gar Jahrzehnte hinweg gespeichert bleiben. Damit diese Informationen aber auch noch nach langer Zeit abrufbar sind, helfen viele in diesem Buch beschriebene Techniken.

Kurzzeitgedächtnis

Doch am interessantesten und für die Aufnahme von neuem Lernstoff am wichtigsten ist das Kurzeitgedächtnis (KZG), das auch als Arbeitsgedächtnis bezeichnet wird. Es hat allerdings zwei äußerst schlechte Eigenschaften: Zum einen speichert es Informationen nur für einen recht kurzen Zeitraum von circa 20 Sekunden. Zum anderen besitzt es eine erschreckend geringe Speicherkapazität. Es kann nämlich nur rund fünf bis neun Informationseinheiten, auch Chunks (engl. = Brocken) genannt, gleichzeitig aufnehmen. Versuchen wir weitere Informationen »hineinzutun«, fallen die ersten wieder heraus. Eine Analogie wäre die Aufgabe, möglichst viele Bücher in einer Reihe auf einen Tisch zu legen. Es haben aber vielleicht nur sieben Bücher nebeneinander Platz. Versuchen wir nun, ein weiteres Buch dazuzuschieben, fällt das erste am anderen Tischende hinunter.

Übrigens unterscheiden sich die Menschen in der Speicherkapazität des Kurzzeitgedächtnisses kaum voneinander, wobei es sich bei Kindern bis zum Erwachsenenalter entwickelt, einen Höhepunkt mit circa 25 Jahren hat und im Alter dann wieder abnimmt. Außerdem ist die Kapazität des KZG stark mit der Intelligenz gekoppelt; so kann man Menschen, die neun Chunks (ob nun Ziffern, Farben, Wörter etc.) gleichzeitig im KZG aufnehmen können, schon fast als Genies bezeichnen. Zudem ist es wohl stark genetisch bedingt (wie z. B. die Körpergröße) und lässt sich nur schwer – wenn überhaupt – trainieren (siehe Kasten »Aus der Wissenschaft«).

Aufgrund des extrem geringen Speichervermögens stellt unser Kurzzeitgedächtnis quasi den beschränkenden Flaschenhals des Lernprozesses dar. Denn der ganze Lernstoff muss das Kurzzeitgedächtnis »durchwandern«, bevor er im Langzeitgedächtnis gespeichert werden kann. Dabei gibt es aber einen Trick, der darauf beruht, dass die Größe einer Informationseinheit (Chunk) nur von unserem Wissen abhängig ist!

Gewusst wie: Die dreistellige Zahl »725« bedeutet für die meisten eine Information mit drei Chunks – eben den drei Ziffern 7, 2 und 5. Ist man jedoch ein Leichtathletikexperte, wird einem evtl. auffallen, dass die Ziffernfolge beim Kugelstoßen vorkommt (max. Kugelgewicht = 7,25 kg). Somit stellt die Zahl »725« beim Leichtathletikexperten, der sein Wissen des Langzeitgedächtnisses nutzt, nur ein Chunk dar und belegt deutlich weniger Platz.

Diesen Vorgang der Nutzung des bereits vorhandenen Wissens im Langzeitgedächtnis bezeichnet man auch als »Chunking«. In meiner Tisch-KZG-Analogie entspricht das Chunking dem trickreichen Einfall, die Begrenztheit der Tischfläche dadurch zu umgehen, dass man einfach mehrere Bücher übereinanderstapelt (siehe Abbildung rechts).

Durch den mentalen Prozess des Chunking nutzt man nicht nur sein KZG mit seiner begrenzten Speicherkapazität sinnvoller, sondern man zieht die neue Information durch den Link zu ähnlichen im Langzeitspeicher abgelegten Informationen quasi wie an einem Strick flink in seinen Dauerspeicher und entlastet dadurch den Kurzzeitspeicher zusätzlich.

Gewusst wie: Möchte man das psychologische Fachwort »Kryptomnesie« (Bezeichnung dafür, dass man sich fälschlicherweise, aber gutgläubig für den Urheber eines Werkes hält) lernen, so lässt es sich leicht zu »Kryptonit« (Superman schwächendes Mineral) und der Vorstellung chunken, dass man sich irrtümlicherweise für Superman hält.

Versuche also immer dein gesamtes Wissensrepertoire zum Lernen zu nutzen, um möglichst große Informationsbrocken zu bilden und sie vom Kurzzeitgedächtnis unmittelbar ins Langzeitgedächtnis zu ziehen.

Mittels »Chunking« kann man nicht nur zum Beispiel sieben Bücher auf einem Tisch (entspricht dem Kurzzeitgedächtnis) nebeneinanderlegen, sondern zum Beispiel 70!

AUS DER WISSENSCHAFT

Eine Schweizer Studie mit 34 Studenten (Jaeggi, 2008) lässt vermuten, dass das Arbeitsgedächtnis durch tägliches (recht anstrengendes) Training zumindest kurzfristig erweitert wird und sich die (fluide) Intelligenz verbessern kann. Doch sind diese Steigerungen minimal. Überlistet man aber die Beschränktheit des Arbeitsgedächtnisses durch Chunking (und weitere Speicherfaktoren), sind unglaubliche Lernleistungen möglich. So konnte ich im Jahr 2008 einen Weltrekord in der Disziplin »Spoken Numbers« aufstellen. Hierbei memorierte ich 202 Ziffern, die jeweils im Abstand von einer Sekunde vorgesprochen wurden, absolut fehlerfrei. Ein Resultat von neun Ziffern wird bereits mit einem genialen IQ von etwa 140 gleichgesetzt. Doch mein Weltrekord war nicht genial, sondern das Ergebnis einer schlichten Chunking-Technik. Übrigens: Einen Tag später wusste ich immer noch alle 202 Ziffern!

Diesen Lerntipp nutze ich:

0	1	2	3	4	5	6	7	8	9	10		☞	

0 = nie   10 = immer

Tipp 19

Wiederholen ist die Mutter des Studierens

Unser Gedächtnis liebt Wiederholung – aber nur, wenn man es richtig macht. Stupides, unbewusstes Wiederholen ist wirkungslos! Effektives Wiederholen zeichnet sich zum Beispiel durch vorausgehende Abrufaktivitäten, bewusste erneute Abspeicherung, gleichzeitige Informationsverarbeitung sowie sinnvolle Wiederholungs-Zeitabstände aus.

Die immense Bedeutung des Wiederholens wird in einem berühmten lateinischen Sprichwort ausgedrückt: *Repetitio est mater studiorum* (»Wiederholung ist die Mutter des Studierens«). Die Wiederholung des Lernstoffs ist für unser Gedächtnis quasi das Signal, dass der Lernstoff auch wirklich wichtig ist und somit behalten werden soll. Doch diese Wiederholungsdurchgänge müssen gehirngerecht erfolgen!

Zum einen darf bei der Wiederholung der Lernstoff nicht stumpfsinnig heruntergebetet werden. Vielmehr sollte kurz überlegt werden, ob die Information schon »sitzt«, zum Beispiel ob man die Übersetzung einer Vokabel bereits weiß. Dieser vorausgehende Abrufversuch ist sehr sinnvoll, denn entweder bestätigt und festigt man sein Wissen, oder – wenn man sich nicht mehr daran erinnern kann – man aktiviert seine verbliebenen Gedächtnisspuren für eine nun sicherlich erfolgreichere zweite Abspeicherung. Der Begriff »Wieder-Holung« deutet ja schon auf den aktiven Prozess des Wieder(zurück)holens der Information hin. Darüber hinaus sollte man – gerade wenn die Information noch nicht aus dem Gedächtnis abrufbar war – über weitere Speichermöglichkeiten nachdenken und die Information aktiv noch einmal verarbeiten. So kann man evtl. neue Aspekte erkennen, hat neue Ideen dazu oder sieht Zusammenhänge zu anderen Fachgebieten etc. Nur durch einen solchen aktiven mentalen Prozess führen Wiederholungsdurchgänge zu dauerhaft verankertem und auch tiefgreifendem Wissen.

Zum anderen spielt der zeitliche Aspekt des Wiederholens eine wichtige Rolle. Immer wieder wird mir die Frage gestellt, wann und wie oft man wiederholen muss, um etwas zu wissen. Nun, das lässt sich nicht ganz so leicht beantworten, da dies von vielen Faktoren abhängt.

Doch um meine Antwort zu verstehen, hilft es, sich klarzumachen, dass es nicht nur eine Art von Wissen, sondern mindestens sieben verschiedene Wissensarten gibt, die sich im Wissensniveau, in der Abrufbarkeit und in der Vergessensrate (= Geschwindigkeit des Vergessens) unterscheiden. Sie reichen vom »Glaube-Wissen« (man hat nur eine vage Vermutung) bis hin zum »Abruf-Wissen« (ist jederzeit abrufbar) oder gar »automatisiertem Wissen« (»Beherrschung wie im Schlaf«). Der Punkt ist nun der, dass man durch das bewusste und im richtigen Abstand durchgeführte Wiederholen höhere Wissensniveaus erklimmen kann. Was dabei genau passiert, habe ich vor einigen Jahren in meinem ersten Buch »Erfolgsgedächtnis« anhand meines »Kaskadenmodells des Vergessens« beschrieben. Da gerade Schüler und Studenten immer ganz fasziniert hiervon sind – denn sie verstehen dadurch endlich, warum man in immer größer werdenden Abständen wiederholen sollte und was dadurch im Gedächtnis eigentlich passiert –, möchte ich es hier noch einmal kurz erläutern.

Der Verstand vergisst nur langsam etwas, wenn er lange dafür gebraucht hat, es zu lernen.
Seneca der Jüngere, römischer Philosoph, 4 v. Chr. bis 65 n. Ch.

In der folgenden Grafik siehst du die sieben Wissensniveaus schichtartig als Blöcke angeordnet. Die einzelnen abwärtsgeneigten Linien sind die einzelnen »Vergessenslinien«, die abhängig von der Wiederholungsanzahl eine unterschiedliche Neigung haben. Der Anfangszeitpunkt null der am weitesten links liegenden, steil abfallenden

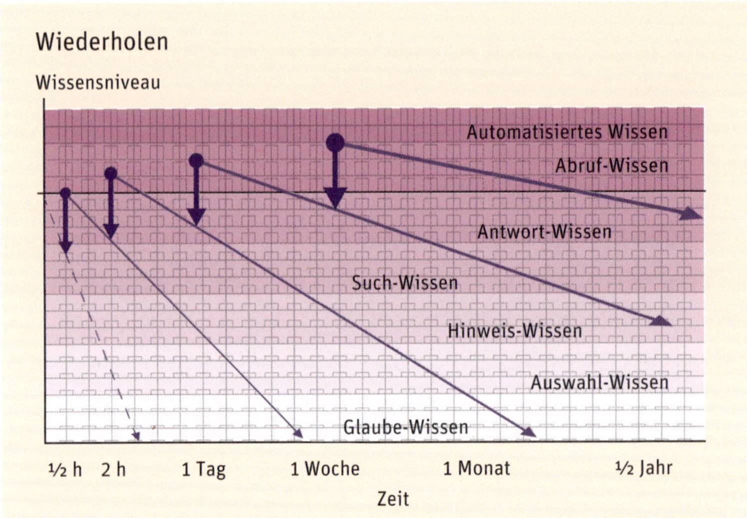

Das Kaskadenmodel des Vergessens: Durch mehrfaches Wiederholen erhöht man das Wissensniveau und senkt die Geschwindigkeit des Vergessens.

(gestrichelten) Linie steht für das erstmalige Lernen des Lernstoffs, wobei man direkt nach dem Lernen Wissen auf Abrufniveau hat. Doch dieses »frische« Wissen ist nicht sehr gefestigt und durchläuft rasch minderwertigere Wissensniveaus, bevor es schließlich vergessen wird. Noch bevor das Wissensniveau allzu sehr absinkt, solltest du wiederholen, denn dadurch erreichst du nicht nur wieder ein höheres Wissensniveau, sondern springst damit zur nächsten weniger steilen Vergessenslinie – du vergisst also nunmehr langsamer! Die Höhe des eingezeichneten senkrechten Balkens entspricht einer normalen Wiederholungseinheit. Wiederholst du jedoch sehr intensiv, ist er höher; wiederholst du unkonzentriert oder nur mechanisch, so ist er kleiner. Bedeutend ist, dass er hoch genug sein muss, um die nächste (höherwertige) Vergessenslinie zu erreichen!

Jetzt wird vielleicht auch klar, warum wir zu bestimmten Zeiten wiederholen sollten: Denn wenn wir zu lange warten, hat die jeweilige Vergessenskurve unser Wissensniveau schon so weit abbröckeln lassen, dass eine normale Wiederholungseinheit nicht mehr ausreicht, um auf die nächstbessere Vergessenskurve hochzuspringen. In diesem Fall würden wir zwar kurzfristig ein höheres Wissensniveau erreichen, aber weiterhin auf der gleichen Vergessenskurve verbleiben. Wartet man mit der Wiederholung noch länger, kann dies ganz verhängnisvoll sein: Dann ist die Vergessenskurve evtl. schon bei null angekommen, sodass kein Wissen mehr vorhanden ist, an das man anknüpfen kann; der Lernstoff muss dann von Neuem gelernt werden. Ferner wird durch die Grafik links auch ersichtlich, warum ein zu frühes Wiederholen nicht so effektiv ist: Es liegen nach einem zu kurzen Zeitabstand einfach noch keine höherwertigen Vergessenslinien vor.

AUS DER PRAXIS

Memoriere einen Lernstoff möglichst im Doppelpack-Modus. Also mit einer Wiederholung nach ganz kurzer Zeit von einigen Sekunden (Analogie: Auch das Auto startet erst, wenn man den Zündschlüssel 1. reinsteckt und 2. umdreht!). Dies ist das entscheidende Signal für unser Gedächtnis: »Aha, hier wiederholt sich was, das muss ich mir wohl merken!« Nach 30 Minuten und dann wieder nach circa zwei bis drei Stunden – bevor die ersten Vergessenskurven zu sehr ins Tal des Vergessens gestürzt sind – solltest du nochmals wiederholen. Mit weiteren Wiederholungsdurchgängen nach grob einem Tag, einer Woche, einem Monat und drei Monaten bis einem halben Jahr wird der Lernstoff dann immer stärker verankert. (Natürlich sind dies nur grobe Richtlinien und auch individuell recht verschieden.)

Diesen Lerntipp nutze ich:

0	1	2	3	4	5	6	7	8	9	10		☞	

0 = nie 10 = immer

Tipp 20

Verteiltes Lernen ist besser als massiertes Lernen

Viele machen den Fehler, in einer geballten Hauruckaktion den Lernstoff noch kurz vor der Prüfung reinzupauken. Dabei ist wissenschaftlich erwiesen, dass über einen längeren Zeitraum verteilte, kürzere Lerneinheiten die Erinnerungsdauer erhöhen und letztlich zu einer Zeitersparnis beim Lernen führen.

Wissenschaftlich unterscheidet man zwischen dem sogenannten massierten Lernen und dem verteilten Lernen. Beim massierten Lernen führt man sich den Lernstoff als große Masse in einer langen und intensiven Lerneinheit zu Gemüte. Dagegen wird beim verteilten Lernen der Lernstoff in mehreren kürzeren Lernabschnitten aufgenommen, die über einen längeren Zeitraum von zum Beispiel mehreren Tagen oder Wochen verteilt sind.

Obwohl viele Schüler oder Studenten aus Zeitmangel, Faulheit oder Nachlässigkeit leider häufig erst ein paar Tage oder im Extremfall nur einen Tag vor der anstehenden Prüfung mit dem intensiven Lernen beginnen, ist dies der falsche Weg, um sich langfristiges Wissen anzueignen. In vielen wissenschaftlichen Studien wurde gezeigt, dass das Erlernen von motorischen Fertigkeiten oder von akademischem Wissen (z. B. Faktenwissen, Vokabeln, Textinformationen) durch die Strategie des verteilten Lernens in mehrerlei Hinsicht erfolgreicher ist. In diesem Zusammenhang spricht man auch vom sogenannten Spacing-Effekt (engl. *spacing* = Abstände, Verteilung), also dem Phänomen, dass durch verteiltes Lernen oder Üben (bei motorischen Lernprozessen) in zeitlichen Abständen bessere langfristige Behaltenserfolge erzielt werden als beim massierten Lernen oder Üben.

Ein kurzfristiges Reinpauken ist zwar besser als gar kein Lernen, führt aber in der Regel dazu, dass das Wissen kurz nach der Prüfung wieder vergessen wird.

Das regelmäßige und über einen langen Zeitraum verteilte Büffeln hat dabei zahlreiche Vorteile gegenüber dem massierten Lernen:

> *Was man schnell lernt, vergisst man auch schnell.*
> (frei nach) Hermann Ebbinghaus, deutscher Psychologe, 1850–1909

- Unser Gehirn wird durch die mehrfachen zeitlich verteilten Lernabschnitte immer wieder für den speziellen Lernstoff aktiviert. Diese regelmäßige Aktivierung stellt für unser Gehirn vermutlich ein Signal dar, auch unbewusst den Lernstoff in der Zeit zwischen den Lernabschnitten zu verarbeiten. Aus dieser Zusatzaktivität resultiert im Endeffekt auch eine Einsparung der tatsächlich aufgewendeten Lernzeit im Vergleich zum massierten Lernen.
- Durch die kürzeren Lerneinheiten erhöht sich die Lernmotivation deutlich, da man ja weiß, dass man nach einem überschaubaren Zeitraum mit dem Lernen (bezüglich des betreffenden Themas) fertig ist.
- Das Selbstvertrauen in die eigenen Kenntnisse steigt, da man die wichtigsten Informationen durch die automatisch mit den mehrfachen Lerneinheiten einhergehende Rekapitulation immer parat hat. Außerdem gewinnt man Zeit für die Bearbeitung anderer Wissensgebiete.
- Und schließlich führt das verteilte Lernen auch ganz automatisch zu einer – zumindest teilweisen – Wiederholung des bisher gelernten Stoffs, wodurch er sich in unserem Gedächtnis verfestigt und zu einem langfristigen Behalten führt.

Gerade bei Lernstoff, den man über einen längeren Zeitraum im Geiste parat haben muss, weil man immer wieder damit arbeitet (z. B. Vokabeln) oder weil er immer wieder Teil des Prüfungsstoffs ist (wie es beim Basiswissen eines Studiums der Fall ist), ist der Spacing-Effekt besonders zu beachten. Die folgende Grafik zeigt das Ergebnis aus einer großen US-amerikanischen Studie (Rohrer, 2006).

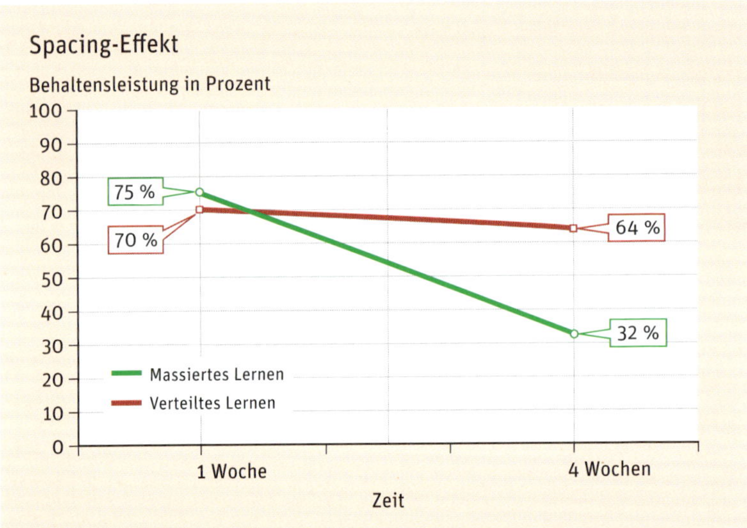

116 Studenten mussten zehn mathematische Übungsaufgaben lösen, entweder in einer Lerneinheit (10) oder in zwei auf ein Zeitintervall von einer Woche verteilten Lerneinheiten (5 + 5). Die Grafik zeigt die Behaltensleistung nach einer Woche bzw. vier Wochen. Der Vorteil des verteilten Lernens mit einer doppelt so hohen Behaltensleistung nach vier Wochen ist deutlich.

Was den Wiederholungsaspekt beim verteilten Lernen betrifft, möchte ich nochmals erwähnen (siehe auch den vorhergehenden Lerntipp), dass die Zeitabstände für eine sinnvolle Wiederholung von vielen Faktoren abhängig sind. Nichtsdestotrotz versuchen einige Computerprogramme (z. B. SuperMemo, Anki oder Mnemosyne) durch komplexe mathematische Algorithmen und spezielle Faktenlerntests den individuellen optimalen Wiederholungszeitpunkt zu finden. Ob diese Programme einem wirklich helfen und der notwendige Aufwand gerechtfertigt ist, muss aber jeder für sich selbst entscheiden.

Somit möchte ich dir dringend raten, einen regelmäßigen und durchdachten Lernablauf für dich Gewohnheit werden zu lassen. Ein

Vokabeltraining mit viermal einer halben Stunde pro Woche ist sicher planbarer, motivierender und erfolgreicher als ein doppelt so langes vierstündiges Vokabelpauken mit Stress am Vorabend der Prüfung! (Meine Analogie: Will man ein DIN-A4-Blatt an der Wand festkleben, so hält es besser, wenn man vier kleine Kleberkleckse an den Ecken aufträgt als nur einen großen in der Mitte!)

Übrigens war ich selbst erstaunt, dass ich mit nur einigen Minuten Training – aber regelmäßig jeden oder jeden zweiten Tag – Gedächtnisweltmeister werden konnte, wobei andere des Öfteren drei, sechs oder gar acht Stunden am Tag trainierten.

AUS DER WISSENSCHAFT

In einer Feldstudie (Baddley, 1978) wurde der Lernfortschritt einer sehr großen Anzahl von Postbeamten untersucht, die das Tippen auf einem einer Schreibmaschine ähnlichen Gerät erlernen sollten. Sie lernten nach vier unterschiedlichen Übungszeit-Schemata: einmal eine Stunde/Tag, zweimal eine Stunde/Tag, einmal zwei Stunden/Tag oder zweimal zwei Stunden/Tag.

In der Studie ergab sich deutlich, dass für ein bestimmtes Lernziel die Übungsgesamtzeit umso geringer war, je kürzer pro Tag geübt worden war. So hatte die Gruppe mit einmal einer Übungsstunde/Tag das Lernziel von 70 Anschlägen pro Minute im Durchschnitt nach 45 Übungsstunden erreicht; die Gruppe mit zweimal zwei Übungsstunden/Tag benötigte dagegen ganze 70 Stunden, hatte also über 50 Prozent mehr Zeitaufwand!

Diesen Lerntipp nutze ich:

0	1	2	3	4	5	6	7	8	9	10		☞	

0 = nie 10 = immer

Ermittlung der Gesamtpunktzahl der zehn Lerntipps dieses Kapitels

Bei jedem der zehn in diesem Kapitel vorgestellten Lerntipps solltest du dir eine Punktzahl von 0 (Lerntipp nutzt du nie) bis 10 (Lerntipp nutzt du immer) gegeben haben. Trage in die nachfolgende Tabelle nun die einzelnen Punkte ein und zähle sie zusammen. Dadurch erfährst du, wie ausgiebig du die Kenntnisse zu den Speicherfaktoren des Gedächtnisses bereits nutzt oder eben auch noch nicht. (In Kapitel 7 kannst du dann deinen LQ-Gesamtwert bestimmen.)

Lerntipps zu den Speicherfaktoren des Gedächtnisses	Punkte
11 • Nutzung unseres Gehirns als Transformator	
12 • Mit Assoziation zum Wissens-Ass	
13 • Fantastisch lernen mit Fantasie	
14 • Emotion: der EGO-Effekt	
15 • Logik beim Lernen hilft – ist doch logisch: Logomonik	
16 • Lokalisation: Lernen auf dem Lokus	
17 • Nutze deine Visualisationskraft	
18 • Überwinde den Flaschenhals des Lernens mit Chunking	
19 • Wiederholen ist die Mutter des Studierens	
20 • Verteiltes Lernen ist besser als massiertes Lernen	
Gesamtpunktzahl (maximal 100 Punkte)	

Deine Fragen, Gedanken, Kommentare oder Ideen zu diesem Kapitel:

Die Logik der Weltmeister

Am Abend nach der anstrengenden mehrtägigen Gedächtnis-Weltmeisterschaft in London wollte ich mir (nach mehreren Tagen der völligen alkoholischen Abstinenz) ein Bierchen in der Hotelbar gönnen. Dort traf ich ganz unerwartet den frisch gekürten und mehrfachen Gedächtnis-Weltmeister, den Engländer Dominic O'Brien. Schon seit Jahren war er mein Vorbild im Gedächtnissport gewesen. Er rief mich herzlich zu sich und war froh, sein frisch gezapftes Guinness-Bier nicht alleine trinken zu müssen. Nach ein paar lockeren Worten sagte er dann in einem ernsten Ton (ich übersetze): »Gunther, du hast dich im letzten Jahr außerordentlich verbessert, wie hast du das geschafft?«

Hierzu muss man wissen, dass ich selbst gerade die Bronzemedaille gewonnen hatte und ihm in einigen der zehn Gedächtnisdisziplinen gefährlich nahe gekommen war bzw. auch in zwei Disziplinen den Sieg davontrug. Ich antwortete:

»Dominic, weißt du, ich habe herausgefunden, dass eine Behauptung, die immer wieder in vielen Gedächtnislehrbüchern zu lesen ist, nicht stimmt. Und zwar müssen die mentalen Memobilder nicht unbedingt sonderbar, ungewöhnlich, bizarr oder abstrus sein. Fast im Gegenteil, je logischer sie sind und je mehr logische Aspekte ich bei meinen Memobildern kreiere, desto besser kann ich sie mir merken.«

Daraufhin erschien ein breites Grinsen auf seinem Gesicht, er stand mit einer feierlichen Geste auf und erhob sein Bierglas mit den Worten:

»*You got it!*« (Du hast es erkannt!)

Wir schauten uns wissend in die Augen, stießen unsere Biergläser mit einem lauten klirrenden Klang gegeneinander und tranken. (Übrigens wurde es ein herrlich unvergesslicher »Feier«-Abend.)

Nachtrag: Es dauerte nur drei weitere Jahre, bis ich ihn zum ersten Mal (vor seinem Rücktritt vom Gedächtnissport) besiegen konnte, und sieben Jahre, bis ich dann schließlich auch Weltmeister wurde – mit Logik, ist doch logisch!

4

Lerntipps aus der Methodensammlung

Tipp 21

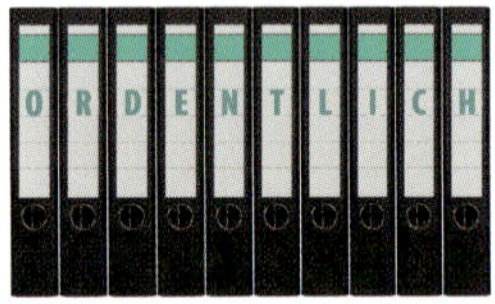

Methodisch ordentlich lernen

Insbesondere bei einem umfangreichen Lernstoff verliert man beim Lernen leicht den Überblick, verheddert sich in einem Wust von Einzelinformationen und »sieht den Wald vor lauter Bäumen nicht«. Dadurch sinkt die Lerneffizienz und entsteht Frustration. Abhilfe schafft hier das Lernen mit Methodik, Ordnung und Struktur!

In diesem Kapitel geht es um Lernmethoden, die sich teilweise schon seit Jahrzehnten für das Lernen von umfangreichem Lernmaterial bewährt haben. Einige sind als eigenständige Lernmethoden fest etabliert (z. B. Karteikartensystem oder Mind-Mapping), andere habe ich von einem einfachen Lern-Ratschlag zu einer Lernmethode »befördert«, da ich der Meinung bin, dass du durch den eifrigen und optimierten Einsatz deine Lernleistung damit deutlich steigern kannst.

Doch es gibt noch weitere simple, teilweise banale und mehr oder weniger bekannte Ratschläge, die auch erwähnt werden sollten.

»Ordentliches Lernen« ist selbst schon als Lernmethode anzusehen. Ordentlich ist hier doppeldeutig, denn nur mit Ordnung im Geiste (z. B. durch Strukturieren des Lernstoffs) als auch durch Ordnung im Lernumfeld (z. B. durch Mitschriften, korrektes Abheften, gute Ordnerführung) erzielt man ordentliche – also gute – Lernerfolge.

Beherzige deshalb die folgenden Ratschläge, um es dir zur Methode zu machen, Ordnung in dein Lernverhalten zu bringen. Nicht alle diese Ratschläge lassen sich auf jede Lernaufgabe anwenden oder sind immer geeignet. Beurteile also bei deiner abschließenden Abschätzung, wie intensiv du diesen Lerntipp bereits nutzt, sehr genau, wie viele von diesen Ratschlägen für dich tatsächlich umsetzbar sind und deinen Lernerfolg wahrscheinlich doch noch verbessern können.

- **Mitschreiben:** Fast jeder überschätzt sein Gedächtnis, insbesondere bei akustisch vorgetragenem Lernstoff (wie bei Vorträgen, Reden, Frontalunterricht etc.). Was im Moment klar und einleuchtend erscheint, kann schon in einigen Stunden nicht mehr aktiv abrufbar sein. Mitschriften rufen Zusammenhänge und wichtige Details ins Gedächtnis zurück. Allerdings sollte man nicht zwanghaft jedes Wort mitschreiben, da dies einen zu sehr ablenkt, sondern sich auf das wirklich Interessante und Bedeutsame beschränken. Und: Das gleichzeitige Zuhören und Mitschreiben ist durchaus etwas, was man üben kann!

- **Fragen formulieren:** Auftauchende Fragen sollte man ebenfalls gleich zu Papier bringen. Und den Mut aufbringen, diese entweder sofort in die Runde zu werfen, wenn man sie für das weitere Verfolgen der Lehreinheit als wichtig erachtet, oder sie am Ende abzuklären (wenn es sich bis dahin nicht schon erübrigt hat).

- **Deutlich schreiben:** Oft kommt es vor, dass man zwar guten Willens ist, einen wichtigen Gedanken oder Sachverhalt schriftlich niederzulegen, aber dies im Eifer des Lern-Gefechts sehr nachlässig hinkrakelt. Wenn man dann später – in einem nun geistig wesentlich weniger intensiv in die Thematik eingesponnen Zustand – seine eigenen Niederschriften anschaut, erscheinen diese einem mitunter als schier nicht identifizierbare Hieroglyphen. Deshalb stets ausreichend lesbar schreiben!

- **Rückcodierbar schreiben:** Häufig ist man sich momentan zwar sicher, dass ein bestimmtes Stichwort ausreicht, um sich an einen wichtigen Sachverhalt oder Grundgedanken zu erinnern. Später starrt man dann aber mit größter Frustration auf dieses »Stichwort«, das nunmehr lediglich ein »Leerwort« ist, da es einem aber auch überhaupt nichts mehr sagt. Finde also heraus, wie viele Hinweisreize du für ein späteres erfolgreiches Wiedererinnern benötigst!

- **Aufarbeitung:** Die Mitschrift liefert nur ein grobes Grundgerüst der gelieferten Informationen. Möglichst schnell (bevor der Vergessensteufel zu sehr sein Unwesen treibt) sollte man deshalb die Mitschrift aufarbeiten (am besten am gleichen Tag!). Insbesondere müssen dabei Stichwörter klar ausformuliert werden, sollten weitere noch im Gedächtnis schlummernde Wissensbrocken ergänzt werden und Fragen, die sich bei der Rekapitulation ergeben, abgeklärt werden.

- **Strukturieren:** Ein weiterer Schritt ist die sorgfältige Strukturierung des gesamten gehörten Lernstoffs. Welcher Aufbau, welche Gliederung und welcher rote Faden liegen dem vorgetragenen Lernstoff zugrunde? Erkennt man dies, so fällt einem das Lernen, Verstehen und Behalten wesentlich leichter. Hat man dann ein solches Lerngerüst entdeckt oder erstellt, kann man darin deutlich einfacher und schneller Details, Einzelfakten und Zusatzinformationen einordnen und festmachen. Strukturen liebt unser Gedächtnis, Chaos ist ihm ein Graus!

- **Keine Zettelwirtschaft:** Manche beachten viele der obigen Ratschläge, um dann doch gelegentlich entsetzt festzustellen, dass ihnen die Zettel mit ihren Mitschriften abhandengekommen sind. Dieses Malheur kann man durch gepflegte und sorgfältig geführte Lernhefte, Lernmappen oder Lernordner vermeiden.

- **Power-Zettel:** Eine Ausnahme stellen besondere Merkzettel dar, auf die du noch mal die am schwierigsten zu lernenden Informationen oder die fiesesten Vokabeln schreibst. Diese Zettel sind dann an Orten zu befestigen, wo du sie häufig siehst (Bett, Toilette, Küche etc.) und somit eine ständige Wiederholung möglich ist. Da diese immer wiederkehrende Konfrontation mit dem Lernstoff für das Behalten sehr wirkungsvoll ist, nenne ich diese Zettel »Power-Zettel«.

- **Ordnung durch Ordner:** Doch was tut man mit dem gesamten Lernmaterial, das sich im Verlauf eines Schuljahres über ein Thema oder im Verlauf des Studiums über mehrere Fächer ansammelt? Hier ist es ratsam, von Anfang an eine durchdachte Ordnung hineinzubringen. Dazu muss man sich genau überlegen, wie man denn die gesamten zu Papier gebrachten Informationen so ablegt (am besten mittels Aktenordnern), dass man immer weiß, wo neue Information zuzuordnen ist bzw. gesuchte Information gefunden werden kann (Entsprechendes gilt für die Erstellung eines durchdachten Ordnungssystems im Computer!).

- **Ideenbox:** Bringe alle neuen Ideen, aber auch alle interessanten Gedanken, Fragen und Geistesblitze auf Papier und sammle sie an einem bestimmten Ort (den du von Zeit zu Zeit durchstöberst). Dadurch gehen dir deine mentalen Schätze nicht verloren!

AUS DER PRAXIS

Es erfordert ein wenig Disziplin und auch Übung, methodisch ordentlich zu lernen. Doch genau durch diese Ordnung im Lernen erfährt man bald die unglaubliche Freude, interessante Informationen wiederfinden zu können, seinen Wissensschatz zu entwickeln und immer mehr Dinge zu verstehen.

Auch ein Münzsammler wirft seine Münzen nicht unachtsam in eine große Kiste, sondern sortiert und arrangiert sie sorgfältig nach bestimmen Prinzipien.

Mache es genauso als Wissenssammler!

Diesen Lerntipp nutze ich:

0	1	2	3	4	5	6	7	8	9	10		☞	

0 = nie 10 = immer

Tipp 22

Karteikartensystem

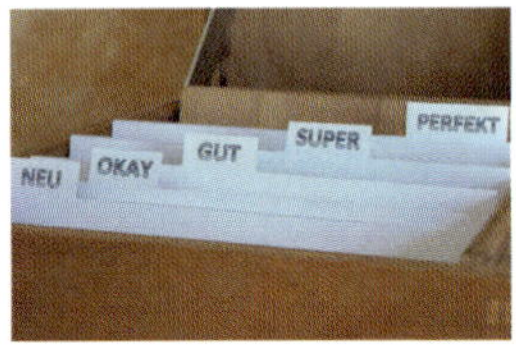

Sehr bekannt, doch von vielen verkannt! Dieses effiziente Lernsystem ist für eine dauerhafte Wissensspeicherung fast unumgänglich: Lernstoff (z. B. Vokabeln) auf Karteikarten schreiben, entsprechend dem Lernniveau definieren und in den richtigen Zeitabständen repetieren. Auch wenn der Aufwand am Anfang relativ hoch ist, trägt dies zur Wiederholung optimale Lernsystem mit der Zeit immer mehr köstliche Früchte des sicheren Wissens!

Ein Vokabelheft ist durchaus recht praktisch und sinnvoll. Neue Vokabeln können mit ihren Übersetzungen eingetragen und nach Belieben wiederholt werden. Allerdings tun sich dabei einige Probleme auf. Wer beim Wiederholen nicht konsequent eine der Spalten abdeckt, läuft Gefahr, dem Selbstbetrug aufzusitzen, denn unterbewusst im Augenwinkel wahrgenommene Lösungen verkauft sich das Gehirn gerne als selbstständig gefunden. Zudem ist man durch die feste Auflistung dazu gezwungen, bei jedem Durchgang alles an einem Stück zu repetieren, auch wenn weite Teile schon fest im Gedächtnis verankert sind. Die Verwendung verschiedener Zeichen für gut oder schlecht memorierte Vokabeln schafft zwar Abhilfe, führt aber sehr wahrscheinlich zu einem kunterbunten, unübersichtlichen Haufen von Kürzeln.

Um Vokabeln zu lernen, eignet sich eine andere Methode wesentlich besser: das Karteikartensystem. Hierbei wird die neu zu lernende Vokabel auf die Vorderseite eines Karteikärtchens geschrieben, die entsprechende Übersetzung (sowie Übersetzungsvarianten und evtl.

auch einige Beispielsätze) auf die Rückseite. Dazu empfehle ich die handliche, aber dennoch ausreichend Platz bietende A7-Karteikartengröße. Wer es gerne kompakt mag und klein schreibt, kommt auch mit A8-Karten gut zurecht. Schon für unter 20 Euro kann man im Internet einen solchen Karteikasten mit einigen Hundert leeren Karteikarten erstehen und hat dann sicherlich für mindestens ein bis zwei Jahre ausgesorgt. Allerdings sollte man für jede Fremdsprache einen eigenen Karteikasten mit evtl. andersfarbigen Karten verwenden.

Der immense Vorteil beim Karteikartensystem ist, dass man damit ein gehirngerechtes Wiederholungsschema umsetzen kann; folgende Kategorisierung mit fünf Fächern und (motivierenden) Bezeichnungen hat sich dabei bewährt:

- **Fach 1 (NEU):** Mit diesem Fach beginnt man. Hier werden alle neu angefertigten Karten mit den zu lernenden Vokabeln (vielleicht die 20 bis zum nächsten Unterricht als Hausaufgaben aufgetragenen Vokabeln) eingestellt. An einem Tag sollten diese zwei- bis viermal durchgegangen werden; ganz sicher bekannte Wörter wandern dann ins nächste Fach 2, das ich auch als OKAY-Fach bezeichne.

- **Fach 2 (OKAY):** Dieses Fach wird in den nächsten ein bis drei Tagen wiederholt. Wichtig bei der Wiederholung ist, mit dem Umdrehen jedes einzelnen Kärtchens diszipliniert zu warten, bis man sich eindeutig für eine Antwort entschieden hat. Ein solches kurzzeitiges Innehalten zur Wissenshinterfragung ist wesentlich effektiver als ein bloßes wiederholendes Anschauen der Übersetzung! Weiß man das Wort auf Anhieb noch, wandert es sofort in das nächste Fach GUT. Ist man unsicher oder erahnt nur die korrekte Übersetzung, verbleibt die Karte in diesem Fach. Weiß man es nicht, wandert sie in das Fach 1 zurück.

- **Fach 3 (GUT):** Die Karten dieses Fachs werden etwa einmal pro Woche wiederholt (das Fach GUT muss also zusätzlich zu den zwei vorherigen Fächern bearbeitet werden). Weiß man die Vokabel dabei problemlos auf Anhieb, kommt sie ins nächste Fach SUPER. Weiß man sie nicht oder nicht genau, dann muss man sorgfältig überlegen, wo die Vokabelkarte nun einzuordnen ist: Lässt du sie im Fach GUT, oder sollte sie doch besser ins Fach OKAY oder gar ins Fach NEU zurückwandern? Ansonsten gelten entsprechende Hinweise wie beim Fach OKAY.

- **Fach 4 (SUPER):** Diese Wörter solltest du jetzt schon recht gut beherrschen, sodass eine Überprüfung einmal pro Monat ausreichen sollte. Sofort und mühelos gewusste Wörter schaffen gleich den Sprung ins letzte Fach PERFEKT. Ansonsten gilt das vorher Gesagte.

- **Fach 5 (PERFEKT):** Die hier angelangten Wörter solltest du nun entsprechend der Bezeichnung dieses Fachs perfekt beherrschen. Trotzdem ist eine Überprüfung innerhalb von drei bis sechs Monaten ratsam. Zudem lässt sich als Faustregel angeben: Was nach drei bis circa sechs Monaten noch sitzt, hält auch für den Rest des Lebens! Damit jedoch dieses Fach nicht überquillt, gibt es für die am stärksten ins Gehirn eingebrannten Vokabeln zwei Möglichkeiten: Wegwerfen bzw. (für die Pyromanen) Verbrennen der Karten als »Kann-ich-nicht-vergessen«-Ritual. Oder das Überführen in einen separaten »Weiß-ich-alles«-Schuhkarton und somit ein letztes »Fach 6« (was ich persönlich besser finde, denn es motiviert immer zu sehen, was man schon alles weiß!).

Prinzipiell gilt es, den Text auf Lernkarten auf das Wesentliche zu beschränken und möglichst übersichtlich und strukturiert zu gestalten. Komplexeren Lernstoff wie umfangreiche chemische Reaktionsmechanismen, geschichtliche Zusammenhänge oder mathematische Herleitungen sollte man aufgrund des kleinen Platzangebots auf den Karten anders lernen und aufschreiben (siehe Lerntipps 21, 24 oder 50).

Leider ist das Beschriften der Lernkarteikarten recht aufwendig. Hier können fertige Lernkartensätze hilfreich sein, die in verschiedenen Themenbereichen (z. B. Englisch-Vokabeln, Medizin, Rechtswissenschaft) angeboten werden. Zudem gibt es verschiedene Karteikarten-Computerprogramme, kostenfrei, auf online-Basis oder kommerziell erhältlich. Beispielprogramme wären Mnemosyne, Supermemo, Cobocards oder Phase-6.

Noch ein Tipp speziell für Erwachsene, die oftmals Schwierigkeiten haben, sich alle Namen aus ihrem beruflichen Umfeld sicher und schnell abrufbar zu merken: Auch in diesem Fall kann es sinnvoll und äußerst hilfreich sein, eine entsprechende Namenskartei anzulegen, die man regelmäßig durchgeht. Damit wird in relativ kurzer Zeit aus einer »furchtbaren Schwäche eine fruchtbare Stärke«!

AUS DER PRAXIS

Das Karteikartensystem ist nicht nur zum Vokabellernen geeignet, sondern genauso zum Lernen von Fremdwörtern, Fachwörtern, Geschichtsdaten, interessanten Fakten oder Namen (z. B. von Persönlichkeiten). Und man kann dieses Lernsystem schon bei kleinen Kindern prima einsetzen. Meine Tochter lernte auf diese Weise zwischen ihrem 4. und 6. Lebensjahr die gängigsten 700 Wörter der englischen Sprache.

Diesen Lerntipp nutze ich:

0	1	2	3	4	5	6	7	8	9	10		☞	

0 = nie 10 = immer

Tipp 23

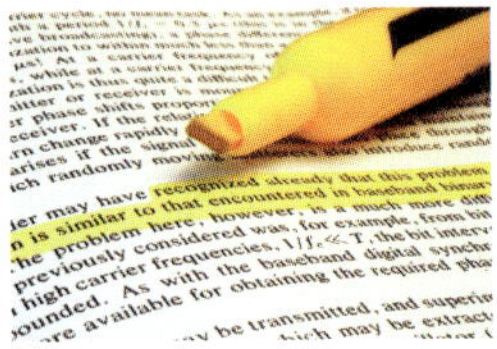

Mit Marker-Methode zum Merker

Das Markieren von wichtigen Stellen in Lerntexten macht Sinn: Dadurch wird das Wiederholen erleichtert, und der Entscheidungsprozess, was wirklich wichtig ist und somit markiert werden sollte, hilft dem Verständnis und der Erinnerungsleistung. Doch hier gilt: Weniger ist mehr! (Denn bei einem fast vollständig angemalten Text verpufft der positive Effekt auf den Lernerfolg!)

Ein wichtiger Teilbereich des Lernens ist das Lernen aus Texten, ob nun aus Büchern, Vorlesungsskripten, Artikeln oder sonstigen Studienunterlagen. Dabei besteht kein Text zu 100 Prozent aus Informationen, die für einen neu und wichtig sind, sondern man liest einen solchen Text gerade, um genau diese Informationen zu finden, zu verstehen und zu behalten.

Einerseits ist eine solche Auswahl von bedeutungsvollen Textstellen natürlich subjektiv, andererseits machen sich meistens die Autoren nicht die Mühe, selbst gewichtige Kernaussagen oder erinnerungswürdige Fakten durch Fettformatierungen, Unterstreichungen, kursive Passagen, Auflistungen etc. augenfällig herauszustellen, sondern vergraben diese Top-Informationen in belanglose Textpassagen (ich hoffe, ich mache es nicht allzu häufig genauso).

Deshalb bleibt einem nichts anderes übrig, als selber an den Text Hand anzulegen und mit einem Marker in leuchtender Farbe, mit einem Buntstift oder zur Not mit einem Bleistift bestimmte Textstellen markant zu machen.

Dem positiven Lerneffekt durch das Markieren liegen zwei Ursachen zugrunde. Zum einen wird aus dem passiven Lesen ein aktiver mentaler Prozess, indem man ständig überprüfen muss, ob man eine Information schon kennt, diese ausreichend interessant ist oder für das Textverständnis von Bedeutung ist. Andererseits erleichtern einem die Markierungen ganz klar das Wiederholen der unterstrichenen und damit als bedeutsam gekennzeichneten Sachverhalte. Damit der Marker-Einsatz aber auch tatsächlich die Lernleistung erhöht, muss man einige wichtige Punkte beachten.

- **Eigene Markierungen:** Selbst vorgenommene Unterstreichungen zeigen positivere Lerneffekte (insbesondere bei Kindern ab dem 13. Lebensjahr), als wenn eine andere Person bereits Markierungen im Text eingefügt hat und man diese übernimmt.

- **Sparsames Markieren:** Einige machen den Fehler, dass sie fast alles (in einer oder mehreren Farben) wahllos und nahezu flächendeckend anstreichen. Doch dadurch verpufft der Effekt des Markierens als Strukturierungs- und Gedächtnishilfe. (Manchmal könnte man meinen, dass ein solches massives Markieren im Endeffekt nur dem Gefühl dient, etwas getan zu haben.)

- **Keine ganzen Sätze markieren:** Sätze sollten in der Regel nicht komplett markiert werden, sondern lediglich entscheidende Satzabschnitte (wobei man nach Möglichkeit versuchen sollte, so zu markieren, dass die Markierungen einen Kurzsatz bilden).

- **Keine festen Textmarkierungsvorgaben:** Obigen Fehler versuchen einige zu vermeiden, indem sie sich selber durch eine Anzahl von zum Beispiel fünf markierten Textstellen pro Seite beschränken. Untersuchungen haben jedoch gezeigt, dass dies nicht sinnvoll ist, sondern das Markieren allein nach der Bedeutsamkeit einer Textstelle vorgenommen werden sollte.

- **Text erst beim 2. Durchgang markieren:** Manchmal hat man das Gefühl, fast alles markieren zu müssen, wenn man es mit komplexen Texten zu tun hat. Hier hilft es, den Text nicht gleich beim ersten Durchlesen zu markieren. (Dies gilt natürlich nicht für leichte Texte, die man ohnehin nur einmal liest.) Eine weitere Strategie wäre, beim ersten Durchgang mit Gelb zu markieren, beim zweiten Durcharbeiten nur das Wichtigste der gelb markierten Textstellen zum Beispiel mit deutlicher hervorstechendem Grün zu markieren und in einem Enddurchgang mit Rot.

- **Randbemerkungen hinzufügen:** Das Markieren wird sehr effektiv ergänzt durch Randkommentare wie »gute Idee«, »klar«, »stimmt das wirklich?« oder Zeichen wie »!« oder »?«. Man kann zusätzlich seinen eigenen Markierungscode entwickeln, zum Beispiel »O« für »unbedingt wiederholen« oder »X« für »vermutlich prüfungsrelevant«.

Mit dem Markieren ist der Lernprozess in der Regel natürlich noch nicht abgeschlossen. Zusätzlich sinnvoll ist das Formulieren seines eigenen Textes unter Nutzung der markierten Textstellen. Oder der gleichzeitige Einsatz weiterer Lernmethoden, wie das Zeichnen einer Mind-Map über die wesentlichen Inhalte eines Textes (siehe Lerntipp 24) oder das Erstellen von Grafiken, Diagrammen oder Schaubildern zur Veranschaulichung wichtiger Aspekte (siehe Lerntipp 27).

Und so lese ich selbst Sachbücher: Immer wenn ich ein Buch beginne, schreibe ich auf die erste Seite des Buches, wann ich mit dem Lesen begonnen habe, und später – nach dem Durcharbeiten des Buches – wann ich damit fertig war. Zusätzlich unterzeichne ich, das erhöht die persönliche Bindung zum Buch. Beim Lesen des Buches markiere ich dann immer informative Textstellen und schreibe an den oberen Rand das Wichtigste der jeweiligen Seite. Bevor ich ein neues Kapitel anfange, wiederhole ich die Markierungen des vorhergegangenen Kapitels. Nach dem Durchlesen des Buches gehe ich alle meine Markierungen durch und formuliere sie auf den (meistens vorhandenen) Leerseiten am Ende des Buches.

AUS DER WISSENSCHAFT

In einer Studie mit 267 Realschülern des 9. Jahrgangs (Dumke, 1986) konnte gezeigt werden, dass nicht allein das »naive« Markieren die Lernleistung erhöht, sondern für eine deutliche Lernsteigerung erst die Grundsätze des korrekten Markierens eingeübt werden müssen.

Die Schüler wurden in drei Gruppen eingeteilt, wobei die eine Gruppe den zu lernenden Text nur lesen durfte, die zweite Gruppe frei nach Belieben markieren durfte und die dritte Gruppe die Textbearbeitung so vornahm, wie sie es vorher in einem einstündigen Training gelernt hatte. Dieses bestand aus den fünf Schritten:

1. Überblick verschaffen
2. Absatz konzentriert lesen
3. Unterstreichen
4. Wiederholen des Textes anhand der Unterstreichungen
5. Einprägen der unterstrichenen Stellen

Das Ergebnis der dann folgenden Prüfung war eindeutig: Die Gruppe mit Unterstreichen ohne Training schnitt nicht besser ab als die reine Lese-Gruppe.

Die dritte Gruppe jedoch, die die Textbearbeitung mittels Marker korrekt gelernt hatte, hatte sich um mehr als 40 Prozent verbessert (wobei die Besseren davon weniger, aber sinnvoller unterstrichen hatten)!

Diesen Lerntipp nutze ich:

0	1	2	3	4	5	6	7	8	9	10		☞	

0 = nie 10 = immer

Tipp 24

Lernkunst mit der Mind-Mapping-Methode

Die Mind-Mapping-Methode ist eine grafische Lernmethode, bei der wichtige Schlüsselbegriffe nach bestimmten Regeln auf Papier gebracht werden. Sie hat zwei Hauptvorteile: Erstens werden die Informationen vom Gehirn bei der Erstellung der Mind-Map eingehend verarbeitet, und zweitens wird unser hervorragendes visuell-räumliches Gedächtnis sowie Bildergedächtnis genutzt. Ein tieferes Verständnis und eine gute Abrufbarkeit des Lernstoffs sind das Ergebnis!

Diese Lernmethode geht auf Tony Buzan zurück, der den Begriff Mind-Map (frei übersetzt: Geisteskarte) bereits in den 1970er-Jahren prägte und ihn als Marke schützen ließ. Seitdem hat er das Mind-Mapping in der ganzen Welt bekannt gemacht, einerseits durch seine zahlreichen Bücher über dieses Thema, aber auch durch seine weltweiten Vorträge und Großveranstaltungen (z. B. unterrichte er einmal 6000 begeisterte Schüler in einem Fußballstadion). Da er auch der Erfinder und Organisator der Gedächtnis-Weltmeisterschaft ist, kenne ich ihn gut und bin immer wieder erstaunt über sein kreatives Denken – das übrigens auch durch Mind-Mapping gefördert werden kann. Es gab auch einmal eine Weltmeisterschaft im Mind-Mapping, wobei die obige Abbildung die Sieger-Mind-Map des Weltmeisters Phil Chamber (mit dem Thema: Leben und Wirken des Physikers Michael Faraday) zeigt.

Der Grundgedanke des Mind-Mappings ist, Informationen nicht – wie wir es üblicherweise machen – linear hintereinander anzuordnen, sondern die Informationen ausgehend von einem Zentrum (dem Thema) wie ein sich verästelnder und wachsender Baum niederzulegen. Diese Art der Niederschrift soll die Funktionsweise unseres Gehirns widerspiegeln, in dem nach jetzigem Kenntnisstand die Informationen ebenfalls in einem komplexen Verästelungsnetzwerk von Neuronen gespeichert sind. Die Inspiration für seine Lernmethode kam Tony Buzan auch durch die Aufzeichnungen des Universalgenies Leonardo da Vinci, der seine Ideen, Gedanken und Überlegungen in seinen Notizbüchern meistens in elliptisch vernetzender Weise angeordnet hat.

In der folgenden Grafik siehst du eine von mir mit einem entsprechenden Computerprogramm erstellte Mind-Map, die die wichtigsten Aspekte des Mind-Mappings erläutert. Da sie auch die zwei von mir erdachten Ergänzungen zur Verbesserung der Erinnerungsleistung ent-

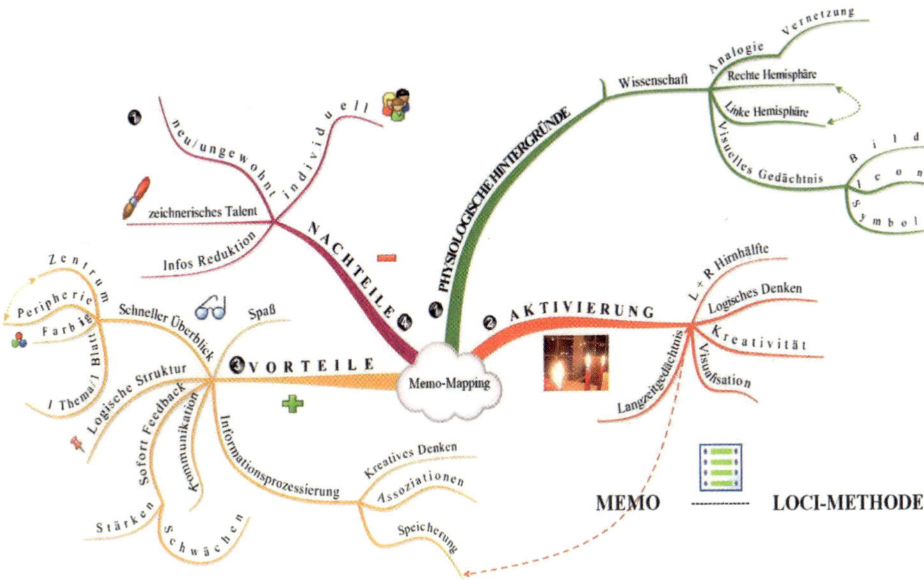

Beispiel einer Mind-Map, die mittels eines Computerprogramms erstellt wurde und die Memo-Mapping-Lernmethode thematisch behandelt. Man sieht die vom Zentrum ausgehenden vier Hauptäste (1. Physiologische Hintergründe, 2. Aktivierung, 3. Vorteile, 4. Nachteile) sowie weitere Verzweigungen mit erläuternden Unterpunkten.

hält (1. Durchnummerierung der Äste und 2. Verortung der Astbegriffe auf Loci-Punkten), bezeichne ich sie noch spezieller als Memo-Map.

Die Mind-Mapping-Methode ist relativ einfach zu erlernen, und mit der Zeit wirst du einige Routine darin bekommen. Wichtig ist es, die folgenden Basisregeln dabei zu beachten:

- Positionieren des Themas als Wort (oder besser als Foto oder Zeichnung) in der Mitte des Papierblattes.
- Das Papierblatt sollte nicht liniert und möglichst groß sein.
- Das Papierblatt sollte nicht normal hochkant, sondern quer gelegt werden, um den Platz auf dem Blatt dadurch optimal zu nutzen. *Dies ist auch für unseren Sehsinn natürlicher – siehe TV-Format!*
- Vier bis zwölf Hauptäste kreisförmig um das Thema erstellen (primärer Level). *Hauptschlüsselwörter in Großbuchstaben über die Äste schreiben.*
- Hauptäste erweitern mit je maximal fünf Zweigen (sekundärer Level). *Wichtige Zusatzinformationen zu den Hauptschlüsselwörtern.*
- Zweige evtl. erweitern mit Unterzweigen (tertiärer Level). *Weitere wichtige Informationen werden eingefügt.*
- Die Mind-Map möglichst farbig gestalten.
- Wann immer möglich, Zeichnungen/Icons/Bilder (zwei- und dreidimensional) zur Verbesserung der Behaltensrate einfügen.
- Punktlinien oder gestrichelte Linien für Assoziationen, Verknüpfungen oder untereinander vorliegende Beziehungen setzen.
- Die zusätzliche Nummerierung der Hauptäste im Uhrzeigersinn plus die Kombination mit der Loci-Methode nenne ich dann Memo-Mapping.

Sicherlich braucht man ein bisschen Übung, damit man diese Methode für sich effektiv einsetzen kann. Ich kenne viele, die das Mind-Mapping für zahlreiche Lernaufgaben, aber auch für Projektkonzeptionen, Ideenfindungsprozesse oder Arbeitsplanungen nutzen.

Andererseits möchte ich nicht unerwähnt lassen, dass die wissenschaftliche Studienlage zur Lernverbesserung mit Mind-Maps oder ähnlichen grafischen Lernstoff-Strukturierungsmethoden, wie zum

Beispiel dem »Concept Mapping« (in den 1970er-Jahren von dem amerikanischen Professor Joseph Novak entwickelt), nicht ganz eindeutig ist. Mal zeigten sich Lernleistungssteigerungen von über 10 Prozent bis fast 40 Prozent, mal waren keine Vorteile zu sehen, und in einigen Fällen führten andere Lerntechniken, wie die erneute Textbearbeitung anhand von tiefgründigen Verständnisfragen oder die Durchführung von Probetests, zu besseren Lernerfolgen (Blunt, 2011).

Meines Erachtens kann die Lernmethode des Mind-Mappings jedoch insbesondere jenen das Lernen erleichtern, die gerne zeichnen, grafische Gestaltungen schätzen und deren Denkprozesse stark durch Fantasie und Kreativität geprägt sind. Zudem kann manch einer beim zeichnerischen Prozess auch wieder Lernspaß und Motivation (zurück-)erlangen. Zum Schluss noch eine persönliche Erfahrung von mir: Mädchen und Frauen scheinen von dieser Lernmethode am meisten zu profitieren.

AUS DER WISSENSCHAFT

Die Effektivität von Mind-Mapping beruht zum einen auf einer tiefgehenden Lernstoffverarbeitung, die abläuft, wenn wir Schlüsselwörter im Lernmaterial auswählen und diese räumlich sinnvoll anzuordnen versuchen. Zum anderen beruht sie auf der gleichzeitigen Nutzung von Wörtern und Bildern/Grafiken; denn wir scheinen beim Lernen zwei getrennte, aber parallel funktionierende kognitive Systeme – verbal und bildhaft – zu nutzen, die beide Informationen verarbeiten und speichern (Clark, 1991). Genau diese Doppelcodierung erreichen Mind-Maps!

Diesen Lerntipp nutze ich:

0	1	2	3	4	5	6	7	8	9	10		☞	

0 = nie 10 = immer

Tipp 25

PQ5R-Methode: Lesen allein reicht nicht

Lesen allein ist zu wenig, um einen umfangreichen und komplexen Text zu verstehen, zu verinnerlichen und auch zu erinnern. Dies erreicht man jedoch durch die gezielte Durchführung von sieben hintereinander erfolgenden Text-Bearbeitungsschritten, die in der Bezeichnung PQ5R zusammengefasst sind.

Wer viel wissen will, kommt nicht darum herum, sich mit Artikeln, Manuskripten, Zeitschriften oder natürlich Büchern zu beschäftigen. Diese normale Beschäftigung mit den darin vorkommenden Wörtern nennen wir gemeinhin Lesen. Das Problem ist nun, dass viele meinen, der Prozess des Lesens reicht aus, um (oftmals komplexe) Sachverhalte verstehen, durchdringen und behalten zu können. Zu leicht lassen wir uns von unserem spontanen Eindruck täuschen, alles begriffen zu haben, nur um dann später mit Erschrecken festzustellen, dass doch noch Unklarheiten vorliegen, zahlreiche Fragen offen sind und wir kaum etwas von dem zum Beispiel 150-seitigen Sachbuch aus dem Stegreif abrufen können.

Deshalb wurden schon vor vielen Jahren Methoden entwickelt, die über das einfache Durchlesen hinausgehen und sicherstellen, dass ein Großteil des Lesestoffs tatsächlich in dem Wissenspool unseres Langzeitgedächtnisses aufgenommen wird.

Die hier vorgestellte Lesemethode ist meine erweiterte Abwandlung der 1972 veröffentlichten PQ4R-Lesemethodevon E. L. Thomas und H. A. Robinson. Wobei die PQ4R-Methode selbst eine Verbesserung der 1961 von F. P. Robinson entwickelten SQ3R-Methode darstellt. Die von mir gewählte englische Bezeichnung PQ5R stellt eine Art Akronym (siehe auch Seite 196) dar und bezeichnet die sieben wichtigen Schritte zur Bearbeitung von längeren komplexen Texten, wobei die Anfangsbuchstaben Folgendes bedeuten:

1. Preview (Überblick gewinnen)

Durch rasches Überfliegen des gesamten Textes erhält man einen Überblick über Thema, Aufbau und Schwerpunkte des Textes. Dies schließt die Durchsicht des Inhaltsverzeichnisses, der Überschriften und des Registers ein. Dieser erste Schritt sowie der nächste nutzen den wichtigen Aspekt des »Primings« (siehe Lerntipp 3). Wichtig: Sofern es sich jedoch um ein (dickeres) Buch handelt, sollte man es so nur kapitelweise bearbeiten.

> *Lesen ohne Denken verwirrt den Geist, und Denken ohne Lesen macht leichtsinnig.*
> Konfuzius, chinesischer Philosoph, vermutlich 551–479 v. Chr.

2. Question (Fragen stellen)

Formuliere nun Fragen zu dem überflogenen Text. Dabei ist es hilfreich, die Überschriften der einzelnen Abschnitte zu Fragen umzuformulieren, und zwar in einer Weise, dass für dich die Frage interessant ist. Zusätzlich solltest du dann deine ganz eigenen Fragen aufschreiben, deren Aufklärung du dir von dem Text erwartest. Dieser Schritt schaltet dein Gehirn quasi in einen Neugier-Modus, wodurch dein Interesse und deine Aufmerksamkeit steigen.

3. Read (Lesen)

Nun darfst du endlich im ganz normalen Lesemodus Wort für Wort lesen. Da dein Gehirn durch die zwei vorausgegangenen Schritte auf den Lesestoff vorbereitet (geprimt) worden ist, wirst du jetzt deutlich mehr verstehen als ohne die Vorarbeit. Kläre beim Lesen auch immer wieder ab, ob deine Fragen bereits in einer für dich befriedigenden

Weise beantwortet worden sind. Außerdem solltest du bei diesem Leseschritt auch einen Markierstift verwenden (siehe Lerntipp 23). Selbstverständlich solltest du solche Markierungen nur in deine eigenen Bücher eintragen.

4. **Reflect** (Reflektieren)

In diesem Schritt lässt du deinen Verstand arbeiten. Hierbei denkst du intensiv und kritisch über den Text nach, versuchst die neuen Informationen miteinander in Beziehung zu setzen, den Argumentationsverlauf nachzuvollziehen und Beispiele und Analogien über die Textaussagen zu finden, wobei du möglichst viele der bereits in deinem Langzeitgedächtnis gespeicherten alten Informationen nutzen solltest. Im Reflexionsvorgang entstehende neue Fragen solltest du darüber hinaus unbedingt aufschreiben! Dieser Schritt des Reflektierens ist besonders wichtig, da man in ihm dem in Schritt 3 aufgenommen Stoff Bedeutung gibt. Denn grundsätzlich ist es beim Lernen sinnvoll, nicht nur Zeit für die Aufnahme von Lernstoff zu investieren, sondern auch zusätzliche Zeit für nachgeschaltete Reflexion über den Lernstoff.

5. **Recite** (Rezitieren)

Nun solltest du dir alles bisher Gelernte aus dem Gedächtnis mündlich selber vortragen (rezitieren). Dieser aktive Vorgang festigt einerseits die bis jetzt nur schwach angelegten Gedächtnisinhalte und verdeutlicht einem die noch vorhandenen Wissenslücken (zu deren Aufklärung man durchaus kurz wieder in den Text schauen darf). Zudem wird der Lernstoff zusätzlich akustisch im Gedächtnis verankert.

6. **Recapitulate** (Rekapitulieren)

In diesem vorletzten Schritt erstellst du für dich eine kompakte Zusammenfassung aller wichtigen Fakten und Erkenntnisse in eigenen Worten. Für einige könnte die Mind-Mapping- oder Memo-Mapping-Methode hierfür sehr geeignet sein (siehe Lerntipp 24). Oder unterstütze deine Rekapitulation durch grafische Elemente, wie Kurvenverläufe, Diagramme oder zeichnerische Strukturen (siehe Lerntipp 27). Auch hierdurch könnte dir noch einiges klarer werden.

7. **Repeat** (Wiederholen)

Unabdingbar für ein dauerhaftes Behalten ist eine Wiederholung des Stoffs. Gehe deine im Schritt 6 erstellte Zusammenfassung also möglichst am nächsten Tag und dann in angemessenen Zeitabständen wieder durch. Natürlich kannst du dabei auch jederzeit sinnvolle Ergänzungen vornehmen.

AUS DER WISSENSCHAFT

In einer klassischen Studie (Rothkopf, 1966) wurde getestet, inwieweit sich das Textverständnis erhöht, wenn der Text unter Berücksichtigung spezifischer Fragestellungen gelesen wird. In der Tat wurden dadurch bis über doppelt so viele korrekte Antworten im Vergleich zur Kontrollgruppe (die den Text ohne spezifische Fragen im Hinterkopf gelesen hatte) gegeben (Versuchsgruppe 72 Prozent zu Kontrollgruppe 30 Prozent).

Diesen Lerntipp nutze ich:

0	1	2	3	4	5	6	7	8	9	10		☞	

0 = nie 10 = immer

Tipp 26

Text-Lern-Methode

Unser Gedächtnis ist für das wortwörtliche Lernen nicht ausgelegt. Es speichert viel lieber die eigentliche Aussage eines Textes. Trotzdem gibt es nützliche Ratschläge zum Auswendiglernen, durch die jeder auch längere Textpassagen – so wie Schauspieler oder Redner – sicher im Kopf behalten und wiedergeben kann.

Zwar müssen wir heutzutage längst nicht mehr so viel wortwörtlich auswendig lernen wie noch unsere Eltern und Großeltern, doch in manchen Situationen ist es immer noch erforderlich. Entweder wenn es ein Muss ist, den ganz genauen Wortlaut parat zu haben, wie bei einem Gedicht, einem Lied oder dem Text für eine schauspielerische Darstellung. Oder zur eigenen Absicherung seines Wissens, wenn man zum Beispiel Definitionen, Erklärungen, Gesetzestexte oder Vorträge lieber ganz wortgetreu aus seinem Gedächtnis wiedergeben möchte, als sich auf sein Verständnis und seine spontanen Formulierungen zu verlassen.

Es sei vorausgeschickt, dass wortwörtliches Auswendiglernen für unser Gedächtnis sehr unnatürlich ist und es deshalb hierin eine ziemlich beschränkte Leistungsfähigkeit besitzt. Bei der Entwicklung unseres Gehirns in der Evolutionsgeschichte war es offensichtlich bei mündlichen oder schriftlichen Botschaften eher von Bedeutung, die eigentliche Aussage zu erfassen und ein allgemeines Verständnis zu bekommen.

Deshalb funktioniert unser Gedächtnis nicht wie ein Aufnahmegerät, das jegliches Geräusch – unabhängig von dessen Bedeutungsgrad – mitschneidet. Vielmehr ist unser Gehirn darauf programmiert, nur die unmittelbar bedeutsamen Informationen eines Textes zu extrahieren und dann zu speichern – der genaue Wortlaut ist jedoch in der Regel irrelevant und wird schlichtweg vom Gehirn ignoriert. Diese eigentlich sehr nützliche Tugend unseres Gehirns macht uns aber das Leben bei einem notwendigen wortwörtlichen Einprägen von Texten schwer.

Trotzdem ist jeder von uns in der Lage, sich auch sehr lange Textpassagen zu merken. Hierfür sind einige Ratschläge hilfreich, die zum Beispiel auch viele Schauspieler und Redner beherzigen (siehe Tipps Seite 142f.).

Es ist übrigens wesentlich leichter, sich einen Text einzuprägen, der sich reimt. Deshalb sind vermutlich viele antike Werke (z. B. *Ilias, Odyssee)*, religiöse Schriften (z. B. Talmud, Koran) oder Gedichte in einem sich reimenden Versmaß abgefasst. Denn nur so konnte man es den Menschen überhaupt ermöglichen, sich über die akustischen Abrufreize des Reims selbst Hunderte oder gar Tausende von Seiten zu merken und in einer Art musikalischem Singsang fehlerfrei aufzusagen.

Weltrekord im Text-Merken: Dies bestätigte sich auch immer wieder auf den Gedächtnismeisterschaften. Eine Standarddisziplin war die Aufgabe, innerhalb von 15 Minuten möglichst viele Textzeilen (inklusive aller Sonderzeichen, Textformatierungen und Zeilenumbrüche) absolut exakt zu memorieren. Bei einem normalen Fachtext waren die Ergebnisse bei den Weltbesten in dieser Disziplin durchaus beachtlich; musste dagegen ein sich angenehm reimender Text memoriert werden, so waren die Ergebnisse der Teilnehmer meistens doppelt- oder dreifach so gut (wobei der Weltrekord bei 345 Wörtern liegt!). Übrigens wurde wegen dieses Problems der Text-Vergleichbarkeit sowie aufgrund von Schwierigkeiten beim Bewertungsmodus der Übersetzungstexte in andere Sprachen die Text-Disziplin 2005 abgeschafft (und durch abstrakte Bilder ersetzt).

Tipps für das wortwörtliche Auswendiglernen von Texten

- Den gesamten Text durchlesen, um einen Überblick zu gewinnen.
- Passagenweise lernen, also den Text in kurze Textportionen einteilen und nur stückweise lernen; nicht versuchen, den (großen) Gesamttext in einem Stück zu lernen (das überlastet das Gehirn).
- Häufig den Text wiederholen; für einige funktioniert die häufige (möglichst bewusste) Wiederholung sehr gut, auch wenn durchaus mal 20, 100 oder 200 Wiederholungen notwendig sind.
- Sich beim Einprägen des Textes genau überlegen, was der Text eigentlich aussagen will und warum er gerade so formuliert ist (es ist schwieriger, Worte auswendig zu lernen, deren Sinn man nicht verstanden hat!).
- Den Text möglichst verbildlichen und vor dem inneren Auge wie einen Film ablaufen lassen.
- Unanschauliche Sätze möglichst zu Bildern transformieren. Zum Beispiel kann man sich beim Sprichwort: »Leichtsinn und Torheit sind Nachbarn« (etwas makaber) vorstellen, dass ein »leichter Kopf« an einem Tor hängt, das von zwei nebeneinanderstehenden Personen (Nachbarn) getragen wird. Die abstrakte Bedeutung sollte natürlich auch klar sein!
- Die Situation oder das Umfeld, von der/dem der Text handelt, genau vorstellen und entsprechende Empfindungen und Gefühle in sich entstehen lassen. Übrigens heißt »Auswendiglernen« in der englischen Sprache *to learn by heart*, also mit dem Herzen (= mit Gefühlen) lernen (wobei man früher glaubte, dass das Gedächtnis im Herzen sitzt!).
- Den Text auch unbedingt laut und mit deutlicher und markanter Betonung vorlesen und aufsagen.
- Den Text auf Band oder in den Computer sprechen und sich häufig anhören und möglichst mitsprechen (funktioniert besonders gut bei audiomatischen Sprachen-Lerntypen; siehe Lerntipp 43).

- Das mehrmalige Aufschreiben des zu lernenden Textes erweist einigen gute Dienste.
- Manchen hilft es, wenn sie dem Text eine Melodie hinterlegen und sich dann beim Aufsagen melodisch von Wort zu Wort hangeln (hierfür spricht, dass sich viele Menschen Liedertexte leicht einprägen können).
- Im Altertum und Mittelalter war es üblich, beim Auswendiglernen nicht still zu sitzen, sondern zu gehen. Auch heute noch ist dies in vielen chinesischen Schulen eine verbreitete Lernmethode. Ebenfalls gehen Schauspieler oft beim Lernen ihrer Texte auf und ab, und auch Johann Wolfgang von Goethe soll so gelernt haben.
- Zwischendurch immer wieder überprüfen, ob man den bearbeiteten Textabschnitt schon beherrscht (sonst lernt man evtl. unnötig zu lange).
- Studien belegen, dass der gleichzeitige Einsatz von Gesten sowie mimischen Aktivitäten beim Text-Lernen das spätere Erinnern an den Text deutlich erhöht (dies erklärt wohl, weshalb Schauspieler auch sehr lange Textpassagen einer Spielszene scheinbar mühelos abrufen können).
- Häufig besteht gerade bei Gedichten das Problem, dass man eine Verszeile vergisst oder die Reihenfolge durcheinanderbringt. Hier hilft es, das erste Wort jeder Zeile als Bild (evtl. nach einer Transformation) mit der Loci-Methode abzuspeichern (siehe Lerntipp 35).
- Für schriftliche und hundertprozentige Textwiedergaben kann man auch jedes Wort auf einen Routenpunkt ablegen (mit dieser äußerst umständlichen Text-Lerntechnik konnte ich sogar vor einigen Jahren bei der Gedächtnis-Weltmeisterschaft mit 132 Wörtern in 15 Minuten die Bronzemedaille gewinnen).

AUS DER WISSENSCHAFT

In einer amerikanischen Studie (Noice, 2004), durchgeführt von einer Psychologin sowie einem Schauspieler, wurden Studenten in zwei Gruppen eingeteilt. Die Kontrollgruppe sollte einen vorgegebenen Text »normal« auswendig lernen. Die Versuchsgruppe sollte den Text schauspielerisch als Teil einer gängigen Lebenssituation betrachten und entsprechend auch durch Bewegungen »anreichern«, wodurch deren Erinnerungsleistung mit 38 Prozent gegenüber 14 Prozent deutlich besser war! (Prof. Noice ist überzeugt, dass mit ihrer Lernmethode des »Aktiven Erfahrens [AE]« neben Texten auch weitere Lernstoffe besser erlernbar sind.)

Diesen Lerntipp nutze ich:

0	1	2	3	4	5	6	7	8	9	10		☞	

0 = nie 10 = immer

Tipp 27

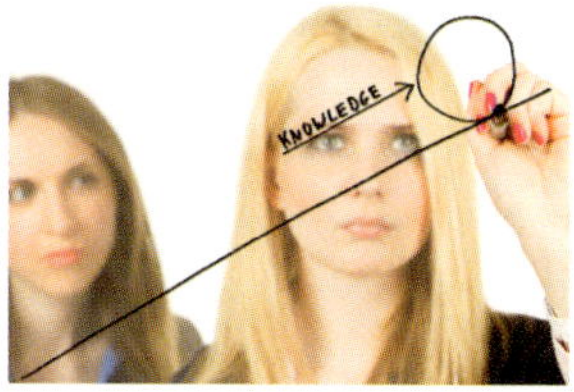

Grafik-Diagramm-Schaubild-Methode

Viele Lerninformationen sind sehr knifflig, komplex oder kompliziert. Unsere Sprache ist zwar häufig auch in diesen Fällen zu einer Beschreibung fähig, doch macht die Linearität der Sprache das Verstehen für einen Lernenden schwierig. Eine passende visuelle Darstellung des Sachverhalts dagegen verhilft unserem Gehirn, mehrere Aspekte gleichzeitig zu sehen und damit die Zusammenhänge »einzusehen«.

Wie schon im Lerntipp 17 des dritten Kapitels beschrieben, sollte man unbedingt den Speicherfaktor Visualisation zum Lernen einsetzen. Das heißt, dass man stets versuchen sollte, die gelernte Information zu verbildlichen. Insbesondere bei komplexeren Sachverhalten kann eine solche Verbildlichung von Informationen einerseits zu einem deutlich tieferen Verständnis führen, andererseits verhilft sie auch zu einer längerfristigen Abspeicherung. Somit geht dieser Tipp auf den allseits bekannten, fast hundertjährigen (ursprünglich englischen) Ausspruch zurück:

Ein Bild sagt mehr als tausend Worte!

Auch wenn diese Aussage ursprünglich aus der Werbebranche kommt und bis heute noch ausgiebig in der Werbung genutzt wird, ist sie ebenso relevant und bedeutend für fast alle Bereiche des Lernens, egal ob nun zum Beispiel in den Naturwissenschaften, in Mathematik, Politik oder im Geschichtsunterricht. Dabei sollte man alle im Lernmaterial vorhandenen Darstellungen zum Lernen nutzen oder sich in Büchern und im Internet hilfreiche Bildmaterialien besorgen. Doch auch die eigenständige Umwandlung des verbalen Sachverhalts in ein wie auch immer geartetes »Lernbild« erhöht den Lernerfolg in der Regel immens. Der Einsatz solcher grafischen bzw. visuellen Darstellungen hat mehrere Vorteile:

- Komplexe Zusammenhänge können leichter verstanden werden als bei rein verbaler Informationsvermittlung.
- Für das Gedächtnis sind Grafiken einprägsamer als Textblöcke oder abstrakte Erklärungen.
- Der Abgleich zwischen der verbalen Information und der in der Darstellung erkannten Information führt zu einer tiefen Verarbeitung des Lernstoffs. (Tipp: Ein häufiges Hin- und Herspringen zwischen Text und Grafik kann zur Erleichterung des Verständnisses hilfreich sein!)
- Durch die Analyse der einzelnen grafischen Elemente der visuellen Darstellung können neue und tiefgründige Fragen entstehen.
- Selbst das Erkennen von Fehlern oder Unstimmigkeiten eines Lernbildes vertieft das Verständnis und kann zu Aha-Effekten führen.

Übrigens werden zum Beispiel Grafiken und Diagramme viel leichter verstanden, wenn ihre Erklärung in unmittelbarer Nähe dazu steht und man die genauere Beschreibung nicht in einem umfangreichen Text suchen muss. Leider wird dies in einigen Lernbüchern nicht beachtet. Kopiere in diesem Fall die Darstellung heraus und schreibe die relevanten Bedeutungen und Erläuterungen direkt dazu!

Es gibt zahlreiche unterschiedliche Arten der grafischen und visuellen Darstellungen, die das Lernen unterstützen. Dabei erhöht der Einsatz verschiedener Farben oftmals nicht nur die Verständlichkeit, sondern auch die Erinnerungsleistung. In der nachfolgenden Auflistung habe ich versucht, zumindest einige der wichtigsten Darstellungsarten mit möglichen Einsatzgebieten und Anwendungsfeldern anzuführen:

Möglichkeiten der grafischen Darstellung von Lerninhalten (Auswahl)

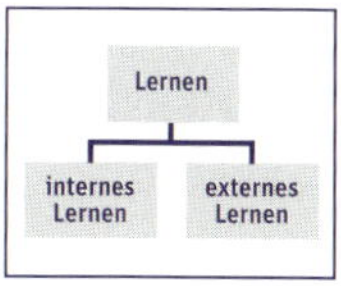

Organigramm. Geeignet für: hierarchische Strukturen, Darstellung von Ober- und Unterbegriffen, Abhängigkeiten, Beziehungsverhältnissen etc.

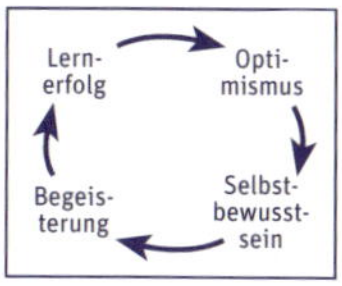

Zyklusdiagramm. Geeignet für: im Kreis laufende Prozesse, voneinander kreisförmig abhängige Faktoren, Teufelskreise, Engelskreise (z. B. Optimismus → Selbstbewusstsein → Begeisterung → Lernerfolg).

Kurvendiagramm. Geeignet zur Darstellung der Veränderung einer Größe über die Zeit; ebenfalls kann die Beziehung zweier Variablen gut sichtbar gemacht werden.

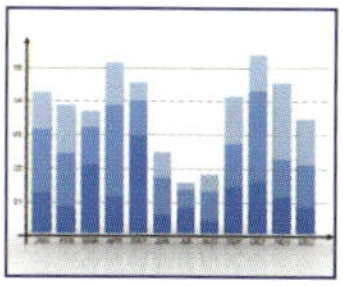

Säulendiagramm. Ähnlicher Einsatz wie beim Kurvendiagramm, nur werden dabei weniger kontinuierliche Verläufe dargestellt, sondern eher separate Blöcke der Variablen verglichen.

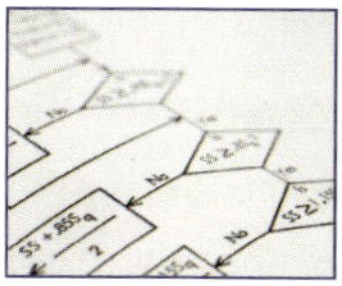

Flussdiagramm. Geeignet für (voneinander abhängige) Prozessabläufe, ebenfalls für kausal zusammenhängende oder sich beeinflussende Sachverhalte.

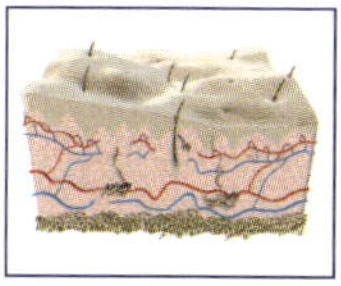

Schematische Abbildungen. Dreidimensionale, realitätsgetreue Zeichnungen und Grafiken sind zur Veranschaulichung von komplexeren Strukturen, Konstruktionen, Formationen etc. sehr gut geeignet.

Analogieobjekte. Zur Verbildlichung schlecht vorstellbarer Information. Beispiel: 1 ganze Toilettenpapierrolle = Zeitraum des Erdalters; 1 Blatt = Zeitraum von jetzt bis vor 20–25 Millionen Jahren, als unsere Vorfahren begannen, aufrecht zu gehen; 1 cm = die »mickrigen« letzten 2,5 Millionen Jahre der menschlichen Existenz.

Gedankenbilder. Es wird eine abstrakte Information nur gedanklich veranschaulicht. Beispiel: Die Lichtgeschwindigkeit beträgt circa 300 000 km/s. Der Mond ist durchschnittlich 384 000 km von der Erde entfernt. Also braucht ein Lichtstrahl nur etwas mehr als eine Sekunde für die Strecke Erde–Mond.

Natürlich helfen auch reale dreidimensionale Objekte, um sich das Lernen zu erleichtern. Dadurch kann man im buchstäblichen Sinn den Sachverhalt »begreifen« – sei es durch die Nachbildung eines menschlichen Knies aus Kunststoff oder durch eine Windkraftanlage im Kleinformat. Doch dabei ist man normalerweise auf die Unterstützung anderer (in der Regel der Lehrer) angewiesen. Zweidimensionale Darstellungen kannst du jedoch selber erstellen und durch Erlernen von Grafik-, Zeichen- und Bildbearbeitungsprogrammen deine Möglichkeiten in dieser Richtung erweitern. Außerdem entwickelst du gleichzeitig noch deine Kreativität!

Eine Warnung möchte ich jedoch zum Abschluss geben: Durch die immense Wirksamkeit der Vermittlung von Informationen durch grafische Darstellungen ist auch eine hohe Manipulierbarkeit gegeben! So kann eine Grafik, die die Tatsachen unbeabsichtigt verzerrt oder vorsätzlich falsch darstellt, leicht eine Unwahrheit vermitteln.

AUS DER PRAXIS

Überlege dir bei jedem komplexeren Lernstoff, wie du ihn grafisch möglichst einfach darstellen kannst. Wähle dafür zuerst das passende Grafikformat aus (oben habe ich ja einige Beispiele gegeben), überlege dir die Hauptaspekte des Lernstoffs und wie du sie in deine visuelle Darstellung integrieren kannst. Probiere einfach ein wenig herum, am besten mit Bleistift, sodass du auch »Fehlversuche« leicht beseitigen kannst. Bist du mit deinem Ergebnis zufrieden, dann lass einige Stunden oder ein bis zwei Tage verstreichen und erstelle dann die optimierte Endversion. Natürlich ist diese Methode nicht für jeden Lernstoff angebracht (z. B. nicht, um Vokabeln zu lernen). Außerdem wirst du nicht immer eine gute Idee zur zeichnerischen Veranschaulichung finden. Doch selbst dann war der alleinige Versuch schon eine Lernhilfe für dich!

Diesen Lerntipp nutze ich:

0	1	2	3	4	5	6	7	8	9	10		☞	

0 = nie 10 = immer

Tipp 28

Analogien-Methode: Geist lenken, in Analogien denken

Manche Sachverhalte können aufgrund ihrer Komplexität sehr schwer zu verstehen sein. Selbst ein hoher Lernaufwand führt dann oft nicht zu dem gewünschten Verständnis. Gerade in diesen Fällen kann das Auffinden von Analogien (zur Nutzung der bereits vorhandenen Einsicht in einen prinzipiell ähnlichen Sachverhalt) äußerst hilfreich sein.

Der Begriff »Analogie« (griech. *analogia* = Ähnlichkeit) bezeichnet im allgemeinen Sprachgebrauch das (rhetorische) Ausdrucksmittel, einen komplexen Sachzusammenhang deutlicher und begreifbarer zu machen, indem man einen ähnlichen Sachverhalt aus einem ganz anderen Gebiet, der dem Zuhörer bzw. Lernenden bereits bekannt und klar ist, zur Verständniserleichterung mit ins Gespräch bringt.

Übrigens geht die klassische Analogie auf den griechischen Philosophen Aristoteles zurück, der sie als Gleichheit von Relationen bezüglich vier unterschiedlicher Begriffe (a, b, c, d) definierte. Entsprechende Aufgaben zur Fähigkeit des analogen Schließens finden sich auch in zahlreichen IQ-Tests. Dabei gibt es einfache Aufgaben, wie *Auge* verhält sich zu *sehen*, wie *Ohr* zu? (natürlich *hören*), oder auch schwierigere Aufgaben, bei denen man mehr überlegen muss oder es evtl. sogar mehrere mögliche Antworten gibt, zum Beispiel *Mensch* verhält sich zu *Lernen*, wie *Computer* zu?*

* *Lösungsvorschläge:* Speichern oder (noch besser) Programmieren

Uns interessiert natürlich besonders die Tatsache, dass Analogien ganz hervorragend für das Lernen geeignet sind, insbesondere, um abstrakte, damit schlecht vorstellbare und infolgedessen häufig schwer begreifbare Sachverhalte deutlich zu machen.

Beispiel aus der Physik: Das Paradebeispiel zur Analogiebildung ist die Analogie vom »Wasserfluss« zum »Stromfluss«. Wenn man sich in der Schule mit dem Phänomen Strom und allen seinen wenig fassbaren physikalischen Gesetzmäßigkeiten beschäftigen muss, hat man schon seit Langem die Prinzipien des Wasserflusses durch die Erfahrungen mit Wasserfällen, Wasserleitungen, Wasserrädern, Wasserstauwerken etc. verstanden und kann so durch einen sinnvollen Analogieschluss sein Verständnis schlagartig erhöhen. So entspricht die Stromspannung dem Wasserpegelunterschied, die Stromstärke dem fließenden Wasservolumen, und der Stromwiderstand nimmt mit kleinerem Kabeldurchmesser zu, so wie der Fließwiderstand von Wasser in einem Rohr ebenfalls mit kleinerem Rohrdurchmesser zunimmt.

In fast jedem Physik-Schullehrbuch zur Einführung in das Fachgebiet der Elektrizität kann man diese Analogie finden. Zu Recht, denn durch das Anzapfen von im Langzeitgedächtnis vorhandenem Wissen erleichtert man den Abspeicherungsprozess, erhöht das Verständnis für den neuen Lernstoff und übt seine analytischen Fähigkeiten, seine Logik und seine Kreativität. Dabei ist das Nachvollziehen einer vorgegebenen Analogie bereits aufgrund der notwendigen geistigen Aktivierung positiv für das Lernen. Aber das Auffinden oder Erfinden einer eigenen Analogie ist darüber hinaus zusätzlich noch ein sehr schöpferischer Prozess. Und klopft man eine Analogie (unabhängig davon, ob sie von einem selbst erfunden oder vorgegeben wurde) auf ihre Tauglichkeit hin ab, versucht alle nützlichen Gemeinsamkeiten zu entdecken, aber auch Unterschiede zu finden und damit die Tragfähigkeit der Analogie zu analysieren, ist dies ein äußerst anspruchsvoller kognitiver Vorgang. Außerdem steigert sich durch das Erkennen von

Schwächen der Analogie die Verständnistiefe. (Wenn wir noch einmal auf unser Paradebeispiel blicken: Das Durchtrennen eines Stromkabels führt zu keinem Stromverlust, bei einer Rohrleitung kommt es jedoch zu einem Wasserverlust.) Zudem kann man aus dem bekannten Sachzusammenhang versuchen, konkrete Schlussfolgerungen zu ziehen (Analogieschluss), und so tiefer gehende Fragen zu dem neu zu lernenden Sachverhalt entwickeln, die das eigene Verständnis vertiefen.

Viele Wissenschaftler (z. B. Albert Einstein) haben berichtet, wie wichtig die Analogiebildung für sie war, um komplizierte Sachverhalte von anderen Blickwinkeln aus zu sehen und profunder zu verstehen oder dabei zu neuen Ideen zu kommen. Somit sollte man insbesondere bei vorliegenden Verständnisschwierigkeiten eine geeignete Analogie suchen, die möglichst viele Gemeinsamkeiten aufweist, von einem gedanklich tief durchdrungen wurde und möglichst bildhaft ist. Um solche Analogien aufzuspüren, solltest du »in dich gehen« und dein Wissen scannen, oder du holst dir extern Ideen, indem du ein Lexikon durchblätterst, im Internet stöberst oder Fotoportale durchforstest. Genieße dann das herrliche Aha-Erlebnis, wenn du fündig geworden bist und die zündende Idee für deine einmalige Analogie hast!

Beispiel aus der Lernpsychologie: Manchmal greife ich zu einer ganz drastischen Analogie in meinen Schülerseminaren, insbesondere wenn ich das Gefühl habe, dass die Schüler der Meinung sind, schon alles über das Lernen zu wissen und eigentlich schon so gut wie möglich zu lernen. Ich nehme mir dann meistens den lautesten Querschläger heraus und lege ihm seine Hände hinterm Rücken in Handschellen. Nun soll er (meistens ist es ein »er«) nur ein paar Wörter aufschreiben oder eine bestimmte Seite in einem Lehrbuch aufschlagen. Irgendwie ist dies jedem möglich, aber nur mit den verrücktesten Verrenkungen, unter allerhöchster Anstrengung und mit immensem Zeitaufwand. Natürlich gibt es dabei viele Lacher (keine Auslacher!, denn alle wissen, sie könnten es auch nicht besser), und es hebt die Stimmung. Aber viele verstehen erst dadurch, dass sie mit »geistigen Fesseln« herumlaufen und nur deshalb das Lernen so beschwerlich finden, doch dass es (Lern-)Wege gibt, sich zu »befreien« und viel schneller und effektiver zu lernen. (Zusatzeffekt: Wenn ich dann noch erzähle, dass die Handschellen echt sind und ich sie aus meiner Ausbildung zum Privatdetektiv habe, kann ich mir ihres Respekts und ihrer Aufmerksamkeit stets sicher sein.)

In diesem Zusammenhang seien der Vollständigkeit halber auch Metaphern, Gleichnisse und Aphorismen erwähnt, die durch ihre Bildhaftigkeit, Vorstellbarkeit, Prägnanz und Verständlichkeit ähnliche Zwecke erfüllen wie Analogien.

AUS DER PRAXIS

Als meine Tochter drei Jahre alt war, konnte sie einfach nicht verstehen, warum Gott imstande ist, sie immer und überall zu sehen, sie selber aber Gott niemals sehen kann. Zweifelsohne ist das für eine Dreijährige ein schwer fassbares Denkkonstrukt. Also ließ ich sie durch den Fenstervorhang nach draußen in den Garten blicken, ging dorthin und fragte sie nach meiner Rückkehr, ob sie mich denn hat sehen können. »Natürlich«, sagte sie. Nun sollte sie in den Garten gehen und zu mir zum Fenster hochschauen und herausfinden, ob sie mich denn von dort durch den Vorhang würde sehen können (was, wie jeder weiß, nicht möglich ist). Strahlend kam sie mit den Worten zurück: »Ach so ist das, Papi!« Ihr schwerwiegendes Problem war gelöst – nur durch eine simple, aber für sie verständliche Analogie.

Diesen Lerntipp nutze ich:

0	1	2	3	4	5	6	7	8	9	10		☞	

0 = nie — 10 = immer

Tipp 29

Platzlernen applizieren: Lernorte variieren

Das Umfeld des Lernortes trägt zur Speicherung und dem späteren Abrufen des Lernstoffs bei. Insbesondere dann, wenn der Lernort ungewöhnlich, bizarr oder emotionsgeladen ist. Nutze dieses Phänomen, indem du hin und wieder deinen üblichen Lernplatz verlässt und deine Lernaktivität an einen anderen (markanten) Ort verlegst. Dies ist besonders ratsam bei merkintensivem oder wichtigem Lernstoff.

Im Lerntipp Nr. 9 über Kontext-/Zustandsabhängiges Lernen hast du bereits erfahren, dass das Lernumfeld einen Einfluss auf den Lernprozess ausübt, da die Informationen des Umfeldes mit abgespeichert werden. Dieses bei jedem Lernvorgang auftretende (meist nebensächliche) Phänomen kann man sogar zu einer Lernmethodik erweitern, indem man verschiedene Lernorte bewusst auswählt und variiert. Ein solcher Wechsel möglichst markanter Lernorte kann sich günstig auf die Lernleistung auswirken, da die verschiedenen Lernorte zu unterschiedlichen Abrufreizen führen, die die Erinnerungsleistung verbessern können. Für diese Lernmethodik habe ich den Begriff »Platzlernen« geprägt. Wobei es selbstverständlich wichtig ist, dass du deinen festen Arbeitsplatz hast, der angenehm, ordentlich und ruhig ist, und nur manchmal das Platzlernen betreibst!

Stationenlernen: Übrigens ist dieses »Platzlernen« vom im Jahr 1952 von zwei Amerikanern entwickelten »Stationenlernen« zu unterscheiden. Beim Stationenlernen durchläuft der Schüler ähnlich wie im sportlichen Zirkeltraining verschiedene vorbereitete Lernstationen. Auch wenn diese Lernmethodik im Lernablauf Abwechslung verspricht und in kurzen zeitlichen Abständen dem Schüler verschiedene Blickwinkel auf den Lernstoff eröffnet, werden die Vorzüge des Platzlernens nicht genutzt. Denn die Lernstationen befinden sich oft im gleichen Raum oder in fast identischen Lehrräumen und sind sich damit bezüglich des Ambientes sehr ähnlich. Effektive Abrufreize für den Lernstoff durch den Lernort werden somit beim Stationenlernen nicht bewusst gesetzt.

Beim Platzlernen dagegen solltest du dir markante Lernorte aussuchen. Das empfiehlt sich vor allem, wenn du eine ganz spezielle Thematik bearbeitest. Oder wenn der Lernstoff zu umfangreich ist, als dass du ihn innerhalb einer größeren Lerneinheit lernen kannst, dann führe die letzte intensive Wiederholung an einem speziellen Lernort durch. Somit ist das Lernthema fest mit allen äußeren Eindrücken des markanten Lernortes verbunden.

Es ist interessant, hier einen Vergleich mit dem Lerntipp 16 anzustellen, in dem der Speicherfaktor Lokalisation beschrieben wird. Bei der Lokalisation verorten wir kognitiv und bildhaft einzelne Informationen an ganz vielen unterschiedlichen Orten; dies ist ein äußerst bewusster und aktiver mentaler Prozess. Beim Platzlernen werden dagegen viele Informationen an nur einem Ort verortet, und zwar nicht kognitiv, bildhaft und bewusst, sondern im Prozess des Lernens ganz unbewusst und über sinnliche Eindrücke und Emotionen. Dabei ist die bewusste Lokalisation, deren lernmethodischer Einsatz sich in der Loci-Methode (Lerntipp 35) verdichtet, für den gezielten Abruf von Informationen viel effektiver, jedoch auch mit mehr Zeitaufwand und geistiger Arbeit verbunden. Das Platzlernen führt im Vergleich nur zu einer leicht gesteigerten Erinnerungsleistung, erfordert dafür jedoch keinen großen Aufwand.

Wie nutzt man nun aber den für das Lernen ausgesuchten markanten Lernplatz zur Verbesserung der Erinnerungsleistung? Nun, in der

Prüfung bzw. bei der erforderlichen Wiedergabe des Lernmaterials solltest du mental an den betreffenden Lernplatz zurückkehren. Dabei solltest du so intensiv wie möglich wieder in das Lernumfeld mit allen Sinnen eintauchen (Wie hat es sich dort angefühlt? Wie hat es gerochen? Wie hell strahlte das Licht? Wie waren die Umgebungsgeräusche?).

Zudem solltest du die damals beim Lernen vorliegenden Gefühlseindrücke wieder »zurückholen«. Dadurch werden verblasste Erinnerungsspuren des Lernstoffs möglicherweise zu konkreteren Lerneindrücken aktiviert, sodass dir plötzlich die fehlende Information wieder einfallen kann.

Ähnlich macht man es übrigens häufig, wenn man eine Person zufällig und ganz unerwartet trifft, die einem zwar bekannt ist, deren Namen einem aber im Moment partout nicht einfallen will. Auch hier hilft es zum Wiedererinnern des Namens, dass man sich mental an den Ort begibt, an dem man die Person zuletzt (oder zum ersten Mal) getroffen hat. Alle nun erinnerten Informationen des damaligen Umfeldes können Abrufhilfen für den Namen darstellen.

Notfallplan: Zu diesem ganz praktischen Problem habe ich erst neulich bei einem Vortrag vor großem Publikum exakt diese Frage von einem älteren Herrn gestellt bekommen: »Was mache ich denn, wenn mir eine mir bekannte Person entgegenkommt, aber mir ihr Name einfach nicht einfallen will?« Natürlich gab ich meine eben beschriebene Antwort. Aber der Fragende war hartnäckig und erwiderte: »Ja, aber ich habe in so einer Situation doch nicht viel Zeit. Wenn er nur ein paar Meter vor mir ist, sodass mir möglicherweise dann immer noch nicht der Name einfällt, was soll ich dann machen?« Nun, manchmal weiß ich eben auch nicht weiter, konnte aber zumindest mit meinem Notfallplan riesiges Gelächter im Saal erzeugen: »Dann gehen Sie einfach geschwind vorbei und tun so, als würden Sie ihn nicht sehen!« (Das entspannte Lachen der Zuhörer verriet mir übrigens, dass dies wohl jeder schon mindestens ein Mal im Leben gemacht hatte.)

Noch ein wichtiger Hinweis an dieser Stelle: Je nach Lernsituation kann man die im Buch beschriebenen Lerntipps nicht unbedingt gleichzeitig einsetzen, sodass man im jeweiligen Einzelfall die beste Wahl für sich treffen muss, genauso wie hier: Entscheidest du dich eher für die Nutzung des gerade beschriebenen Platzlern-Effekts oder doch besser für die möglichst hohe Kontextgleichheit von Lernumfeld und Prüfungsumfeld (Lerntipp 6)?

AUS DER PRAXIS

Begib dich für eine große Wiederholungs-Lernsession eines ganz speziellen Lernthemas – sei es nun das Auswendiglernen aller EU-Staaten mit wichtigen Kenndaten, das Erlernen der besonderen Eigenschaften und chemischen Reaktionen der Halogene, die Einarbeitung in die komplexen Ablaufmechanismen des menschlichen Immunsystems etc. – an einen ganz markanten Lernort. Dies kann zum Beispiel ein schöner Park sein, ein Hochhaus, ein Friedhof, in einem Ruderboot oder auch im Keller. Nimm diesen Lernplatz dabei ganz intensiv und mit allen deinen Sinnen wahr. Hast du dann bei der Prüfung Schwierigkeiten, dich an den Lernstoff zu erinnern, dann begib dich mental wieder an diesen Lernort – und die Erinnerung kommt meist zurück! Hilfreich kann es sein, wenn das Lernumfeld zum Lernthema passt. So kenne ich einen Biologen, der den gesamten Lernstoff für die Botanik-Diplomprüfung im Botanischen Garten wiederholt hat. Das Endergebnis: ein Diplom mit 1,0!

Diesen Lerntipp nutze ich:

0	1	2	3	4	5	6	7	8	9	10		☞	

0 = nie 10 = immer

Tipp 30

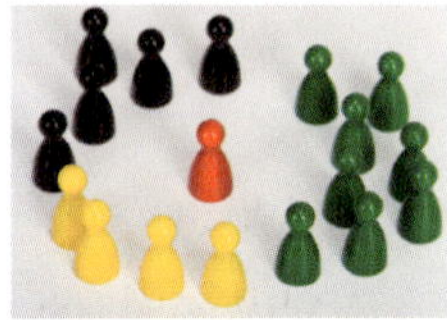

Mit der Gruppier-Methode zum Lern-Groupie

Gruppiere den Lernstoff beim Lernen! Das sogenannte »Schubladen-Denken« ist beim Einprägen tatsächlich erwünscht. Der vom Gehirn zu leistende Beurteilungsprozess, wie Informationen eingeteilt und strukturiert werden können oder wohin sie einzugruppieren sind, unterstützt dabei die nachhaltige Abspeicherung!

Unser Gehirn hat die erstaunliche Fähigkeit, sehr schnell Unterschiede und Gemeinsamkeiten von Objekten, Sachverhalten oder Situationen festzustellen. Es strukturiert und gruppiert dabei Informationen. Dabei teilt es ganz automatisch Informationen Gruppen zu, wodurch wir dann zu Kategorien und Oberbegriffen kommen. Schon fast jeder Erstklässler erlebt einen Aha-Effekt, wenn er auf die Frage nach dem Oberbegriff für »Banane, Apfel, Orange und Pfirsich« begeistert »Obst!« schreit. Und schnell pariert er stolz eine entsprechende Frage zu »Stuhl, Tisch, Sofa, Schrank« mit dem Oberbegriff »Möbel«.

Schon vor einigen Jahrzehnten hat man in Gedächtnisexperimenten festgestellt, dass einhergehend mit einem solchen Gruppierungs- und Kategorisierungsvorgang beim Lernen die Gedächtnisleistung zunimmt. So war die Behaltensleistung beim Auswendiglernen von Wortlisten immer besser, wenn die Versuchspersonen im Lernprozess Wörter gruppiert haben. Und der Erfolg war davon unabhängig, ob man sie dazu angehalten hat, Gruppen zu bilden, oder ihnen diese selber aufgefallen sind (»Ach ja, natürlich, Gold, Blei, Zink, Quecksilber, Wolfram und Uran sind doch alles Metalle!«).

Die Erklärung hierfür ist im Grunde naheliegend: Immer wenn unser Gehirn gruppiert, Kategoriensysteme entdeckt oder hierarchische Strukturen wahrnimmt, hat es die Informationen oder speziell den Lernstoff nach unterschiedlichen Aspekten und von verschiedenen Blickwinkeln abgetastet und somit relativ tiefgreifend verarbeitet. Und genau dieser beim Gruppierungsvorgang ablaufende Analyseprozess führt zu einem Erinnerungsnetzwerk, durch das wir die Informationen später wieder leichter abrufen können.

Heil'ge Ordnung,
segenreiche Himmelstochter,
die das Gleiche frei und leicht
und freudig bindet.
Friedrich Schiller, deutscher Dichter, 1759–1805

Aus diesem wissenschaftlich belegten, positiv wirkenden Gruppier-Effekt beim Lernen leite ich eine separate Lernmethode ab, die ich Gruppier-Lernmethode nenne und die im Grunde genommen in einem Satz zu beschreiben ist:

Versuche beim Lernen stets die Informationen in Kategorien, Strukturen und Gruppen einzuteilen!

Für den menschlichen Geist scheint es ganz natürlich zu sein, Gruppierungen vorzunehmen, sonst würden wir es nicht so häufig machen, wie die folgenden Beispiele zeigen:

- Gruppierung von politischen Parteien in links, rechts, grün, rot …
- Gruppierung von Musiksongs in Pop, Rock, Jazz, Techno …
- Gruppierung von Literatur in Krimi, Horror, Science-Fiction …
- Gruppierung von Berufen in Akademiker, Künstler, Handwerker …
- Gruppierung von (Schul-)Leistungen in Noten, wie Gut, Befriedigend, Mangelhaft …

Man sieht also, wie natürlich und vielfältig wir den geistigen Prozess des Gruppierens anwenden. Er läuft im Grunde fast automatisch ab und wird schon in der frühesten Kindheit erlernt. Eigentlich ist das

Gruppieren auch nichts anderes als das Erkennen von Zusammenhängen und Regeln, und genau dafür ist unser Gehirn optimal ausgelegt. Der berühmte Neurowissenschaftler und Lernpsychologe Prof. Manfred Spitzer spricht sogar davon, dass unser Gehirn die reinste »Regelextraktionsmaschine« ist, weshalb er auch den Ratschlag gibt, Schülern möglichst viele Beispiele über einen Sachverhalt zu geben, damit diese selber die Regeln identifizieren und definieren können.

Genau solche Regeln erkennen wir (wenn auch manchmal unbewusst), wenn wir neue Lerninformationen gruppieren. Da das Auffinden von Regeln jedoch ein sehr analytischer und logischer Vorgang ist, nutzen und trainieren wir eigentlich auf vorzügliche Weise den Speicherfaktor Logik (siehe Lerntipp 15).Versuche daher nach Möglichkeit beim Lernen immer zu gruppieren; dabei können auch Fragen helfen wie folgende:

- Wer zählt zu den »bösen« Figuren des Romans?
- Was waren die Hauptschauplätze des Krieges?
- Welche Fakten (im Gegensatz zu Vermutungen!) sprechen für die Richtigkeit der physikalischen Theorie?
- Was sind die Hauptkomponenten des Gerätes?
- Welche Hintergründe haben die Kernpunkte in der Wahlkampfbroschüre der Partei: echtes Anliegen, Stimmenfang, Abgrenzung von anderen Parteien etc.?

Übrigens steigert die Gruppier-Methode nicht nur die Behaltensleistung, sondern kann auch zu unerwarteten Erkenntnissen und vertiefendem Verständnis führen. So wurde das weithin bekannte Periodensystem der Elemente durch konsequentes Auffinden und Anordnen von Gemeinsamkeiten entwickelt. Dabei kann es sehr hilfreich sein, mit grafischen Darstellungen die Gruppierung zu verdeutlichen, wie zum Beispiel durch Organigramme zur Darstellung hierarchischer Kategorisierungen (Lerntipp 27). Hierdurch wird der Erkenntnisprozess nicht nur erleichtert, sondern er wird häufig auch in gut einprägsamer Weise »augen«-scheinlich gemacht (z. B. steht der Delfin bei der Einteilung der Tiere als Untergruppe der Säugetiere weit weg von den Fischen, wodurch deutlich sichtbar wird, dass er eben kein Fisch ist).

AUS DER WISSENSCHAFT

In einer deutschen Studie (Dumke, 1984) mit 310 Schülern aus mehreren Grundschulen wurde die Auswirkung einer hierarchischen Strukturierung des Lernstoffs auf den Lernerfolg untersucht. Die Versuchsgruppe lernte die Lernstoffe (Themen: Eskimos bzw. Eichhörnchen) unterstützt durch eine Kategorienbildung; die Kontrollgruppe lernte mittels des korrekten Eintragens der zu lernenden Fakten in Textlücken. Im sich direkt anschließenden Abfragetest schnitt die Versuchsgruppe im Vergleich zur Text-Lücken-Kontrollgruppe um circa 15 bis 30 Prozent besser ab. (Und auch nach sechs Wochen konnte sich die Versuchsgruppe noch an deutlich mehr erinnern als die Kontrollgruppe!).

Diesen Lerntipp nutze ich:

0	1	2	3	4	5	6	7	8	9	10		☞	

0 = nie 10 = immer

Ermittlung der Gesamtpunktzahl der zehn Lerntipps dieses Kapitels

Bei jedem der zehn in diesem Kapitel vorgestellten Lerntipps solltest du dir eine Punktzahl von 0 (Lerntipp nutzt du nie) bis 10 (Lerntipp nutzt du immer) gegeben haben. Trage in die nachfolgende Tabelle nun die einzelnen Punkte ein und zähle sie zusammen. Dadurch erfährst du, wie ausgiebig du die verschiedenen Lerntipps aus der Methodensammlung bereits nutzt oder eben auch noch nicht. (In Kapitel 7 kannst du dann deinen LQ-Gesamtwert bestimmen.)

Lerntipps aus der Methodensammlung	Punkte
21 • Methodisch ordentlich lernen	
22 • Karteikartensystem	
23 • Mit Marker-Methode zum Merker	
24 • Lernkunst mit der Mind-Mapping-Methode	
25 • PQ5R-Methode: Lesen allein reicht nicht	
26 • Text-Lern-Methode	
27 • Grafik-Diagramm-Schaubild-Methode	
28 • Analogien-Methode: Geist lenken, in Analogien denken	
29 • Platzlernen applizieren: Lernorte variieren	
30 • Mit der Gruppier-Methode zum Lern-Groupie	
Gesamtpunktzahl (maximal 100 Punkte)	

Deine Fragen, Gedanken, Kommentare oder Ideen zu diesem Kapitel:

Unerkannte Zahlenfee

Vor einiger Zeit hatte ich einen öffentlichen Vortrag im großen Saal des Erfurter Rathauses, bei dem fast 200 Gäste anwesend waren und der Oberbürgermeister die einleitenden Worte sprach.

Nach einem kleinen Fragespiel zur Einstimmung und der Erläuterung meines Heptagramms der mnemotechnischen Mentalfaktoren wollte ich wie immer auch eine kleine Gedächtnis-Performance zum Besten geben. Hierbei fordere ich die Zuschauer auf, mir eine insgesamt 50-stellige Zahl zu sagen, die ich mir nach nur einmaligem Hören zu merken versuche. Damit die Zuschauer kontrollieren können, ob ich wirklich alles fehlerfrei aus dem Gedächtnis wiedergebe, bitte ich immer eine Person aus dem Publikum zum Mitschreiben der Zahlen auf die Bühne. Also musste ich auch jetzt wieder eine Person auswählen. Hierfür trat ich näher an die erste Reihe heran und entschied mich für eine sehr adrett gekleidete und gut aussehende Dame mittleren Alters.

Plötzlich kam mir die Idee, mit dem weitverbreiteten Vorurteil zur Unvereinbarkeit von Schönheit und Intelligenz bei Frauen etwas Humor ins Spiel zu bringen. Also sprach ich sie mit den leicht provozierenden Worten an: »Sind Sie vielleicht in der Lage, ein paar Zahlen aufzuschreiben? Keine Angst, Sie müssen nicht rechnen und sich überhaupt nichts merken.«

Sie lächelte und erwiderte, während sie aufstand, souverän: »Weiß ich nicht, aber ich kann es ja mal versuchen.«

Just in diesem Moment grölte, jauchzte, prustete, lachte und klatschte die gesamte Zuhörerschaft wie von Sinnen. Ich fand ihre Konterbemerkung zwar auch recht lustig, doch so lustig nun auch wieder nicht, und grübelte während meines restlichen Vortrages darüber nach, was denn nun eigentlich den ganzen Saal so unglaublich amüsiert hatte.

Erst nach dem Vortrag erfuhr ich es: Die von mir auserwählte elegante Dame war die frisch ernannte Finanzministerin von Thüringen!

Auweia, da war ich vielleicht ins Fettnäpfchen getreten! – Aber zumindest hatte ich gelernt, dass bereits zwei Tage ohne Tageszeitung ein gravierendes Wissensloch reißen können …

5

Lerntipps aus der Gedächtniskunst

Tipp 31

Mit Mnemotechnik zum Lernkünstler

Mnemotechnik oder auch Mnemonik ist der Oberbegriff einer Vielzahl von alten (nun wiederentdeckten) Gedächtnistechniken. Diese Techniken nutzen gezielt jene Speicherprinzipien, die beim normalen Gedächtnisabspeicherungsprozess ganz natürlich, aber nur in geringerem Umfang ablaufen. Der Lernprozess wird dadurch beschleunigt, und abgespeichertes Wissen ist längerfristig abrufbar.

Die Bezeichnung »Mnemotechnik« für Gedächtniskunst leitet sich vom griechischen Wort *mneme* ab, das »Gedächtnis« bedeutet (die lateinische Entsprechung ist das Wort *memoria*, weshalb manche auch von Memotechnik sprechen). Zudem ist nach der griechischen Mythologie *Mnemosyne* die Göttin der Erinnerung und die Mutter der neun Musen – der Schutzgöttinnen der Künste. Dadurch wird die Bedeutung des »Erinnerungsvermögens« für die Menschen der Antike ersichtlich. Um circa 100 v. Chr. kam die Gedächtniskunst von Athen nach Rom.

Die Mnemotechnik ist keine einzelne Lerntechnik, sondern ein Agglomerat von mehreren Techniken, die teilweise Jahrhunderte oder gar Jahrtausende alt sind. Dazu zählen u. a. folgende Methoden:

- Eselsbrücken-Methode
- Verknüpfungs-Story-Methode
- Hakenwort-Methode
- Loci-Methode
- Schlüsselwort-Methode
- Master-System-Methode
- Akronym-Methode
- Akrostische Methode
- Reim-Methode

Allerdings muss man betonen, dass die Mnemonik eigentlich nur das vornehmliche Ziel hat, Informationen schneller, sicherer und nachhaltiger abzuspeichern; somit versucht sie nicht unmittelbar das Verständnis für den Lernstoff zu erhöhen (was auch ein häufig vorgebrachter Kritikpunkt ist). Doch oftmals ist der Lernstoff einfach schwer verständlich bzw. mangelt es ihm an einer inhärenten Logik. So sind Namen, Vokabeln, Fachbegriffe oder Geschichtszahlen in der Regel nun mal »nur« zu memorieren und nicht zu kapieren.

Genau an diesem Punkt setzen die Mnemotechniken an: Sie können beim reinen Aufnehmen und Einprägen des Lernstoffs ungemein helfen, indem der Lernstoff entweder organisiert, elaboriert (ausgearbeitet) oder verbildlicht wird, wobei diese Verbildlichung unter Nutzung einer unserer größten kognitiven Fähigkeiten – unserem Visualisationsvermögen – der bedeutendste Faktor ist. Zusätzlich werden teilweise fertige Abrufhilfen bereitgestellt, wie bei der Loci- oder der Schlüsselwort-Methode. Zwei weitere Gedächtnistechniken nutzen mehr unser akustisches Gedächtnis: Mit der akrostischen Methode schnürt man quasi ein verbales Gedächtnispaket des Lernstoffs; und bei der Reim-Methode nutzt man massiv unseren auditiven Lernkanal.

Gelegentlich wird im Zusammenhang mit der Mnemotechnik abfällig von »künstlichem« Gedächtnis gesprochen, als Abgrenzung zur Nutzung unseres »natürlichen« Gedächtnisses. Dies ist jedoch falsch, denn wir nutzen dabei durchaus unsere natürlichen Informationsverarbeitungssysteme – und keine externen künstlichen Hilfen! Vielmehr erweitern wir unser Gedächtnis in einer so ganzheitlich kreativen Weise, dass ich eher von einem »künstlerischen« Gedächtnis spreche. Tatsächlich ist die Mnemotechnik für das Lernen so bedeutend, dass ich die einzelnen Techniken ausführlicher besprechen möchte.

Schon zu Zeiten des großen römischen Rhetorikers Cicero wurde der Mnemotechnik vorgeworfen, die mentalen Bilder überlagerten und verdunkelten die Erinnerung an das Wesentliche, worauf Cicero mit

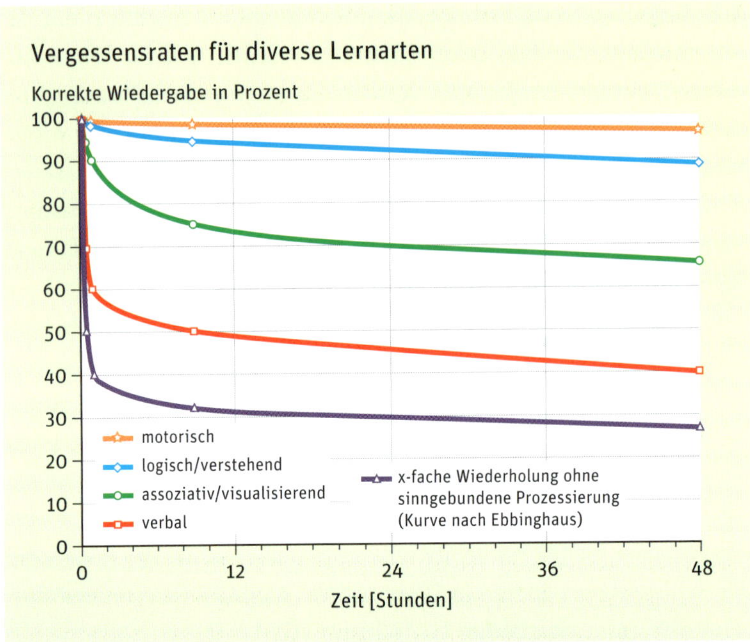

Es ist interessant, sich auch einmal grafisch vor Augen zu führen, welche Wirkung verschiedene Lernweisen und die hier beschriebenen Mnemotechniken auf die Vergessensrate haben können bzw. zu welcher Verbesserung der Behaltensleistung sie in der Lage sind.

Die Kurve, die die deutlichste Vergessensrate zeigt, stammt aus den bereits erwähnten Versuchsreihen des deutschen Gedächtnisforschers Prof. Ebbinghaus (siehe Lerntipp 10). Diese nicht gerade für das Lernen motivierende Kurve sieht man zwar sehr häufig in populärwissenschaftlichen Büchern, jedoch wird sie oft falsch verstanden. Denn ein solcher immenser Gedächtnisabfall ist nur bei völlig sinnloser Information gegeben.

Die zweite Kurve zeigt schon eine geringere Erinnerungseinbuße, wenn man normalen Lernstoff auf »althergebrachte« Weise verbal lernt.

Deutlich besser ist das assoziative/visualisierenden Lernen, das man u. a. mit einigen Mnemotechniken erreicht.

Noch länger hält jedoch tiefgründig verstandener Lernstoff.

Aber das langsamste Vergessen überhaupt tritt bei motorischen Handlungsabläufen auf (Fahrrad fahren, Jonglieren, Tippen etc.).

dem Gegenvorwurf der Faulheit konterte und immer wieder betonte, dass bei hinreichender Übung die mnemonische Methodik keine Last, sondern ein Segen sei. Auch ich möchte dir ans Herz legen, dich mit diesen Mnemotechniken aus zwei Gründen genauer zu beschäftigen.

1. Mnemotechniken können erwiesenermaßen die Lernleistung drastisch steigern. Zum Beispiel wurde in einer umfangreichen Mega-Analyse (Walter, 2002) gezeigt, dass der Einsatz von Mnemotechniken mit einer Effektstärke von 1,62 (ein Maß der Wirksamkeit) alle anderen Lernfördermaßnahmen bei Weitem übertrifft!
2. Mit Mnemotechniken nimmst du vom langweiligen Büffeln und Pauken Abstand und bringst einen enormen Spaßfaktor ins Lernen hinein!

AUS DER PRAXIS

Bevor man die verschiedenen Teiltechniken der Mnemonik für die Lernpraxis einsetzt, sollte man sich mit deren Funktionsweise und Anwendungsmöglichkeiten auseinandersetzen und sie auch ein wenig üben. Eine schöne Analogie für die Mnemonik ist ein Werkzeugkoffer mit seinen verschiedenen Werkzeugen, bei denen man ebenfalls erst lernen muss, wie sie zu gebrauchen sind und wofür man sie verwenden kann. Und so wie den Umgang mit den Grundwerkzeugen Hammer, Zange, Schraubenzieher etc. kann man auch die Gedächtnistechniken recht schnell erlernen und dann für die passende Aufgabe einsetzen!

Diesen Lerntipp nutze ich:

0	1	2	3	4	5	6	7	8	9	10		☞	

0 = nie 10 = immer

Tipp 32

Eselsbrücken oder Expertenbrücken

Die allgemein bekannte Bezeichnung »Eselsbrücke« ist der Oberbegriff für alle Arten von Merkhilfen, die die vernetzende Arbeitsweise des Gedächtnisses nutzen und auf scheinbar umständliche Weise bei der Informationsspeicherung helfen sollen. Da das Wissen durch Eselsbrücken jedoch sicher und dauerhaft abgespeichert wird, wähle ich lieber das Wort »Expertenbrücke«.

Der Begriff »Eselsbrücke« hat im Grunde nichts mit der dem Esel zugeschriebenen Dummheit (»dummer Esel«) zu tun, sondern mit der Tatsache, dass ein Esel im Gegensatz zum Pferd oder zu anderen Huftieren nicht durch einen Wasserlauf geht, wenn er nicht sehen kann, wie tief dieser ist. Deshalb hat man schon im Mittelalter den relativ großen Aufwand betrieben, für Esel Brücken über noch so kleine Bachläufe zu bauen – eben die »Eselsbrücken«.

Wenn man entsprechend beim Lernen für eine im Grunde einfache Aufgabe eine aufwendige Merkhilfe erstellt, spricht man nun im übertragenen Sinne von einer Eselsbrücke. Denn man baut sich ja eine begehbare Brücke hin zum Erinnern. Da man dadurch aber (endlich) sicherer wird bezüglich des Abrufens einer Information aus dem Gedächtnis (die einem evtl. schon lange Probleme bereitet hat), spreche ich auch gern davon, dass man sich eher »Expertenbrücken« baut, denn dank der in der Eselsbrücke codierten Information wird man wahrlich ein Experte. Und es ist in der Tat ein sehr befreiendes und erhabenes Gefühl, wenn man vielleicht nach Jahren der Unsicherheit auf einmal hundertprozentige Gewissheit in der korrekten Zuordnung einer Information hat. Diese Unsicherheit kann zum Beispiel zwei Begriffe betreffen, die man immer wieder durcheinanderbringt, Zahlen, die man ständig vertauscht, Namen, die nur »auf der Zunge liegen«, aber nie schnell abrufbar sind, oder auch Fachbegriffe, die dem Vergessen immer wieder anheimfallen.

> *Gedächtnis ist Fantasie mit Bewusstsein.*
> Immanuel Kant, deutscher Philosoph, 1724–1804

Die Eselsbrücke stellt eigentlich einen Oberbegriff für eine Reihe von gezielten Merkstrategien dar, die ich nachfolgend näher besprechen werde. In der Regel nutzt man bei einer Eselsbrücke logische oder pseudologische Zusammenhänge (siehe auch Lerntipp 15), fantasievolle Assoziationen, anatomische Analogien (wie beim Abrufen der Monatslängen durch die Knöchelhöhen der Handrücken) oder den Reimrhythmus der Sprache. Ganz generell nutzt man beim Erfinden einer das Gedächtnis unterstützenden Eselsbrücke zwei wichtige geistige Fähigkeiten: kreative Fantasie sowie bewusste Vernunft.

Hier nun ein paar Beispiele für »unvergessliche« Eselsbrücken:

- **Himmelsrichtungen:** Das Eselsbrückenwort »WO« erinnert einen stets daran, dass auf der Landkarte »Westen« links und »Osten« rechts ist.

- **Kamele:** Ein Kamel mit zwei Höckern heißt Trampeltier (hat zwei »e«), ein Kamel mit einem Höcker heißt Dromedar (hat ein »e«).

- **Konvex/Konkav:** Diese beiden die Krümmung einer Fläche (z. B. einer Linse) beschreibenden Begriffe sind leicht zu merken durch den Reim:
  Dein Bauch ist konkav, wenn du Diät machst ganz brav,
  er ist konvex, wenn du frisst wie Tyrannosaurus Rex.

- **Effektiv/Effizient:** Die Worte klingen sehr ähnlich, haben aber eine unterschiedliche Bedeutung. Tut man etwas »effizient« (klingt wie »Cent«), geht man sparsam/wirtschaftlich mit den Ressourcen (z. B.

Geld, Energie, Zeit) bei der Zielerreichung um. Tut man etwas »effektiv« (klingt wie »aktiv«), so steht die schnelle und deutliche Zielerreichung im Vordergrund.

- **Uhrzeitumstellung:** Zweimal im Jahr haben wir das Problem, wie die Uhr denn nun wieder richtig umgestellt werden soll. Ein englischer Spruch mit seinen Doppelbedeutungen einzelner Wörter hilft hier prima: »Spring forward, fall back« (Frühling/springe nach vorn, Herbst/falle nach hinten).

- **Physik (Magnetismus):** So kann man sich leicht merken, wie die Farben Rot und Grün den Polen auf der Magnetnadel zugeordnet sind: N**o**rdpol = R**o**t; S**ü**dpol = Gr**ü**n

- **Schifffahrt:** Die seemännischen Bezeichnungen für links (»backbord«) und rechts (»steuerbord«) bringt man nicht mehr durcheinander, wenn man erkennt, dass »Steuer« und »rechts« beide ein »r« haben.

- **Orthografie:** Das Wort »parallel« schreibt man so, weil die zwei »l« in der Wortmitte parallel zueinander stehen müssen.

- **Biologie:** Afrikanische Elefanten haben lange Ohren, Indische Elefanten haben winzige Ohren. Dies ist durch die ersichtliche und pseudologische Zuordnung der betreffenden Vokale leicht merkbar.

- **Astronomie:** Der Mond ist durchschnittlich etwa 30 Erddurchmesser von der Erde entfernt. Genau wie ein Monat auch etwa 30 Tage hat!

- **Religion:** Der Koran als Heilige Schrift des Islam gliedert sich in 6326 einzelne Verse auf. Ein schlauer Esel merkt sich das natürlich so, dass Mohammed, der Begründer des Islam, im Jahr 632 n. Chr. gestorben ist und die zusätzliche 6 dahintersteht, weil auch Allah, der Gott des Islam, genauso wie der Gott des Christentums und des Judentums, die Welt in sechs Tagen erschaffen hat.

Diese Auflistung von Eselsbrücken ließe sich noch lange fortsetzen, und auch im Internet kann man leicht fündig werden (z. B. bei www.die-eselsbruecke.de). Zugleich kann jeder – und somit auch du – gute Eselsbrücken selber konstruieren, wenn man auf die zugrundeliegenden Prinzipien zurückgreift. Diese Prinzipien versuche ich insbesondere in diesem Kapitel, aber im Grunde durch das gesamte Buch hindurch zu vermitteln.

AUS DER PRAXIS

Um nicht als »dummer Esel« dazustehen, solltest du dir das Lernen mithilfe guter Eselsbrücken erleichtern. Durch den Einsatz der sieben mnemotechnischen Mentalfaktoren (Lerntipps 11 bis 17) und mit einer Portion Mut zu »verrückten« mentalen Ideen, Assoziationen, Sprüchen, Bildern oder Anekdoten kannst du dir solche Eselsbrücken bauen. Von einer fabelhaften Eselsbrücke profitierst du (und dein Umfeld) ein Leben lang. Denn damit wird vages Unwissen zu sicherem Wissen!

Diesen Lerntipp nutze ich:

0	1	2	3	4	5	6	7	8	9	10		☞	

0 = nie　　10 = immer

Tipp 33

Verknüpfungs-Story-Methode

Sich möglichst vollständig an mehrere einzelne Informationen zu erinnern, ist für unser Gedächtnis schwer, da es für jede Information von Neuem die Suche in unseren »grauen Zellen« durchführen muss. Wenn man jedoch die einzelnen zu lernenden Informationen miteinander assoziativ verknüpft und daraus noch eine gut vorstellbare, am besten emotionsgeladene Story entwickelt, so wird die Erinnerungsleistung drastisch verbessert.

Analogien für diese im Grunde sehr simple, aber äußerst effektive Merkmethode lassen sich viele finden, zum Beispiel: Zerreißt eine Halskette, macht es einen großen Unterschied, ob sie wie bei einer Perlenkette in die einzelnen Kettenglieder zerfällt und man jede einzelne Perle auf dem Boden suchen muss oder ob alle Glieder der Kette bis auf das eine zerbrochene Kettenglied immer noch fest miteinander verbunden sind und man auf dem Boden nur nach der großen Kettenschnur Ausschau halten muss.

Einen solchen verbindenden und damit stabilisierenden Charakterzug sollten wir in unseren Lernstoff ebenfalls integrieren. Denn schließlich wollen wir später beim Abrufen des Lernstoffs nicht lange in unserem Gedächtnis kramen müssen, und zudem wollen wir auch möglichst alle Informationen (manchmal sogar in der richtigen Reihenfolge) wiederfinden und abrufen können.

Genau das lässt sich relativ gut bewerkstelligen, wenn man die Einzelinformationen gedanklich verbindet und sie am besten zugleich zu einer gut vorstellbaren, möglichst gefühlsbetonten Geschichte kombiniert.

Die Vorteile liegen auf der Hand: Die Informationen werden dabei tiefer verarbeitet, allein durch den kognitiven Aufwand, den man betreibt, wenn man überlegt, wie man zwei manchmal völlig unabhängige Informationen »sinnvoll« verknüpfen kann. Durch die Nutzung von Emotionen im Verbund mit der Entwicklung einer Story wird der Lernstoff plastischer und erinnerungswürdiger. Zum anderen führt das Erinnern an eine Information ganz automatisch zu den davor und danach liegenden Informationen, denn sie sind sozusagen assoziativ miteinander verschweißt. So kann man sich wie an einer Kette von einer Information zur nächsten hangeln.

Wahrscheinlich ist dir diese Lernmethode bereits aus deiner Kindheit bekannt. Oder du hast sie beim Lernen schon einmal ganz natürlich und automatisch eingesetzt. Zum Beispiel habe ich als Kind und Jugendlicher sehr gern die Gedächtnisspiele »Ich packe meinen Koffer« oder »Memory« gespielt, denn schon damals hatte ich herausgefunden, wie prima ich mir alles merken konnte, wenn ich die einzelnen mitzunehmenden Reisesachen immer auf fantasievolle Art im Geiste miteinander verbunden habe. Oder wenn ich beim Memoryspiel die nebeneinanderliegenden Memorykarten immer auf mehr oder weniger verrückte Weise mental in einer kleinen Geschichte verknüpfte.

Übrigens habe ich dadurch (zumindest soweit ich mich erinnere) niemals in diesen beiden Spielen verloren. Nur einmal war es kritisch: Und zwar zu Beginn meines Studiums, als ich gegen eine 1,0-Abiturientin spielte, die auch noch niemals verloren hatte. Wir lieferten uns ein extrem spannendes Match mit einem riesigen Spieleset aus weit über 100 Memorykarten. Am Ende gab es ein faires Unentschieden (sie nutzte die gleiche Assoziations-Story-Methode wie ich!).

Wie man nun diese wirkungsvolle Lernmethode mit Kreativität und Fantasie einsetzt, zeigt das folgende Beispiel.

Gewusst wie: Nehmen wir einmal an, wir wollten die Nachnamen aller vier Wissenschaftler abspeichern, die mehr als einen Nobelpreis in ihrem Leben bekommen haben: Marie Curie (Physik/Chemie), Linus Pauling (Chemie/Frieden), John Bardeen (zweimal Physik) und Frederick Sanger (zweimal Chemie). Zuerst müssen wir aufgrund der abstrakten Namen den mentalen Speicherfaktor Transformation einsetzen (Lerntipp 11). Aber dann können wir loslegen und folgende Assoziations-Geschichte vor unserem geistigen Auge ablaufen lassen: *Nach so viel fleißiger Arbeit mussten alle zur **Kur** [Curie]! Dort sehen wir neben Madam Curie einen **Paul**, der **Ing**enieur [Pauling] ist und an der **Bar** be**dien**t [Bardeen]. Und aus vollen Kräften **sang er** dort [Sanger].*

Eine solche Verknüpfungs-Story sollten wir im Geiste einige Male durchgehen und sie dabei noch etwas »stabilisieren«, indem wir zum Beispiel der Bar eine ***kurvige*** Form geben und damit den Namen »Curie« doppelt transformieren; oder indem wir auf das Tablett vom Bardiener Paul noch einen ***Ball*** (klingt im Englischen ähnlich wie Paul) legen. Oder wir schmücken die Story noch etwas aus, um mehr Informationen zu integrieren, und lassen beispielsweise Paul eine Friedenspfeife (Friedensnobelpreis!) rauchen. Durch diese mehrfache Wiederholung und Ausschmückung unserer Geschichte können wir recht sicher sein, diese vier Doppel-Nobelpreisträger mit noch einigen Zusatzinformationen jederzeit abrufen zu können.

Der große Vorteil der Mnemotechnik im Gegensatz zu den meisten anderen in diesem Kapitel besprochenen Techniken liegt darin, dass kein Vorarbeitsaufwand betrieben werden muss und wir den Lernstoff somit unmittelbar auf diese Art abspeichern können.

Mit dieser Methode bieten sich in der Tat beachtliche Lernerfolge. So lernte eine ehemalige deutsche Gedächtnismeisterin auf diese Weise mehr als 150 Ziffern in 30 Minuten in der richtigen Reihenfolge. Eine erstaunliche Leistung, bedenkt man die Problematik dieser Methode bei einer sehr langen Memo-Story: dass man nämlich einzelne Aspekte der Geschichte doch vergisst oder in der Reihenfolge vertauscht. Die folgenden fortschrittlichen Mnemotechniken sind dagegen sicherer und noch leistungsfähiger!

AUS DER PRAXIS

In meinen Gedächtnis- und Kreativitätsseminaren werden die Teilnehmer gleich zu Beginn in die Verknüpfungs-Story-Methode eingeführt, auch um dabei die sieben Mentalfaktoren kennenzulernen. Dabei sind 15 Begriffe in der richtigen Reihenfolge zu lernen, angefangen mit 1. Turm – 2. Stier – 3. Schlitten – 4. Fußball – 5. Sauna. Eine mögliche Story:

Ein hochragender ***Turm*** *aus Stahl wird von einem gewaltigen, wütenden* ***Stier*** *umgestoßen. Natürlich müssen die herumliegenden Bruchstücke abtransportiert werden, also belädt man einen* ***Schlitten****, der von einem monströsen* ***Fußball*** *gezogen wird, und zwar in eine* ***Sauna*** *(wo die Stahlbruchstücke des Turms eingeschmolzen werden).*

Mit den folgenden zehn Begriffen wird die Story dann fortgesetzt. Am Ende des Tagesseminars sind die Teilnehmer verdutzt, dass sie alle 15 Wörter in der richtigen Reihenfolge aus dem Gedächtnis ganz leicht abrufen können. Und zudem total verblüfft, dass sie sich dabei etwas extrem Wichtiges gemerkt haben – ohne es zu merken! Denn ich habe für sie 15 abstrakte Informationen zu 15 konkreten Wörtern transformiert. Weißt du, welche?*

* Die 15 ersten EU-Länder nach der Größe des Landes, begonnen mit dem Eiffelturm für Frankreich

Diesen Lerntipp nutze ich:

0	1	2	3	4	5	6	7	8	9	10		☞	

0 = nie 10 = immer

Tipp 34

Hakenwort-Methode: Wissen kann (k)einen Haken haben

»Hakenwörter« sind Wörter, die man sich im Vorfeld des Lernens in einer festen Reihenfolge eingeprägt hat. Diese Wörter kann man dann für das Lernen nutzen, indem man Informationen daran assoziativ und kreativ als Mentalbilder ablegt. Durch mentales Abschreiten der Hakenwörter kann man die dort abgespeicherte Information sicher, lückenlos und schnell aus dem Gedächtnis wieder abrufen.

Bei der Hakenwort-Methode (im Englischen »Peg-Word«- oder »Cue-Methode«) verlässt man sich nicht darauf, eine Assoziationskette der neuen Informationen zu bilden, sondern nimmt eine Verknüpfung an sogenannte Hakenwörter durch die Erstellung eines mentalen Kombinationsbildes vor (ähnlich wie bei der Loci-Methode, die jedoch Loci-Punkte, also Orte, Plätze oder Objekte, zur Verknüpfung nutzt).

Um eine feste Reihenfolge bei der Abspeicherung zu erreichen und die Information lückenlos abrufen zu können, müssen die Hakenwörter auch eine feste Abfolge haben. Dies erreicht man, indem man auf bereits gelernte Systeme zurückgreift. Hierfür eignet sich zum Beispiel das Alphabet, da wir alle die Reihenfolge der Buchstaben von A bis Z bereits gelernt haben. Damit wir aber anschauliche und damit funktionierende Hakenwörter erhalten, müssen wir eine Zuordnung der einzelnen Buchstaben des Alphabets zu Wörtern vornehmen; diese gewählten Wörter nennen wir dann Hakenwörter. So könnten wir jedem Buchstaben zum Beispiel ein Tier zuordnen, das mit dem jeweiligen Buchstaben beginnt. Meine persönliche Zuordnungsliste ist folgende:

1.	A = Affe	14.	N = Nashorn
2.	B = Bär	15.	O = Ochse
3.	C = Chamäleon	16.	P = Pfau
4.	D = Dromedar	17.	Q = Qualle
5.	E = Esel	18.	R = Raupe
6.	F = Frosch	19.	S = Spinne
7.	G = Giraffe	20.	T = Taube
8.	H = Hund	21.	U = Uhu
9.	I = Igel	22.	V = Vogel
10.	J = Jaguar	23.	W = Wal
11.	K = Katze	24.	X = Seestern*
12.	L = Laus	25.	Y = Yak
13.	M = Maus	26.	Z = Zebra
* einfach ein x-förmiger Seestern			

Mit diesem Tierbuchstaben-Hakensystem kann man nun jegliche Information in gleicher Weise abspeichern wie mit der im Anschluss besprochenen Loci-Methode. Wichtig ist wiederum, dass man möglichst klare, fantasievolle, interagierende bildliche Vorstellungen kreiert.

Gewusst wie: Hat man eine Auflistung der verschiedenen Stilrichtungen in der Malerei zu lernen, zu denen *Dadaismus, Expressionismus, Surrealismus, Kubismus* etc. gehören, kann man folgende Hakenwort-Mentalbilder mit den Tieren aus meiner Liste erstellen:

1. Ein Affe lernt gerade das Sprechen und sagt immer wieder *»Dada, dada«*.
2. Ein Bär liefert dir als Kurier ein gewaltiges Gemälde mit rotem *Express*-Klebeetikett darauf.
3. Ein Chamäleon singt eine *Sure* des Korans ganz *real*.
4. Ein Dromedar trägt statt seines einen Höckers einen gewaltigen *Kubus* auf dem Rücken.

Auf diese Weise kann man viele weitere Stilrichtungen abspeichern.

Natürlich kann jeder für sich weitere Hakenwort-Systeme entwickeln. So könnte man das Alphabet auch mittels der Zuordnung zu technischen Objekten (A = Auto, B = Ball, C = Chip, D = Düsenjäger etc.), Früchten (A = Apfel, B = Banane, C = Chili, D = Dattel etc.) oder anatomischen Begriffen nutzen (A = Auge, B = Blase, C = Cerebellum, D = Daumen etc.). Eine solche Liste ist schnell erstellt und durch zwei- bis dreimaliges Wiederholen bereits gut abgespeichert.

Nun könnte einer evtl. auf die Idee kommen, die vielleicht schon fürs Telefonieren gelernte Buchstabiertafel zu verwenden, also A = Anton, B = Bertha, C = Cäsar, D = David etc. Dies funktioniert in der Regel aber nicht, da die einzelnen Hakenwörter sehr anschauliche und auch gut voneinander unterscheidbare Objekte sein sollten, was bei der Buchstabiertafel, die fast nur aus Personen besteht, nicht der Fall ist. Die Buchstabiertafel gibt es seit Einführung des Berliner Telefonbuchs im Jahr 1890, wobei man verrückterweise zur Verständniserleichterung die Buchstaben zu ihrer Nummer im Alphabet zugeordnet hat, zum Beispiel G = 7, K = 11! Da dies natürlich nicht so gut funktionierte, hat man es dann schon ein paar Jahre später zur jetzt existierenden Form umgewandelt. Manche Hakenwort-Systeme beruhen aber auch auf der natürlichen Zahlenabfolge und können Reim-basiert (ein = Bein, zwo = Klo, drei = Brei, vier = Stier etc.) oder Symbol-basiert (1 = Note, 2 = Zwillinge, 3 = Triangel, 4 = Kleeblatt etc.) sein.

Mit der Hakenwort-Methode kann man in der Tat zahlreiche Informationen, wie eine Liste von Überlebensstrategien, alle amerikanischen Präsidenten in chronologischer Reihenfolge oder die Aufgaben/Termine einer Tagesplanung abspeichern. Entweder belässt man dann die Information auf den Hakenwörtern durch regelmäßiges Wiederholen. Oder man lässt sie verblassen und kann die Hakenwörter nach einigen Tagen oder Wochen erneut für andere Lernaufgaben verwenden. Allerdings ist es doch recht mühsam, solche Hakenwort-Systeme zu kreieren, und man ist schnell an eine gewisse Grenze von vielleicht 100 bis 200 Gedächtnis-»Haken« gekommen.

Die im nächsten Tipp besprochene Loci-Methode bietet dagegen eine fast unendliche Anzahl von Gedächtnis-Verknüpfungsmöglichkeiten und scheint auch für die meisten von uns effektiver zu sein (siehe Studie). Meines Erachtens liegt das daran, dass die Hakenwort-Methode nur die visuellen und weniger unsere hervorragenden räumlich-örtlich-visuellen Fähigkeiten nutzt.

AUS DER WISSENSCHAFT

In einer amerikanischen Grundlagenstudie (Roediger, 1980) wurden verschiedene Gedächtnistechniken mit einfachem Auswendiglernen (Kontrolle) verglichen. Den insgesamt 150 Studenten wurden 20 Wörter (je sieben Sekunden) gezeigt. Sie waren (möglichst in korrekter Abfolge) zu lernen. Die Hakenwort-Gruppe (14 Wörter) und die Loci-Gruppe (15 Wörter) behielten deutlich mehr Wörter als die Kontrollgruppe (nur 11 Wörter) direkt nach dem Einprägen (und auch nach 24 Stunden).

Bewertet man jedoch auch die korrekte Positionierung der Wörter, so schnitten die Versuchspersonen, die Gedächtnistechniken einsetzten, um über 100 Prozent besser ab! (Hakenwort-Gruppe = 12,5 Wörter, Loci-Gruppe = 13,6 Wörter, Kontrollgruppe = 5,8 Wörter.)

Diesen Lerntipp nutze ich:

0	1	2	3	4	5	6	7	8	9	10		☞	

0 = nie 10 = immer

Tipp 35

Die Loci-Methode der antiken Redner

Die Loci-Methode ist eine bereits im Altertum entwickelte hocheffiziente Lernmethode, die im Industriezeitalter leider nahezu völlig in Vergessenheit geraten ist. Hierbei werden in einem Umfeld sogenannte Loci-Punkte festgelegt, an denen Informationen in jeglicher Form (Zahlen, Daten, Fakten, Namen etc.) als mentale Bilder verortet werden und so gezielt lückenlos abrufbar sind.

Diese Methode wurde vor circa 2500 Jahren entwickelt und war für die großen Redner in Griechenland und Rom (wie Demosthenes oder Cicero) die Methode schlechthin, mit der sie stundenlange Reden völlig frei halten konnten. Auch im Mittelalter war die Loci-Methode sehr bekannt und wurde insbesondere zur dauerhaften Wissensspeicherung eingesetzt. Die Bezeichnung Loci-Methode leitet sich – wie bereits beim Lerntipp 16 über den Speicherfaktor Lokalisation erwähnt – vom lateinischen Wort *locus* für »Ort«, »Stelle« oder »Platz« ab. Ich selber spreche lieber von der Routenmethode, da man dabei eine Route mit mehreren markanten Punkten (Positionen oder Objekten) erstellt.

Im Grunde ist es eine ganz einfache Methode, da sie nur aus drei Schritten besteht:

- Im **Schritt 1** entscheidet man sich in einer bekannten Umgebung (z. B. Haus, Park oder Urlaubsort) für gewisse Punkte in einer festen Reihenfolge und speichert diese im Gedächtnis ab. Für eine Route in der Wohnung könnten dies zum Beispiel das Bett, der Fernseher, die Dusche etc. sein. Für eine Route in einem Außengelände sind ein Teich, eine Brücke, eine Rutsche etc. als Routenpunkte möglich.

- Im **Schritt 2** verknüpft man jede zu lernende Information als mentales Bild mit einem Routenpunkt der Route. Man benötigt zum Beispiel für 50 abzuspeichernde Informationen entsprechend 50 Routenpunkte.
- Im **Schritt 3** ruft man die »abgelegten« Informationen wieder ab, indem man einen »mentalen Spaziergang« entlang seiner Route macht und an den Routenpunkten – ich nenne sie auch gerne Gedächtnis-Ankerpunkte – die Informationen einfach im Geiste »anschaut« und so abruft.

Es ist nicht nur unglaublich, wie leicht und sicher man sich auf diese Weise die unterschiedlichsten Dinge merken kann, sondern auch, wie schnell diese Methode für jedermann erlernbar ist. Allerdings muss man wissen, wie man solche Lernrouten für den effizienten Einsatz beim Lernen zu erstellen hat. Ich selbst arbeite seit über zehn Jahren mit der Loci-Methode und habe dabei die Erfahrung gemacht, dass folgende Regeln unbedingt beachtet werden sollten:

1. Die Routenumgebung sollte vertraut sein.
2. Die Abfolge der Routenpunkte sollte klar und eindeutig sein.
3. Die Routenpunkte sollten markant und einprägsam sein.
4. Die Routenpunkte sollten nicht zu klein oder zu groß sein.
5. Die Routenpunkte sollten nicht zu nah beieinanderliegen (mindestens ein halber Meter Abstand zueinander).
6. Die Routenpunkte einer Route sollten sich deutlich unterscheiden.

Es gibt noch weitere Regeln, die ich ausführlich in meinem Gedächtnistechniken-Buch »Erfolgsgedächtnis« beschreibe; dort gebe ich auch genauere Anleitungen zum Einsatz dieser Lernmethode. An dieser Stelle möchte ich jedoch nur erwähnen, dass man solche Routen als permanente Routen nutzen kann, auf denen das Wissen durch Wiederholung lange Zeit »gepflegt« wird. Man kann die abgelegten Informationen nach dem Einsatz (z. B. nach dem damit gehaltenen

Vortrag) aber auch verblassen lassen, sodass die Route nach einigen Tagen dann für andere Informationen wieder zur Verfügung steht. Das Phänomenale an dieser Lernmethode ist, dass man sie äußerst vielfältig einsetzen kann, wobei es erstaunliche Lernerfolgs-Geschichten gibt (siehe auch Seite 21):

Mit der Loci-Methode zum Erfolg: Ein Abiturient setzte für eine wichtige Philosophie-Klausur die Loci-Methode ein, um die 150 wichtigsten Namen, Sprüche, Daten, Theorien etc. des Lernstoffs so auf einer Route abzulegen, dass er sie während der Klausur fehlerfrei abrufen konnte. Souverän schrieb er so die beste Arbeit.

Ein Informatik-Student hat nebenbei noch BWL studiert und mit der Loci-Methode am Wochenende für die Klausur den Wissensstoff abgespeichert (auf circa 200 bis 300 Routenpunkten), für den die anderen Studenten normalerweise Wochen oder gar Monate benötigten.

Meine beste Schülerin speicherte ihr gesamtes Abiturwissen ab, indem sie es auf etwa 2500 Routenpunkten mental verankerte und es dadurch sicher, schnell und lückenlos abrufen konnte – mit knapp 16 Jahren schrieb sie ein Einser-Abitur!

Ich selbst habe circa 4000 Routenpunkte in meinem Kopf »verinnerlicht«, da ich auf einer dreitägigen Gedächtnis-Weltmeisterschaft fast 10 000 Einzelinformationen abzuspeichern habe. Der Vorteil bei dieser Methode ist, dass man ein unbegrenztes Repertoire an möglichen Routenpunkten hat. So habe ich viele wichtige Umfelder meiner Kindheit (Schulen, Haus der Großeltern), meiner Studentenzeit (Studentenwohnungen, Prüfungsorte, Universitätsgelände, Auslandsaufenthalte) und viele meiner Urlaube zu mentalen Gedächtnisrouten umgestaltet. Man muss sich nur gelegentlich etwas Zeit nehmen, solche Routen zu erstellen. Doch wenn man die wichtigsten Grundregeln dafür beherrscht und etwas Erfahrung darin hat, kann man in einer Stunde eine Route mit 100 Routenpunkten erstellen. Damit wäre man in der Lage, 100 wichtige Informationen fest und sicher im Gedächtnis abzuspeichern.

Ich speichere mit dieser Methode wichtige Termine, Ideen oder Gesprächspunkte ab, lerne damit Vokabeln und Fremdwörter oder präge mir bei Firmenevents alle Vor- und Nachnamen meiner Vortragsteilnehmer ein, um dann zur allgemeinen Verblüffung (und Belustigung) sämtliche Namen – auch wenn es 600 sind – aus dem Gedächtnis abrufen zu können.

Leider kann ich aus Platzgründen hier nicht ausführlicher auf die praktischen Kniffe beim Einsatz dieser alten, aber sehr effizienten Lernmethode eingehen, doch hoffe ich, bei dir die Neugier für diese unglaublich effektive Abspeichermethode geweckt zu haben.

AUS DER WISSENSCHAFT

Am Max-Planck-Institut in Berlin wurde die durch die Loci-Methode mögliche Lernleistungssteigerung eingehend untersucht (Kliegl, 1989). Dabei wurden den (studentischen) Probanden 40 Begriffe jeweils im Abstand von vier Sekunden gezeigt. Aufgabe war es, diese in der richtigen Reihenfolge zu behalten. Im Durchschnitt erinnerten sich die Studienteilnehmer nur an zwei bis drei Wörter. Danach wurden sie durch ein insgesamt circa dreistündiges Trainingsprogramm in die Loci-Methode eingeführt, wonach sie erneut getestet wurden. Diesmal lag das Durchschnittsergebnis bei 25 korrekt behaltenen Wörtern – was einer Verbesserung von schier unglaublichen 1000 Prozent entspricht! (Aber das geht mit der Loci-Methode!)

Diesen Lerntipp nutze ich:

0	1	2	3	4	5	6	7	8	9	10		☞	

0 = nie 10 = immer

Tipp 36

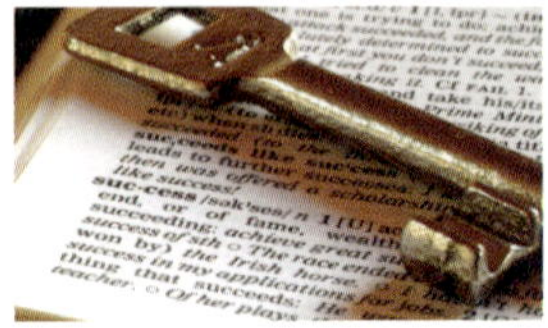

Schlüsselwort-Methode: Vokabeln – ein Kinderspiel

Vokabeln, Fremdwörter und Fachwörter stellen für den Lernenden häufig nur eine willkürliche Abfolge von Buchstaben dar, weshalb eine solche Information sehr abstrakt und somit schlecht vom Gedächtnis zu speichern ist. Aber die Nutzung eines uns bekannten Wortes, das dem neuen Wort klanglich ähnlich ist, stellt den Lernschlüssel zur Erweiterung unseres Wissensschatzes dar.

Auch wenn unser Bildungssystem immer mehr darauf ausgerichtet ist, Informationen zu abstrahieren, Regeln und Gesetze zu verstehen oder lediglich die Grundprinzipien eines Sachverhalts zu verinnerlichen, kommen wir nicht umhin, über die Jahre und Jahrzehnte Tausende bis Zigtausende von Einzelinformationen auswendig zu lernen. Dies gilt insbesondere für das Lernen von Vokabeln einer Fremdsprache oder für das Erlernen von Fremdwörtern oder Fachtermini, wenn man sich zum Beispiel das Basiswissen eines Fachgebietes aneignen möchte.

Das Problem: Vokabeln (und viele Fach- oder Fremdwörter) sind meistens nicht durch Logik oder sonstige Denkprozesse zu erschließen, sodass man sich dabei häufig auf die trockene Lernstrategie des »Paukens und Büffelns« beschränkt. Für die meisten Menschen ist das jedoch sehr mühsam, anstrengend und ungeheuer langweilig.

Hier erweist sich die aus historischen Quellen (z. B. Reventlow'sches System um 1850) bekannte und an der Stanford-Universität (Atkinson, 1975) näher untersuchte Schlüsselwort-Methode als nützlich, die den Lernprozess enorm vereinfacht, indem dabei das bereits vorhandene Wissen zu Hilfe genommen sowie die Kreativität und das Visualisationsvermögen des Lernenden genutzt wird. Im Grunde ist diese aus zwei Schritten bestehende Methode sehr einfach:

- **1. Schritt:** Wenn wir eine neue Vokabel zu lernen haben, sollten wir in unserem Gedächtnis nach einem uns bekannten Wort suchen, das so ähnlich wie die neue Vokabel klingt. Dieses Wort wird meistens aus der Muttersprache stammen, kann aber auch anderen Sprachen entnommen werden. Man bezeichnet dieses Wort als Schlüsselwort, da es einem quasi den Schlüssel zur neuen Vokabel bereitstellt.
- **2. Schritt:** Nun verknüpfen wir dieses Schlüsselwort als mentales Bild mit der Übersetzung der zu lernenden Vokabel bzw. mit der Bedeutung des Fremdwortes/Fachwortes zu einem gut vorstellbaren »Merkbild«, wobei wir unsere Fantasie und Kreativität einsetzen (sowie möglichst weitere Mentalfaktoren des bereits beschriebenen Heptagramms der Mentalfaktoren, siehe Seite 75).

Folgendes Diagramm erläutert die Methodik anhand einer englischen Vokabel etwas genauer:

Vokabel		Schlüsselwort		Merkbild
↓		↓		↓
to nibble	→	Nippel	→	Am Nippel knabbern
(= knabbern)		*(Brustwarze)*		*(kombinierte Information)*

Das entstehende Merkbild sollte man dann so gut wie möglich ausschmücken. So kann man sich in unserem Beispiel vorstellen, wie ein hungriges Baby an Mamas Brustwarze knabbert und kräftig schreit, weil keine Milch aus dem Nippel kommt. Ein solches Mentalbild bleibt nicht nur viel länger im Gedächtnis, sondern diese Art des Lernens macht auch wesentlich mehr Spaß!

Gewusst wie: Als meine Tochter vier Jahre alt war, habe ich mit ihr begonnen, Englisch zu lernen. Mit dem Karteikartensystem sowie der Schlüsselwort-Methode. Ich weiß noch, wie ich die Methode einführte: »So ähnlich wie *chair* klingt doch *Schere*, bedeutet aber *Stuhl*. Steche also mal mit einer Schere heftig in einen Stuhl – aber bitte nur vorstellen!« So lernten wir viele Wörter. Aber nicht alle, wie zum Beispiel *important* = wichtig. Mir fiel kein gutes Schlüsselwort ein, und so vergaß meine Tochter es auch immer wieder. Doch plötzlich wusste sie es doch. Als ich sie verdutzt fragte, warum sie es denn nun plötzlich wusste, erwiderte sie grinsend: »Ist doch einfach, Papa, im Po steckt was ganz Wichtiges!«

Gewusst wie: Das englische Wort *to impeach* heißt »anklagen«. Du kannst dir vorstellen, wie ein fauler Pfirsich (engl. *peach*) in das Gesicht des angeklagten Übeltäters gedrückt wird.

Übrigens ist das Thema Vokabellernen auch in unseren Gedächtnis- und Lernseminaren immer ein großes Thema, denn häufig sind es diese Fremdsprachenfächer, weshalb Schüler entweder sitzen bleiben oder den Spaß an der Schule total verlieren. Also testen wir die Schüler vor der Einführung der Schlüsselwortmethode. Normalerweise können sie sich vorher von 26 Vokabeln drei bis acht Vokabeln in fünf Minuten merken. Doch mit der Schlüsselwortmethode verbessern sich nicht nur alle um das Doppelte oder Dreifache, sondern ALLEN macht das Lernen auf diese fantasievolle und kreative Weise viel, viel mehr Spaß!

Genauso kannst du dir Fremdwörter oder Fachwörter mithilfe eines passenden Schlüsselwortes dauerhaft einprägen:

Gewusst wie: *Chrematophobie* bedeutet »Angst vor Geld«. Hier könntest du dir vorstellen, dass jemand in einem Krematorium (Schlüsselwort) sein ganzes Geld aus Angst – vielleicht vor dem Fiskus – verbrennt (Merkbild).

Übrigens muss man keine Sorge haben, dass der Kopf mit der Zeit von einer Unmenge solcher »absonderlichen« Merkbilder überschwemmt wird. Wie auch wissenschaftlich gezeigt wurde, verblassen solche Schlüsselwort-Merkbilder, sobald man mit der Vokabel durch Lesen oder Sprechen häufiger konfrontiert wurde und sie dadurch auf »natürliche« Weise im Langzeitgedächtnis verankert. Und selbstverständlich muss man nicht jede Vokabel auf diese Art lernen – nur schwierigere Brocken.

AUS DER WISSENSCHAFT

Um herauszufinden, ob nicht nur Fremdsprachen-Anfänger von der Schlüsselwort-Methode profitieren, sondern auch Fortgeschrittene, wurden in einer australischen Studie (Lawson, 1998) 40 Schüler, die im dritten Jahr die Fremdsprache Italienisch lernten, getestet. Nach nur einer einstündigen Einführung in die Schlüsselwort-Methode bekamen sie 32 neue Italienisch-Vokabeln zum Lernen (Lernzeit: circa 20 Minuten). Im Wiedergabetest wussten sie im Durchschnitt 17 Wörter und waren damit mehr als doppelt so gut wie die Kontrollgruppe mit acht Wörtern! Dieser markante Unterschied in der Lernleistung war sogar zehn Tage später beim Nachtest noch größer. Die Schlüsselwort-Gruppe wusste noch fast 14 Wörter, die Kontrollgruppe nur fünf (somit circa 200 Prozent Leistungsunterschied!)

Diesen Lerntipp nutze ich:

0	1	2	3	4	5	6	7	8	9	10		☞	

0 = nie 10 = immer

Tipp 37

Mit dem Master-System Zahlen meistern

Zahlen kommen in unserem Leben und bei fast jedem Lernstoff ohne Unterlass und in vielfältiger Form vor: zum Beispiel als Geschichtsdaten, wissenschaftliche Größen, Mengenangaben, Paragraphennummern oder Wirtschaftskenndaten. Mit dem rund 350 Jahre alten Master-System kann man alle diese abstrakten und trockenen Zahlenfakten für das Gedächtnis »verdaubar« machen und leichter, schneller und nachhaltiger abspeichern!

Das Schwierige beim Behalten von Zahlen ist im Grunde deren Abstraktheit, wodurch sie gänzlich unanschaulich sind. Doch wie wir schon erfahren haben, liebt unser Gehirn Anschaulichkeit, weshalb es gut vorstellbare Begriffe und Bilder auch viel besser abspeichern kann als einzelne Ziffern und mehrstellige Zahlendaten.

Diese Erkenntnis der Bildhaftigkeit unseres Gedächtnisses haben sich einige kreative Menschen schon vor langer Zeit zur Entwicklung von Zahlen-Merksystemen zunutze gemacht.

Das meines Erachtens effizienteste System zum Einprägen von Zahlen ist das Ziffer-Konsonanten-Codiersystem, das ich das Master-System nenne, weil man dadurch zum Master – also Meister – der Zahlen wird (an anderen Stellen wird es auch gelegentlich als Major-System bezeichnet).

Die Basis dieses Systems ist bereits um das Jahr 1648 gelegt worden, und zwar von J. Winkelmann aus Marburg. (Übrigens hat sich auch der große deutsche Philosoph Leibniz mit diesem Zahlensystem eingehend beschäftigt.) In den nachfolgenden Jahrhunderten wurde es dann weiterentwickelt, wobei die bekannteste und hier vorgestellte Version von Aimé Paris stammt, einem Gedächtnisexperten aus Frankreich, der im 19. Jahrhundert lebte.

Der eigentlich recht simple Grundgedanke des Master-Systems ist, die einzelnen Ziffern von 0 bis 9 zu Konsonanten zu codieren, wobei bei der vorgenommenen Zuordnung auf einprägsame Gemeinsamkeiten oder Merkmale geachtet wurde.

Ziffer-Konsonanten-Codierung			
Ziffer	*Haupt-konsonant*	*Merkhilfen*	*weitere Konsonanten*
0	Z	0 ist im Roulette »Zero«	s, ß, weiches c
1	T	1 sieht aus wie T	d
2	N	N hat 2 Striche	–
3	M	M hat 3 Striche	–
4	R	R ist der letzte Buchstabe von vier	–
5	L	L ist das römische Zeichen für 50	–
6	Sch	»Schöner Sechser im Lotto«	ch, j, weiches g
7	K	sehen etwas ähnlich aus	ck, hartes g, c
8	F	altdeutsches F ähnlich zu 8	v, w, ph
9	P	P ist das Spiegelbild zu 9	b

Da das deutsche Alphabet aber mehr Konsonanten enthält als unsere zehn Ziffern von 0 bis 9, sind einige Ziffern mehrfach mit Konsonanten belegt, wobei vornehmlich der Klang über die Mehrfachzuordnung entscheidet. So klingt zum Beispiel das D ähnlich wie ein

T und kann ebenfalls als weiterer Codierkonsonant für die Ziffer 1 stehen.

Nach der oben beschriebenen Zuordnung von Ziffern zu Konsonanten lassen sich nun fast spielend Wörter für Zahlen bilden, wobei diese Wörter möglichst anschaulich sein sollten! Und genau dadurch umgehen wir die Abstraktheit der Zahlen!

Nehmen wir zum Beispiel die Zahl 43: Die »4« wird durch »R« wiedergegeben, die »3« dagegen entspricht einem »M«. Aus diesen zwei Konsonanten wird nun ein Wort gebildet, wobei man alle Vokale (a, ä, e, i, o, ö, u oder ü) frei wählen kann. Möglich wären daher zum Beispiel RauM, RaMa, ReiM oder RuM. Das Wort RuM ist nach meiner Meinung das anschaulichste, somit steht das Wort RuM für mich immer für die Zahl 43.

Sucht man dagegen ein Master-Wort für 70, so könnte es nach der Ziffer-Konsonanten-Codierung mit »K« beginnen, und die 0 könnte zu »S« umgewandelt werden. Daraus könnte dann das Wort KäSe entstehen.

Es gibt noch einige weitere Regeln, die es zu beachten gilt. So sollte das Masterwort möglichst konkret und anschaulich sein (z. B. besser Rum als Reim), die einzelnen Master-Wörter sollten sich zumindest in deiner Vorstellung ausreichend unterscheiden. Zum Beispiel müssen Mama (= 33) und Papa (= 99) sich bildlich und evtl. emotional deutlich unterscheiden. Und der Masterbegriff sollte immer der gleiche bleiben, sobald du ihn einmal festgelegt hast.

Wenn man dann eine solche Umwandlung für alle zweistelligen Zahlen von 00 bis 99 vorgenommen hat, kommt man quasi zu seiner eigenen »Zahlensprache« und muss nicht mehr Zahlen als solche lernen, sondern kann mit Fantasie und Kreativität längere Zahlen zu Bildern oder gar Geschichten umwandeln.

Genauer erkläre ich dieses System in meinem Buch »Lernen wie ein Weltmeister«, in dem weitere Masterregeln und auch alle meine von mir verwendeten 100 Master-Begriffe aufgeführt sind.

Es gibt nahezu unendliche Einsatzmöglichkeiten für das Master-System. Hier nur zwei Beispiele: Die Höhe der Zugspitze (2962 m) kann man sich damit als eine mit **N**a**P**a-Leder ausgekleidete riesige **SCH**eu**N**e merken. Und mit dem »erweiterten« Master-System wird aus Goethes Geburtsjahr (1749) ein **K**o**RB** (vielleicht voller »Faust«-Bücher?).

AUS DER PRAXIS

Auf meinen Seminaren sind in einem fünfminütigen Einstiegstest achtstellige Telefonnummern zu lernen. Die meisten behalten nur ein oder zwei Telefonnummern fehlerfrei; und ein Ergebnis von drei Telefonnummern (24 Ziffern) ist dabei schon hervorragend, was nur circa zehn Prozent der Teilnehmer schaffen. Nach dem eintägigen Seminar gibt es eine entsprechende Abschlussaufgabe. Die Verblüffung ist dann immer riesig, dass nun fast alle Teilnehmer unter Einsatz des Master-Systems fünf, sechs oder sogar sämtliche vorgegebenen sieben Telefonnummern fehlerfrei wiedergeben können! Und mit gezieltem Training ist für jeden noch viel mehr möglich: Der von einem Chinesen gehaltene Weltrekord steht bei 500 fehlerfrei memorierten Ziffern (also über 60 Telefonnummern!) in nur fünf Minuten. Auch er setzte dabei lediglich dieses recht simple Master-System (kombiniert mit der Loci-Methode) ein!

Diesen Lerntipp nutze ich:

0	1	2	3	4	5	6	7	8	9	10		☞	

0 = nie 10 = immer

Tipp 38

Akronyme: Ideale Lern-Aktenkoffer

Akronyme (oder auch Initialwörter) sind Kombinationswörter, die aus den Anfangsbuchstaben mehrerer Wörter zusammengesetzt sind. Beispiele sind NATO oder PISA. Man kann sie aber auch als Lern-Aktenkoffer sehen, die alle wichtigen Informationen eines Sachverhalts beinhalten. Weiß man zum Beispiel, wofür das Akronym LASER steht, kennt man schon dessen Funktionsweise. Somit sollte man beim Lernen immer versuchen, das Wissen kompakt zu einem Akronym zu verstauen!

Den Begriff »Akronym« (griech. *ákros* = Spitze, äußerstes Ende, *ónoma* = Name) kann man auch als Initialwort bezeichnen, wobei die jeweiligen Anfangsbuchstaben mehrerer Begriffe oder Namen so zusammengestellt werden, dass ein neues (meistens gut aussprechbares) Wort entsteht. Ein Akronym ist aber nicht zu verwechseln mit einer Abkürzung, bei der in der Regel nur die Anfangsbuchstaben bzw. Anfangskonsonanten eines Wortes verwendet werden (Prof. = Professor, Abk. = Abkürzung, bzgl. = bezüglich). Ebenfalls ist es vom Silbenkurzwort zu unterscheiden, das aus Anfangssilben der zugrundeliegenden Begriffe besteht. Beispiele hierfür sind: Kripo = **Kri**minal**po**lizei, Haribo = **Ha**ns **Ri**egel, **Bo**nn, Adidas = **Adi Das**sler, Milka = **Mil**ch und **Ka**kao oder mit leichter Abwandlung Pixel = **Pic**ture **el**ement. Geläufige Beispiele für Akronyme sind: USA (United States of America), PC (Personal Computer), NATO (North Atlantic Treaty Organization), TÜV (Technischer Überwachungs-Verein).

Ich bezeichne Akronyme gerne als ideale Lern-Aktenkoffer, da in Akronymen die relevanten Informationen ordentlich verstaut sind und dadurch meistens recht leicht abrufbar sind. In einigen Fällen kann man durch die Zerlegung des Akronyms in die Bauteil-Wörter nicht nur die komplette Information abrufen, sondern erhält auch nähere Informationen zum Sachverhalt, der dem Akronym zugrunde liegt, also zu Funktionsweise, Ursache, Aufbau, Zielsetzung etc., wie man an den folgenden Beispielen sieht (wobei Akronyme allerdings häufig auf der englischen Sprache basieren):

- **LASER** = **L**ight **A**mplification by **S**timulated **E**mission of **R**adiation
- **AIDS** = **A**cquired **I**mmune **D**eficiency **S**yndrome
- **PISA** = **P**rogramme for **I**nternational **S**tudents **A**ssessment
- **ABBA** = **A**nni, **B**jörn, **B**enni, **A**gnetha (die Namen der Bandmitglieder)
- **LAN** = **L**ocal **A**rea **N**etwork

Etwas unbekannter ist der sehr ähnliche Begriff »Apronym«. Als Apronym bezeichnet man ein Initialwort, das selbst ein bereits existierendes Wort darstellt. Ein Beispiel:

- **FAST** = **F**ace, **A**rms, **S**peech, **T**ime: Merkregel, dass man bei Verdacht auf einen Schlaganfall Gesicht, Arme und Sprache ohne Zeitverzögerung untersuchen und sofort handeln sollte; *fast* ist zugleich das englische Wort für *schnell*.
- **SKAT** = **S**parta, **K**orinth, **A**then, **T**heben: die vier wichtigsten Städte Griechenlands im Altertum; Skat ist ein bekanntes Kartenspiel.

Meine Empfehlung für die Nutzung von Akronymen zum Lernen und zur Erhöhung des eigenen Wissens geht in zwei Richtungen:

1. Man sollte immer dem Ursprung eines Akronyms auf den Grund gehen, um schon dadurch seinen Wissenshorizont zu erweitern. (Wie viele Menschen rätseln wohl immer noch, was die berühmt-berüchtigten PISA-Studien mit dem Turm von Pisa zu tun haben?)

2. Die Akronym-Methode lässt sich häufig sehr gut zum Lernen einsetzen. Natürlich ist sie nicht für jeden Lernstoff geeignet, doch wenn man eine Anzahl von circa drei bis acht Begriffen im Verbund lernen muss, sich eine Abfolge von Arbeits- oder Handlungsschritten einzuprägen hat oder eine kleine Liste von Informationen lückenlos wiedergeben soll, ist es sicherlich sehr hilfreich, ein geeignetes Akronym zu erstellen. Darüber hinaus wird die Information dabei tiefer verarbeitet, sodass man sie auch schon besser im Gedächtnis hat, wenn man letztlich doch kein gutes Akronym kreieren konnte.

- **Beispiel 1:** Die sieben Mentalfaktoren meines Heptagramms (siehe Seite 75) codiere ich für meine Seminarteilnehmer immer zum Akronym **TAFELLV** (**T**ransformation, **A**ssoziation, **F**antasie, **E**motion, **L**ogik, **L**okalisation, **V**isualisation).
  Der kleine Schönheitsfehler, dass im Merkwort »Tafel« ein L zu viel vorkommt (sodass man die zweite Silbe des Wortes eigentlich wie »Fell« ausspricht), ist dabei nicht schlimm. Außerdem ist das V eigentlich ein Häkchen (√).

- **Beispiel 2:** Ein Biologie-Student hatte sich die wichtige systematische Einteilung aller Organismen in der Botanik/Zoologie mit dem etwas sonderbar klingenden Akronym **RAG-FOK-SAR** gemerkt: **R**asse, **A**rt, **G**attung, **F**amilie, **O**rdnung, **K**lasse, **S**tamm, **A**bteilung, **R**eich.

- **Beispiel 3:** Der Motivationstheorie nach Vroom zufolge gilt folgende Formel für das Ausmaß der Leistungsbereitschaft einer Person:
  Valenz x **I**nstrumentalität x **E**rfolgserwartung = **L**eistungsbereitschaft.
  Diese Begriffe können ganz treffend zum Akronym **VIEL** zusammengefasst werden.
  Wenn man sich dabei noch vorstellt, dass ein Mann viel Leistung in einem Raum (**Room**) bringt, hat man gleichzeitig den Namen des Begründers der Theorie mit abgespeichert – **VROOM**.

Das letzte Beispiel zeigt zwei wichtige Dinge: Erstens ist es für die Erinnerung hilfreich, wenn das Akronym irgendwie zur Thematik der codierten Informationen passt (VIEL führt zu viel Leistung). Und zweitens liefert ein Akronym nur einen Hinweis zur relevanten Information und ersetzt nicht das zu erarbeitende Verständnis für den Lernstoff (so sollte man wissen, was Valenz oder Instrumentalität in der obigen Wissensgleichung bedeutet, und deren Relevanz verstanden haben)!

AUS DER PRAXIS

Es gibt eine ganz bestimmte Abfolge, wie man einem anderen Fahrzeug Starthilfe geben sollte, um nicht die empfindliche Elektronik des Autos zu beschädigen. Da man dieses Wissen zum Glück nicht allzu häufig braucht, vergisst man es leicht von einem zum anderen Mal. Ich habe mir dafür das Akronym (eigentlich Apronym) SERUM gemerkt: Anschluss der Kabel zuerst am Spenderfahrzeug, dann am Empfängerauto, und zwar zuerst das Rote Plus-Kabel. Das U steht für Unterbau, womit ich codiere, dass das andere schwarze Kabel zwar am Minus-Pol des Spenderfahrzeugs angebracht wird, aber unbedingt am Unterbau (z. B. Motorraummetall) des Empfängers. Und das M steht dann für das Minus-Kabel, das nun zuerst vom Empfänger abgeklemmt wird, also alles in umgekehrter Reihenfolge wie vorher! (Einfach zu merken, trotzdem merke ich mir lieber, immer das Licht auszuschalten ☺.)

Diesen Lerntipp nutze ich:

0	1	2	3	4	5	6	7	8	9	10		☞	

0 = nie 10 = immer

Tipp 39

Akrostische Methode

Diese antike Mnemotechnik nutzt das verbale Gedächtnis, indem man die Anfangsbuchstaben der einzuprägenden Information zur Erstellung eines Merksatzes verwendet. Erinnert man sich an die einzelnen Wörter des Merksatzes, so geben diese durch den Anfangsbuchstaben Hinweise auf die codierte Information. Dadurch ist Lernstoff leicht lückenlos und – sofern erforderlich – auch in der richtigen Reihenfolge abrufbar.

Die akrostische Methode ist der eben besprochenen Akronym-Methode sehr ähnlich, nur dass nicht ein einzelnes Merkwort aus den Anfangsbuchstaben der zu lernenden Information kreiert wird, sondern ein ganzer Merksatz. Einen solchen Merksatz nennt man auch Akrostichon. Der Vorteil solcher Merksätze ist, dass man sie leichter erstellen kann als ein einzelnes Merkwort, insbesondere wenn das auf diese Weise abzuspeichernde Lernmaterial keine oder nur wenige Vokale als Anfangsbuchstaben aufweist. Denn diese sind ja für die Erstellung eines aussprechbaren Wortes notwendig. Allerdings liegt der Nachteil von Merksätzen gegenüber Akronym-Merkwörtern darin, dass man sich einen längeren Satz merken muss, bei dem man leicht einzelne Wörter vergessen kann oder sie evtl. auch aus Versehen vertauscht.

Use it or lose it!
Unbekannt

Trotzdem ist diese Lernmethode für all jene sinnvoll, die verbale Stärken haben, sich gerne Texte merken und eher zum audiomatischen Sprachen-Lerntyp gehören (Lerntipp 43). Natürlich müssen diese Merksprüche von Zeit zu Zeit unbedingt wiederholt oder in der Praxis verwendet werden. Dies gilt ganz besonders, wenn sie aus vielen Wörtern bestehen, sonst fallen auch sie unweigerlich dem Vergessen anheim.

Hier einige Beispiele für akrostische Merksätze:

Gitarre: Die sechs Saiten (e, a, d, g, h, e) kann man sich in der richtigen Reihenfolge mit folgendem bekannten Akrostichon merken:

Eine **a**lte **d**umme **G**ans **h**olt **E**ier.

Bei diesem akrostischen Merksatz ist die Rückcodierung zur Information leicht, da die Anfangsbuchstaben der den Merksatz bildenden Wörter schon direkt die Information sind. Für Kinder ist dieser Merksatz wohl gut geeignet, weil er anschaulich und lustig ist. Für Erwachsene halte ich diese Satz allerdings für nicht sehr effektiv, da kein direkter Bezug zum Lernstoff gegeben ist. Folgender Merksatz ist meines Erachtens besser, da die Wörter hier einen direkten Bezug zum Informationsumfeld (Anfänger, Gitarre, Eifer) haben:

Ein **A**nfänger **d**er **G**itarre **h**at **E**ifer.

Planetensystem: Die Reihenfolge von nunmehr acht Planeten (Merkur, Venus, Erde, Mars, Jupiter, Saturn, Uranus, Neptun) in unserem Sonnensystem kann man sich jetzt sicherlich mit folgendem Akrostichon gut merken:

Mein **V**ater **e**rklärt **m**ir **j**eden **S**onntag **u**nseren **N**achthimmel.

(Seit 2006 zählt Pluto nicht mehr als Planet, sondern wurde nach einer heißen Abstimmung unter 2500 Wissenschaftlern als Zwergplanet eingestuft.)

Zellteilungsstadien: Jeder hat in der Schule mindestens einmal alle fünf Zellteilungsstadien – und natürlich in der richtigen Reihenfolge – zu lernen: Interphase, Prophase, Metaphase, Anaphase, Telophase. Selbstverständlich ist auch zu verstehen und zu lernen, was in diesen Phasen genau in der Zelle abläuft. Teilweise kann man dies aus den griechischen Wortstämmen (z. B. *pro* = vor/vorher oder *meta* = inmitten/zwischen) ableiten. Trotzdem hilft beim Lernen ein Akrostichon, zum Beispiel:

Intern **pro**testieren **Met**zger **an** **Tel**efonen.

Oder:

Intelligente **Pro**fessoren **meta**bolisieren **Ana**kondas **tel**ephatisch.

Damit das bessere Behalten einer Information mit dieser Methode wirklich gut klappt, kommt es nicht so sehr darauf an, ob du einen vorgegebenen Merksatz nutzt oder selbst einen entwickelt hast. Wobei ein guter Merksatz Marke Eigenbau sicherlich auf Dauer einprägsamer ist, da man eine stärkere persönliche Beziehung dazu hat. Allerdings muss jeder selbst entscheiden, ob der Merksatz besser möglichst viele Anfangsbuchstaben der codierten Information haben sollte (siehe oben) oder ob er eher sehr anschaulich sein sollte, wie etwa in diesem Fall: **I**ch **p**oche **m**ächtig **a**n **T**ore (und dann beginnt die Zellteilung).

Medizinstudenten merken sich die Reihenfolge der acht Handwurzelknochen mit folgender Kombination aus Akrostichon und Reim (hier nur angeführt, damit wirklich jeder kapiert, dass alle nur »mit Wasser kochen« und auch die Schlausten sich mit solchen etwas kindlich erscheinenden Gedächtnistechniken »über Wasser zu halten versuchen«): Ein *Kahn* (Kahnbein), der fuhr im *Mond*schein (Mondbein) im *Drei*eck (Dreiecksbein) um das *Erbsen*bein (Erbsenbein). *Vieleck groß* (Großes Vieleckbein), *Vieleck klein* (Kleines Vieleckbein) am *Kopf* (Kopfbein), da muss ein *Haken* (Hakenbein) sein.

AUS DER PRAXIS

Vor über zehn Jahren habe ich das Heptagramm der sieben mnemotechnischen Mentalfaktoren (Transformation, Assoziation, Fantasie, Emotion, Logik, Lokalisation, Visualisation) zur Verbesserung der Gedächtnisleistung entwickelt (Lerntipp 11). Ich selbst nutze für meine Seminarteilnehmer das Akronym TAFELLV als Merkhilfe (siehe Seite 198). Kürzlich musste ich jedoch schmunzeln, als ich auf wikipedia.de unter Mnemotechniken ein wirklich schönes Akrostichon dazu entdeckte: All Factors Lead To Very Efficient Learning (**A**ssoziation, **F**antasie, **L**ogik, **T**ransformation, **Vi**sualisation, **E**motion und **L**okalisation).

Diesen Lerntipp nutze ich:

0	1	2	3	4	5	6	7	8	9	10		☞	

0 = nie 10 = immer

Tipp 40

Reim-Methode: Mit einem Reim schnell daheim

Reimende Merksätze zum Abspeichern von Information stellen im Grunde akustische Eselsbrücken dar. Wir nutzen dabei unser auditives Gedächtnis sowie unser hervorragendes Empfinden für Musik, Rhythmus und Sprachmelodie.

Die Reim-Methode ist vermutlich hinlänglich bekannt durch Beispiele wie »333, bei Issos Keilerei« oder »Wer nämlich mit h schreibt, ist dämlich«. Auch wenn jeder sicherlich eine Handvoll solcher Reim-Merksätze kennt, ist diese Methode meines Erachtens hauptsächlich für die audiomatischen (Sprachen-)Lerntypen (siehe Lerntipp 43) geeignet, da sie einen ausgeprägten akustischen Gedächtniskanal haben.

Ansonsten ist diese akustische Mnemotechnik nur eingeschränkt nutzbar, weil sie stark vom Lernstoff abhängig ist bzw. es sehr aufwendig ist, gut reimende Merksätze oder gar Merk-Gedichte zu entwickeln. Wenn man sie außerdem nicht häufig wiederholt, geraten sie leicht in Vergessenheit bzw. sind nicht mehr zu rekapitulieren, da der Bezug zum Lernstoff fehlt oder Satzteile beliebig austauschbar sind. Es gibt jedoch auch gute Beispiele, wie den folgenden Merkreim, der schon so manchen vor schlimmen Verletzungen bewahrt hat: *Erst das Wasser, dann die Säure, sonst geschieht das Ungeheure.*

An diesen warnenden Merkreim kann man sich auch nach langer Zeit ohne Wiederholung erinnern. Denn alle Hauptbegriffe des in der Chemie immer wiederkehrenden Praxisproblems, nämlich ob man die Säure in das Wasser oder das Wasser in die Säure gießen soll, sind darin unmittelbar und vollständig enthalten.

Wesentlich weniger zweckdienlich ist der Merkreim *Feldspat, Quarz und Glimmer, die drei vergess ich nimmer* für die Hauptbestandteile von Granit. Denn *Feldspat* und *Quarz* sind für den Klang des Reims unbedeutend und somit nicht mnemotechnisch gespeichert – sie machen in diesem Fall jedoch 67 Prozent des zu lernenden Wissensstoffs aus!

Zudem sind Reim-Merksätze recht fehleranfällig. So wird oft folgender Merkreim zitiert, der vor einem Kater schützen soll: *Bier auf Wein, das lass sein; Wein auf Bier, das rat ich dir!* Doch klingt auch dieser Spruch gut, behauptet aber das Gegenteil: *Bier auf Wein, das mag sein; Wein auf Bier tut Aua mir!* Abgesehen davon, dass es im nicht mehr ganz nüchternen Zustand an der korrekten Umsetzung hapern könnte, tut man sich mit dieser logischen Eselsbrücke wesentlich leichter: Das »B« (Bier) kommt im Alphabet vor dem »W« (Wein)!

Von einem sehr motivierten Englischlehrer habe ich erfahren, dass er seinen Schülern mit einem Merksatz beibringt, welche Wörter im Englischen großgeschrieben werden müssen. Dadurch brauchen die Schüler nicht die vielen Regeln, sondern nur diesen einen Merksatz auswendig zu lernen, um das Wissen immer wieder leicht abrufen zu können. Damit er noch besser zu merken ist, habe ich seinen Satz etwas abgeändert und zu einem Reim umgeformt:

Dear Peter,
In History I heard,
that on Sunday, March 3rd,
in Germany in Berlin,
Prince Philip and the Queen
will visit a Catholic priest –
Wow, that will be a feast!

Andere Lehrer haben mir von ihren tollen Erfolgen berichtet, Lernstoff zu flippigen Reimsongs oder fetzigen Raps zu verwandeln, wie *Summand plus Summand wird Summe genannt, und tauscht man die Summanden aus, macht sich die Summe gar nichts draus, ja gar nichts draus.* Probiere es doch einfach selbst einmal aus!

Trotz der beschränkten Anwendungsmöglichkeiten dieser Methode kann sie manch einem durchaus das Lernen erleichtern. Wie wäre es sonst möglich, dass es doch eine erstaunliche Anzahl von Menschen gibt, die zum Beispiel den Koran (mit 6326 Versen und einer reinen Rezitationszeit von 30 Stunden!) komplett auswendig aufsagen können – natürlich immens unterstützt durch die Reimform dieser Schrift.

Zum Abschluss dieses großen Kapitels der Gedächtniskunst möchte ich noch einmal die Thematik aufgreifen, die ich bereits angesprochen und mit Grafiken belegt habe: welchen Einfluss die Gedächtnistechniken auf die Vergessensrate haben, also auf die Geschwindigkeit, mit

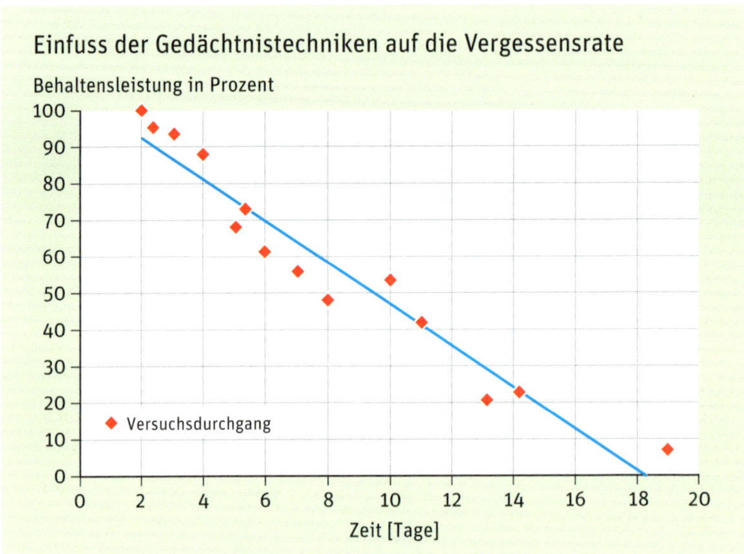

Jedes Karo stellt einen Versuchsdurchgang dar, wobei mir am Computerbildschirm 50 zweistellige Zahlen im Abstand von je drei Sekunden gezeigt wurden (also 100 Ziffern). Danach habe ich sie in der Regel hundertprozent fehlerfrei aufschreiben können. Nach unterschiedlichen Zeiten (auf der x-Achse aufgetragen) habe ich mich erneut getestet (ohne zwischenzeitliche Wiederholung der Zahlen!), wobei es für Fehler auch Minuspunkte gab und meine prozentuale Einschätzung der Korrektheit in die Behaltensleistung einfloss.

der wir Gelerntes vergessen (siehe Seite 170). Um nachzuweisen, wie dauerhaft Information mit den hier beschriebenen Mnemotechniken und natürlich mit intensivem Training abzuspeichern ist, habe ich in Anlehnung an die Selbstexperimente des berühmten Psychologen Prof. Ebbinghaus über viele Wochen hinweg eigene Experimente durchgeführt. Die Grafik links zeigt das Ergebnis.

Aus der Grafik ist ersichtlich, dass selbst nach zwei Tagen noch das gesamte Wissen abrufbar war und ich erst nach zehn Tagen etwa die Hälfte vergessen hatte (und das Vergessen linear verläuft)!

Der provokante Vergleich mit Prof. Ebbinghaus' sinnfreiem Lernen könnte damit zu folgender Aussage führen:

Gedächtnistechniken (kombiniert mit intensivem Training) ermöglichen Lernsteigerungen von über 70 000 Prozent!

AUS DER PRAXIS

Als Analogie kann man die Mnemotechniken mit den von Menschen entwickelten Techniken zur Fortbewegung vergleichen, wie Fahrrad, Auto, Bahn oder Flugzeug. Auch wenn diese je nach Anforderung extrem hilfreich sind, müssen wir erst einmal mit unserem Hauptbeförderungsmittel – unseren Beinen – zu ihnen gelangen. Genauso ist es beim Lernen: Zuerst sollte unser Hauptlernsystem – unser Verstand – wann immer möglich den Lernstoff durchdringen, begreifen und kapieren und dann erst mit den mnemotechnischen Hilfsmitteln abspeichern.

Diesen Lerntipp nutze ich:

0	1	2	3	4	5	6	7	8	9	10		☞	

0 = nie 10 = immer

Ermittlung der Gesamtpunktzahl der zehn Lerntipps dieses Kapitels

Bei jedem der zehn in diesem Kapitel vorgestellten Lerntipps solltest du dir eine Punktzahl von 0 (Lerntipp nutzt du nie) bis 10 (Lerntipp nutzt du immer) gegeben haben. Trage in die nachfolgende Tabelle nun die einzelnen Punkte ein und zähle sie zusammen. Dadurch erfährst du, wie ausgiebig du die Lerntipps aus der Gedächtniskunst bereits nutzt oder eben auch noch nicht. (In Kapitel 7 kannst du dann deinen LQ-Gesamtwert bestimmen).

Lerntipps aus der Gedächtniskunst	Punkte
31 • Mit Mnemotechnik zum Lernkünstler	
32 • Eselsbrücken oder Expertenbrücken	
33 • Verknüpfungs-Story-Methode	
34 • Hakenwort-Methode: Wissen kann (k)einen Haken haben	
35 • Die Loci-Methode der antiken Redner	
36 • Schlüsselwort-Methode: Vokabeln – ein Kinderspiel	
37 • Mit dem Master-System Zahlen meistern	
38 • Akronyme: Ideale Lern-Aktenkoffer	
39 • Akrostische Methode	
40 • Reim-Methode: Mit einem Reim schnell daheim	
Gesamtpunktzahl (maximal 100 Punkte)	

Deine Fragen, Gedanken, Kommentare oder Ideen zu diesem Kapitel:

Luxus mit Leistung

Vor einigen Jahren war ich mit meiner Frau und den Kindern über Ostern mal wieder im Türkeiurlaub. Wie jedes bessere Hotel wies auch unseres neben anderen Läden ein Juweliergeschäft auf, das leider direkt auf dem Weg von unserem Zimmer zum Restaurant lag. Leider, da wie fast jede Frau auch meine Frau Schmuck mag. So hatte sie sich auch schnell in eine wunderschöne Halskette aus Gold und Edelsteinen verliebt. Und nun fing mein Leid an, denn seit ihrer »frischen Liebe« dauerten unsere Märsche zum Essen das x-Fache der normalen Wegzeit. Zudem hatte die Kette unglücklicherweise (trotz Sonderangebots) immer noch einen horrenden Preis, von dem sich der Besitzer des Juwelierladens auch durch mehrfache Versuche nicht herunterhandeln ließ.

Also setzte ich alles auf eine Karte (meine Frau sollte mir ja nicht wochenlang wegen der nicht erworbenen Halskette in den Ohren liegen), ging zum Besitzer und fragte ihn, ob er denn wüsste, wer meine Frau sei, was er verneinte. Ich klärte ihn auf, dass sie die mehrfache Gedächtnisweltmeisterin wäre, und teilte ihm meinen Vorschlag mit: »Schreiben Sie eine 100-stellige Zahl auf, und meine Frau hat nur fünf Minuten Zeit, diese Zahl zu lernen. Wenn sie nur einen einzigen Fehler macht, kaufen wir die Halskette für den normalen Preis, wenn sie aber alle 100 Ziffern richtig aufsagt, geben Sie uns einen Sonderrabatt von 25 Prozent.«

Mit total verblüfftem Gesicht erwiderte er: »Das ist unmöglich!«, woraufhin ich sagte: »Was ist unmöglich, sich 100 Ziffern zu merken oder 25 Prozent Rabatt zu bekommen?« »Natürlich das mit den 100 Ziffern, aber okay, der Deal gilt.«

Als meine Frau dann wenig später problemlos alle 100 Ziffern fehlerfrei wiedergab (obwohl sie nicht im Training war, beherrschte sie noch viele der hier beschriebenen Gedächtnistechniken), überreichte er ihr herzlich die heiß ersehnte Halskette mit den Worten: »Ich habe zwar nicht viel daran verdient, aber noch nie hat mir ein Verkauf so viel Spaß gemacht.« (Übrigens wollte er dann noch ein Foto mit uns, das wohl immer noch im Laden hängt).

Und rate mal, welche Kette immer noch die Lieblingskette meiner Frau ist? – Leistung und Luxus können doch viel miteinander zu tun haben!

6

Lerntipps aus dem Bereich Lernoptimierung

Tipp 41

Selbsterkenntnis statt Lerntypen-Wahn

Seit Jahrzehnten wird immer wieder darauf hingewiesen, dass sich die Menschen in der Art und Weise, wie sie Informationen am besten aufnehmen und verarbeiten, unterscheiden. Neuere Studien zeigen jedoch keine wissenschaftliche Grundlage für dieses Lerntypen-Modell. Vielmehr sollte jeder sein eigenes Lernen tiefgehend analysieren, um dadurch für sich geeignete Lernmethoden herauszufinden, kognitive Stärken aufzuspüren und gezielt den eigenen Lernprozess daraufhin abzustimmen.

Wer hat nicht schon von den verschiedenen Lerntypen, ob nun »visueller Lerntyp«, »auditiver Lerntyp« oder »haptischer Lerntyp«, gehört. Dies sind die bekannteren Kategorien, doch auch Unterscheidungen in »praktischer«, »kommunikativer«, »motorischer«, »kinästhetischer«, medienorientierter«, »konvergierender« oder »assimilierender Lerntyp« kommen vor. Über 70 solcher Lerntypen-Einteilungssysteme existieren bzw. werden von Lerninstitutionen angepriesen, natürlich mit den entsprechenden (teuren) Tests zur fragwürdigen Bestimmung, welchem Lerntyp man denn nun selber angehört.

Der Grundgedanke ist klar: Wenn man weiß, welcher Lerntyp man ist, kann man seine Lernpraktiken darauf abstellen und optimieren. Doch ist eine solche Kategorisierung überhaupt sinnvoll und hat sie tatsächlich eine wissenschaftliche Grundlage? Diese Frage sollte durch eine umfassende kritische Betrachtung der vorliegenden Studien geklärt werden (Pashler, 2009). Dabei analysierten führende Forscher auf dem Gebiet des Lernens einen Großteil der beträchtlichen Anzahl an Untersuchungen zu diesem Thema der letzten 50 Jahre und beurteilten sie hinsichtlich ihrer methodischen Fehler, Eindeutigkeit, Beweiskraft und allgemeinen Aussagefähigkeit.

Das Ergebnis war ebenso deutlich wie verblüffend. Es gibt in der Tat keine wissenschaftlich fundierten und signifikanten Hinweise darauf, dass eine Einteilung der Menschen in Lerntypen sinnvoll oder für das Lernen hilfreich ist! In anderen Worten: Es konnte nicht gezeigt werden, dass die Zuordnung eines Menschen zu einem der existierenden Lerntypen und die daraus resultierende Wahl der Lernmethodik zu besseren Lernergebnissen führte, als wenn man diese Lerntyp-Zuweisung nicht vorgenommen hätte.

> *Andere erkennen ist weise, sich selbst erkennen ist Erleuchtung.*
> Laotse, chinesischer Philosoph, vermutl. 600 v. Chr.

Analogie »Dauerlaufen«: Kein Mensch läuft genau wie der andere, doch wir alle laufen im Grunde gleich, denn wir setzen dabei alle einen Fuß vor den anderen. Hierbei von unterschiedlichen Lauftypen zu sprechen, wäre wenig hilfreich. Sondern es gilt jene Prinzipien herauszufinden, die grundsätzlich für ein gutes Dauerlaufen sinnvoll sind, wie aufrechte Haltung, lockere Arme, leichte Kleidung, richtiger Pulsbereich, korrekte Atemtechnik etc.

Entsprechendes gilt auch für das Lernen der Menschen, wobei es ebenfalls generell zu beachtende Lernprinzipien gibt, die für uns alle gelten!

Es wird von den Forschern obiger Studie nicht bestritten, dass sich die Menschen bezüglich ihrer kognitiven Fähigkeiten unterscheiden können und oft gewisse subjektive Vorlieben für die eine oder andere Lernmethodik haben, doch rechtfertigt dies nicht die allzu vereinfachende Einteilung in einige wenige Lerntypen. Zudem birgt eine solche strenge Einteilung eine gravierende Gefahr: dass dann nämlich vom Einzelnen die breite und vielfältige Palette an Lernwerkzeugen nicht in ausreichendem Maße genutzt wird!

Es gilt also, sich selber zu erkennen. Dies wird als so bedeutend angesehen, dass es den speziellen Fachbegriff *Metakognition* dafür gibt. Damit ist das gesamte Wissen gemeint, das man über sich selbst als Person besitzt, sprich das Wissen über die eigenen Begabungen, Fähigkeiten und Stärken. Betrifft dieses Wissen speziell Funktionsaspekte des eigenen Gedächtnisses und das eigene Lernverhalten, spricht man auch von *Metagedächtnis*. In vielen Untersuchungen hat sich dabei herausgestellt, dass die Gedächtnisleistung ziemlich stark mit dem Metagedächtnis korreliert. Das heißt, je besser man sich kennt, desto höher sind die eigenen Lernleistungen. Eigentlich scheint dies trivial. Doch beachten es viele nicht und machen sich keine Gedanken über ihre Stärken oder Schwächen, übernehmen vermeintliche Lernregeln leichtfertig von anderen oder informieren sich zu wenig über sonstige Möglichkeiten des Lernens, wodurch sie sich selbst beschränken.

Ich selbst teile die Menschen nicht in die üblichen Lerntypen ein, sondern nehme eine große Zweiteilung vor. Und zwar haben die zwei kategorisierenden Bezeichnungen »Zahlen-Menschen« und »Wörter-Menschen« nach meiner langjährigen Erfahrung durchaus eine gewisse Berechtigung (im Lerntipp 43 als »logokognitiver Typ« bzw. »audiomatischer Typ« näher beschrieben). Wozu würdest du dich eher zählen? Vielleicht hilft dir ein kleiner Test. Welche Merkhilfe liegt dir mehr: *Thirty days has September, April, June, and November* oder 11. 9. 64?

Als »Wörtermensch« wirst du dich wahrscheinlich für den Merkspruch mit Rhythmus entscheiden. Die Abspeicherung der vier Monate als Datum, wobei der Tag/Monat des Terroranschlags in New York (11. 9.) und die 64 Felder eines Schachbretts als Zahlencodierung helfen, kennzeichnet dich eher als Zahlenmenschen.

AUS DER PRAXIS

Meines Erachtens ist für erfolgreiches Lernen zum einen die Nutzung aller Kenntnisse der Neurowissenschaft, Methodenlehre und Lernpsychologie wichtig. Zum anderen sind Selbstreflexion und ein Bewusstwerden über die eigenen Denk- und Lernprozesse sowie über Stärken und Schwächen des eigenen Geistes (Metakognition) äußerst bedeutend, um effizient zu lernen. Hierbei solltest du Fragen abklären wie: Welche Mentalfaktoren funktionieren für mich am besten? Welche Sinnesmodalitäten sollten in meine Memobilder vornehmlich integriert werden? In welchen Zeitabständen ist die Wiederholung meines Lernmaterials für mich sinnvoll? Wie vermeide ich Lernstress? Oder wie motiviere ich mich am besten? (Mehr Selbsterkenntnis bezüglich meiner eigenen Stärken führten bei mir zum Beispiel zu einem Weltrekord – siehe Seite 256.)

Diesen Lerntipp nutze ich:

0	1	2	3	4	5	6	7	8	9	10		☞	

0 = nie 10 = immer

Tipp 42

Lernplan erstellen

Das Absolvieren einer größeren Lernaufgabe ist wie das Erbauen eines imposanten Gebäudes. Und genauso, wie ein Architekt vor dem Baubeginn den Ablauf des Bauvorhabens detailliert plant, solltest auch du deine Lernetappen möglichst genau planen, um dein angestrebtes Lernziel sicher und souverän erreichen zu können.

Die wohl nur bei uns Menschen existierende Fähigkeit, ganz bewusst zu planen, spielt in unserem Leben eine große Rolle, auch wenn dies gerade jüngere Menschen nicht wahrhaben wollen. Doch jede Firma plant ihre zukünftige Produktpalette und Marketingstrategie, jeder Hochleistungssportler sein Trainingsprogramm, jeder gute Trainer die gewinnträchtigste Taktik für das nächste Spiel, jeder erfolgreiche Veranstalter von Mega-Partys die Musikstücke und jeder gewissenhafte Lehrer seine nächste Unterrichtsstunde (und dies in der Regel nach einem festen von den Bildungsministerien vorgegebenen Lehrplan).

Es wäre deshalb schade, wenn du nicht auch dein Lernziel so gut wie möglich planen würdest, denn ein solcher Lernplan hat viel mehr Vorteile, als nur eine gewisse Struktur und einen geordneten Ablauf in deinen Lernprozess hineinzubringen. Inwiefern kannst du also von einem Lernplan profitieren?

- Ein Lernplan führt einen »roten Faden« in den Lernstoff ein, der dir eine sichere Orientierung bietet und einer »Aufschieberitis« vorbeugt!
- Ein Lernplan spart Zeit, da er dir nicht erlaubt, herumzutrödeln, dich ablenken zu lassen oder dich zu verzetteln.

- Ein Lernplan schenkt dir das befriedigende Gefühl, etwas geschafft zu haben und dann auch eindeutig damit fertig zu sein (nämlich nach Erfüllung des Lernplans).
- Ein Lernplan ermöglicht dir den klaren Rückblick auf deinen bisherigen Arbeitseinsatz sowie deine bis dato erreichten Lernerfolge und schafft somit Antrieb und Motivation für weiteres Lernen (also alte Lernpläne bis zur Erledigung der Lernaufgabe nicht wegwerfen!).
- Ein Lernplan ermöglicht dir, eine sehr wichtige zusätzliche Fähigkeit zu erlernen: die Fähigkeit, korrekt abzuschätzen, wie lange du für die Bearbeitung und das Lernen verschiedener Lernaufgaben tatsächlich benötigst. (Kannst du z. B. wirklich 20 Vokabeln in 30 Minuten lernen? Und reicht dir eine Stunde zur tieferen Erarbeitung der Hauptpunkte eines zehnseitigen Kapitelabschnitts im Geschichtsbuch?)
- Ein Lernplan gibt dir die Chance, dich und deine mentale Belastbarkeit besser kennenzulernen. Kannst du wirklich am Stück 90 Minuten hoch konzentriert lernen? Oder doch nur – wie die meisten – 30, 45 oder 60 Minuten? Wie oft brauchst du Pausen? Wie lang sollten diese sein? Und womit kannst du dich in diesen Pausen am besten entspannen?
- Ein Lernplan ermöglicht dir, Pausen und Auszeiten noch mehr zu genießen, denn du hast sie dir ja im wahrsten Sinne des Wortes »verdient«.
- Ein Lernplan, wenn er von dir selber erstellt wurde (wozu ich immer rate), macht aus dir eine selbstbestimmte Person statt einer fremdbestimmten. (Was für ein Unterschied!)
- Ein Lernplan, der nicht nur für die Lerneinheiten eines Tages angefertigt wurde, sondern sich über mehrere Wochen oder Monate hin erstreckt, bringt dich unversehens auf einen Wissensstand und ein Leistungsniveau, das für dich wohl jetzt noch undenkbar ist, wenn du diesen »Lernplan-Effekt« noch nicht erlebt hast.
- Und dank eines Lernplans kannst du im leider immer möglichen (aber unwahrscheinlichen) Fall der Fälle, dass der Lehrer, Professor oder Chef deine Leistung doch nicht für gut befindet, trotzdem stolz auf dich sein, denn du kannst deinen Lerneifer, deine Beharrlichkeit und Selbstdisziplin ja immer »schwarz auf weiß« sehen.

Doch wie sieht nun eigentlich ein Lernplan genau aus? Man unterscheidet dabei kurzfristige Pläne, wie die Zeitplanung für einen langen Nachmittag oder ein Wochenende, und längerfristige, evtl. regelmäßige Zeitplanungen für mehrere Wochen oder Monate. Durch die längerfristigen Planungen stellt man sicher, dass man durch das regelmäßige Lernen eines Fachgebiets dem kleinen Teufel des Vergessens ein Schnippchen schlägt und sein Wissensniveau immer weiter hochschraubt. Man bleibt damit sozusagen am Ball und kann dadurch auch höher gesteckte Lernziele erreichen, etwa das Lernen von 500 Vokabeln in acht Wochen oder die Bearbeitung eines dicken Geschichtslehrbuches in drei Monaten.

So könnte ein Lernplan für einen Wochentag aussehen, an dem man richtig viel lernen will und sonst keine weiteren Verpflichtungen hat:

Beispiel für einen kurzfristigen Lernplan (einige Stunden)

15:00–15:10 Uhr	Zeitplanerstellung für den Nachmittag/Abend
15:10–15:55 Uhr	Bearbeitung der Geschichtshausaufgaben + Vorlernen
15:55–16:00 Uhr	Pause
16:00–16:15 Uhr	Wiederholung der neuen Englischvokabeln
16:15–16:45 Uhr	Bearbeitung der Mathehausaufgaben
16:45–17:00 Uhr	Zeitpuffer und Vorbereitung der nächsten Mathestunde
17:00–17:15 Uhr	Vorlernen von Englischvokabeln
17:15–17:30 Uhr	Pause
17:30–18:30 Uhr	Chemiehausaufgaben + Wiederholung/Zeitpuffer
18:30–19:15 Uhr	Abendessen
19:15–19:45 Uhr	flexibel (Thema noch frei wählbar, je nach Lust)
19:45–20:00 Uhr	Zusammenfassen der wichtigsten gelernten Informationen
20:00–21:45 Uhr	Freizeit (Lesen, Freunde, Fernsehen, Hobby)
21:45–22:00 Uhr	Entspannte Durchsicht der erstellten Zusammenfassung

Du siehst, der Plan ist auf die Minute genau erstellt. Plane so, dass du die Pflichtaufgaben oder die dir selbst auferlegten Aufgaben problemlos in der veranschlagten Zeit schaffen kannst. Hierfür wirst du mit der Zeit ein Gefühl bekommen, und es sind ja auch Zeitpuffer eingebaut, falls es doch einmal länger dauert. Aber Achtung: Wenn man dem Zeitplan immer nur frustriert hinterherhechelt und er beispielsweise schon bei der dritten Lernposition aus dem Ruder gelaufen ist, stellt er mehr einen Störfaktor als einen Ansporn zum Lernen dar!

AUS DER PRAXIS

Schon als Schüler habe ich beste Erfahrungen mit dem Lernen nach Lernplan gemacht. Vorher hatte ich zwar auch an den Hausaufgaben gesessen, gelegentlich an Schulprojekten gearbeitet und hin und wieder zusätzlich für die Schule gelesen und gelernt. Doch wenn dann am Ende der Woche eine Menge Stunden zusammengekommen waren, hatte ich nicht das Gefühl, wirklich viel gelernt zu haben. Deshalb habe ich immer, wenn ich mindestens zwei Stunden am Stück Zeit zum Lernen hatte, einen minutengenauen Lernplan aufgestellt und mich rigoros daran gehalten. Für mich war es dabei äußerst reizvoll, genau zu wissen, wann ich ein Thema beendet hatte und das nächste beginnen konnte.

Ich fand es so motivierend, dass ich bald deutlich mehr lernte als vorher und selber begeistert von meinem Wissen und von meinen Noten war. So dauerte es nicht lange, und ich geriet in einen berauschenden »Lernerfolgs-Engelskreis«!

Diesen Lerntipp nutze ich:

0	1	2	3	4	5	6	7	8	9	10		☞	

0 = nie 10 = immer

Tipp 43

Bestimme deinen Sprachen-Lerntyp

Für das Lernen fremder Sprachen ist es sehr wichtig zu wissen, zu welchem der zwei nahezu gegensätzlichen Sprachen-Lerntypen man mehr tendiert. Bist du eher der audiomatische oder der logokognitive Sprachen-Lerntyp? Diese Erkenntnis wird für deinen Erfolg beim Erlernen einer Fremdsprache ausschlaggebend sein. Dabei reicht die Beantwortung von nur fünf einfachen Fragen zur Bestimmung deines Lerntyps aus.

Eine Fremdsprache zu lernen, ist keine einfache Sache, zumindest wenn man nicht gleich von Geburt an (oder möglichst innerhalb der ersten drei Lebensjahre) damit konfrontiert wird. Nichtsdestotrotz unterscheiden sich die Menschen stark in ihrem Vermögen, Fremdsprachen zu erlernen, und auch in ihrer Art und Weise, wie sie dabei am effizientesten vorgehen.

Im Lerntipp 41 habe ich zwar darauf hingewiesen, dass es entgegen der landläufigen Meinung wenig Sinn macht, von unterschiedlichen Lerntypen zu sprechen, und es daher Zeitverschwendung ist, sich unbedingt den allenthalben erwähnten Lerntypen zuordnen zu wollen. Doch beim Erwerb einer Fremdsprache verhält es sich meines Erachtens durchaus anders!

Bereits vor einigen Jahren entwickelte ich durch die Analyse von Tausenden meiner Vortrags- und Seminarteilnehmer sowie meiner Bekannten und Freunde einen Test (nachzulesen in meinem Buch »Lernen wie ein Weltmeister«), mit dem man einfach und schnell herausfinden kann, zu welchem Sprachen-Lerntyp man eher gehört, wobei ich zwei sehr gegensätzliche Lerntypen unterscheide:

Audiomatischer Typ

Menschen, die diesem Sprachen-Lerntyp zuzuordnen sind, finden den Zugang zur Fremdsprache vornehmlich über ihr Gehör (→ audio) und in einer Art und Weise, die ich »automatisch« (→ matisch) nenne, was mich zum bezeichnenden Kombinationswort »audiomatisch« geführt hat. Ohne bewusste Anstrengung, rein durch ständige Wiederholung bleiben beim audiomatischen Sprachen-Lerntyp die Wörter – egal ob es Wörter eines Liedes, eines Dialektes, eines Reims, eines Slogans oder einer fremden Sprache sind – als Klang in akustischen Gedächtnisarealen schnell haften und sind schon nach einigen wenigen Wiederholungen leicht abrufbar.

Logokognitiver Typ

Personen, die man zu diesem Sprachen-Lerntyp zählen kann, haben es um einiges schwerer beim Fremdsprachenlernen. Das Lernen muss für diese Personen über eine logische (→ logo) und Erkenntnis gewinnende (→ kognitive) Verarbeitung ablaufen, deshalb der beschreibende Begriff »logokognitiv«. Erst durch reine Bewusstmachung und tieferes Verstehen kann sich dieser Sprachen-Lerntyp die grammatikalischen Regeln erarbeiten. Zudem muss er Vokabeln beschwerlich aus Büchern und Vokabelheften pauken, indem er immer direkt die Übersetzung in seine Muttersprache bekommt; eine erklärende Beschreibung der Vokabel in der Fremdsprache ist ihm ein Graus. Häufig kann ein logokognitiver Typ die Fremdsprache besser schreiben als sprechen.

Bevor du eine Fremdsprache lernst, solltest du deshalb anhand eines kurzen Tests deinen Sprachen-Lerntyp herausfinden. Bitte beantworte hierfür die nachfolgenden fünf Fragen, indem du die fünf Antwortkästen entsprechend deiner (ehrlichen) Selbsteinschätzung ankreuzt:

	Nein	*sehr wenige*	*+/– (ein paar)*	*recht viele*	*Ja, sehr viele*
1. Kennst du die Texte deiner Lieblingslieder?	○	○	○	○	○
2. Beherrschst du Dialekte (wenn auch nur Sätze/Phrasen)?	○	○	○	○	○
3. Fallen dir spontan Werbeslogans ein?	○	○	○	○	○
4. Nimmst du Sprachbrocken vom Auslandsurlaub mit?	○	○	○	○	○
5. Kennst du noch Reime aus deiner Kindheit?	○	○	○	○	○
	–20	–10	0	+10	+20
Summe (%)					

Auswertung: Zähle nun deine Punkte zusammen. Für jede Antwort erhältst du –20, –10, +10 oder +20 Punkte, sodass der Gesamtwert zwischen –100 und +100 liegen kann. Bitte beachte, dass dies keine Wertung deiner geistigen Leistungsfähigkeit ist, sondern damit nur angegeben wird, inwieweit du dem logokognitiven Typ oder dem audiomatischen Lerntyp zuzuordnen bist. Zum Beispiel ist ein Gesamtwert von –70 so zu verstehen, dass du zu 70 Prozent eher ein logokognitiver Sprachen-Lerntyp bist.

Logokognitiver Typ in % –										◄										
100	90	80	70	60	50	40	30	20	10	0	10	20	30	40	50	60	70	80	90	100
										►	+ Audiomatischer Typ in %									

Die praktischen Anwendungshinweise zu diesem Lerntipp sollten insbesondere von »Extremtypen«, also jenen mit einem Wert deutlich über +50 oder –50, beachtet werden.

Übrigens bin ich selber ein extremes Beispiel des logokognitiven Lerntyps mit dem negativen Maximalwert von –100, entsprechend ist das Erlernen von Fremdsprachen eine ziemlich schwierige Angelegenheit für mich.

AUS DER PRAXIS

Der audiomatische Typ sollte Vokabeln durch in der Fremdsprache beschriebene Erklärungen, Definitionen und Satzbeispiele lernen. Er sollte möglichst oft die Fremdsprache hören und sprechen und sich deshalb in der Fremdsprache besprochene Bänder anhören und Filme in der Fremdsprache anschauen. Fehler merzt dieser Fremdsprachen-Lerntyp durch mehrfache akustische Wiederholung der korrekten Version aus.

Der logokognitive Typ braucht für das Lernen von Vokabeln die direkte Übersetzung in die Muttersprache. Sprachregeln, Ausnahmen und die Grammatik muss er begreifen, auswendig lernen und immer wieder bewusst zum Bilden korrekter Sätze anwenden. Fehler behebt er am besten, indem er versucht, die grammatikalischen Hintergründe zu verstehen. Ein einfaches Nachplappern der korrekten Deklinationsform bringt ihm – im Gegensatz zum audiomatischen Typ – nicht viel, er muss das Warum verstehen.

Beide Sprachenlern-Typen können beim Lernen immens von der Schlüsselwort- und Loci-Methode profitieren (Tipp 36 und 35)!

Diesen Lerntipp nutze ich:

0	1	2	3	4	5	6	7	8	9	10		☞	

0 = nie 10 = immer

Tipp 44

Besser Vor-Lernen als Nach-Hilfe!

Weit über 90 Prozent der Lernenden hinken dem Lernstoff hinterher, denn sie folgen nur dem üblichen Lernablauf in Schule, Ausbildung, Uni etc. Doch viel sinnvoller ist ein gezieltes »Vor-Lernen«, also das eigenständige Bearbeiten des zukünftigen Lernstoffs. Dadurch ist man nicht mehr der »dumme« Lernende, sondern ein (fast) ebenbürtiger Gesprächspartner des Unterrichtenden. Das hebt den Spaßeffekt des Lernens und führt zu einer immens effektiven unmittelbaren Verarbeitung des dargebotenen Lernstoffs im Unterricht.

Unter (freiwilligem) Vor-Lernen verstehe ich die eigene Vorausschau auf den zukünftigen Lernstoff. Die Wirkungsweise dieser Art zu lernen kann man sich sehr schön anhand eines Einkaufsnetzes verdeutlichen. Wenn man zum Einkaufen geht, bereitet man sich in drei Punkten darauf vor: Man überlegt sich, was man einkaufen will – viele Erstellen dafür eine Einkaufsliste. Außerdem stellt man sicher, dass man das Geld oder die Kreditkarte nicht vergisst. Und man nimmt eine Einkaufstasche oder ein Einkaufsnetz mit, um die vielen kleinen und größeren Dinge, die man einkaufen möchte, bequem nach Hause tragen zu können. Würde man nur seine zwei Hände dazu verwenden, könnte man nur wenig einkaufen.

Genauso solltest du dich auf deine nächste Lerneinheit, ob nun die nächste Unterrichtsstunde, Vorlesung oder Ausbildungseinheit, vorbereiten und entsprechend dem Einkaufsnetz im Voraus ein »Lernnetz« in deinem Kopf erstellen. Dies erreichst du, indem du dich mit dem zukünftigen Thema zumindest für einige Minuten beschäftigst: das anstehende Lernkapitel schon mal überfliegen, einen Überblick verschaffen, ein allgemeines Verständnis für die Thematik zu bekommen versuchen und evtl. auch schon einige besonders ins Auge stechende Informationen lernen. Durch das dadurch im Kopf entstehende »Lernnetz« lassen sich die im nächsten Unterricht dargebotenen zahlreichen neuen Informationen, Fakten, Einzelheiten und Sachverhalte viel leichter aufnehmen und verstauen. Und dadurch kannst du wesentlich mehr Wissen mit nach Hause tragen!

Im Übrigen lässt sich die Analogie noch erweitern: Je kleiner du die Netzmaschen deines Lernnetzes knüpfst, desto weniger an Wissensstoff kann durchrutschen. Das würde aber heißen, im Vorfeld noch intensiver zu lernen, wodurch das Vor-Lernen aber natürlich zeitaufwendiger wäre. Wichtig ist nur, überhaupt so ein Lernnetz für die Aufnahme des Lernstoffs in der anstehenden Unterrichtseinheit für sich zu erstellen.

Es macht unendlich mehr Spaß, etwas tun zu wollen, als etwas tun zu müssen. Es ist deine Entscheidung!
Gunther Karsten, Chemiker, Autor und Gedächtnis-Weltmeister, geb. 1961

Wenn man die Lern-/Einkauf-Analogie noch ausbauen möchte, so lässt sich sagen, dass der Einkaufszettel die Fragen sind, die man im nächsten Unterricht geklärt haben möchte (siehe Lerntipp 3: Priming). Und das Geld ist quasi die positive Einstellung und Motivation zum Lernen, ohne die das Lernen nur zäh und mühsam vonstattengeht.

Wahrscheinlich bist du den normalen Ablauf in der Schule, Ausbildung oder Universität gewohnt:

1. Lernstoffpräsentation *(durch den Lehrer; passives Zuhören)*
2. Lernstoffaufarbeitung *(allein; oft frustrierend und lückenhaft)*
3. Lernstoffwiedergabe in der Prüfung *(eher Unkenntnisse zeigen sich)*

Auch wenn diese Vorgehensweise für die guten Lerner in der Regel passabel funktioniert, ist es kein sehr effizienter Weg und für viele mit Frustration und schlechten Noten verbunden. Denn sie arbeiten dem Lernstoff über viele Jahre immer hinterher, da vieles in der Lernstoffpräsentation bereits so unverständlich und/oder umfangreich war, dass die anschließende eigene Lernstoffaufbereitung viele Lücken und Unklarheiten hinterlässt. Durch dieses Nicht-hinterher-Kommen sind viele auf Nachhilfe angewiesen. (Laut jüngsten Umfragen nehmen mehr als ein Drittel aller Schüler in Deutschland Nachhilfe in Anspruch!)

Die bessere Taktik ist es, den Lernstoff vor der Präsentation durch den Lehrer/Dozenten vorzulernen. Hiermit ist nicht gemeint, dass man alles schon vorher zu beherrschen versucht, sondern lediglich eine kleine Vorausschau anstellt und damit einen gewissen Überblick gewinnt – dies kostet nicht viel Zeit! Dadurch kann man jedoch den Ausführungen im Unterricht deutlich besser folgen und aktiv mitarbeiten (wodurch sich auch die wichtige mündliche Note drastisch verbessern kann). Zudem wird aus der vorher zähen und frustrierenden Lernstoffaufbereitung eher eine schnelle und angenehme Wiederholung und Festigung des Lernstoffs. Die dadurch gesparte Zeit kann man dann wieder in das nächste Vorlernen investieren! Unterm Strich ergibt sich nun die folgende effektivere Abfolge:

1. Lernstoff-Vorlernphase *(allein; Erstellen eines »Lernnetzes«)*
2. Lernstoffpräsentation *(durch den Lehrer; nun aktives Mitarbeiten)*
3. Lernstoffaufarbeitung *(allein; nun eine Rekapitulation des jetzt verstandenen Lernstoffs mit Zeit für tiefer gehendes Verständnis)*
4. Lernstoffwiedergabe in der Prüfung *(Wissen ist sicher abrufbar)*

Probiere das Vor-Lernen unbedingt aus! Über kurz oder lang wird sich bei dir höchstwahrscheinlich ein tolles Lernkick-Gefühl (wie ich es gerne nenne) einstellen: die Freude am Verstehen, Lernen und Wissen!

AUS DER PRAXIS

In der Schule und Uni habe ich regelmäßig anhand der Lehrbücher oder des Vorlesungsskriptes vorgelernt. Dies war nicht schwer, denn es war ja meine freiwillige Entscheidung und kein nerviges Muss, wie das Nachbearbeiten des alten Lernstoffs. Und es war herrlich, nicht – wie viele andere – über die Ausführungen des Lehrers oder Dozenten verständnislos den Kopf zu schütteln, sondern dank vieler Wiedererkennungs- und Aha-Erlebnisse immer wieder verständig zu nicken.

Nachdem ich in der Schulzeit den Sinn des Vor-Lernens verstanden und es für mich umgesetzt hatte, katapultierte mich dieses Prinzip in vielen Fächern bei der mündlichen Note von einer »3–4« auf eine »1+«!

Diesen Lerntipp nutze ich:

0	1	2	3	4	5	6	7	8	9	10		☞	

0 = nie   10 = immer

Tipp 45

Suche dir ein gutes Lernteam

Suche dir die richtigen Leute zum gelegentlichen bis regelmäßigen Lernen in der Gruppe. Gemeinsames Lernen macht nicht nur mehr Spaß, sondern fördert auch die Motivation, bringt deutlicher eigene Schwächen (und Stärken) zutage und eröffnet dir neue Perspektiven auf den Lernstoff.

Es gibt viele Situationen und Aufgabenstellungen, in denen man am effizientesten lernt, wenn man allein und konzentriert in seinem »stillen Kämmerchen« sitzt. Zum Beispiel beim Durchlesen der zu bearbeitenden Textmaterialien, beim Erlernen der Basisfakten eines Lernthemas, beim Auswendiglernen von Vokabeln und großen Datenmengen oder beim Berechnen und Lösen mathematischer Aufgaben. Wenn man allein für sich lernt, kann man in der Regel konzentrierter lernen, besser seinem eigenen Gedankenrhythmus folgen oder mit seinem optimalen individuellen Lerntempo voranschreiten.

Daneben kann es aber auch sinnvoll sein, regelmäßig mit anderen zusammen zu lernen, wofür u. a. folgende Gründe sprechen:

- Die anderen Mitglieder eines Lernteams vermitteln einem neue Sichtweisen und Denkimpulse.
- Durch Diskussionen mit anderen kann man das Wissen über den zu lernenden Stoff vertiefen.
- Eigene Wissenslücken können aufgedeckt werden, was man insbesondere durch den Vergleich mit dem Wissensstand der anderen erkennt.

- Durch den gegenseitigen Austausch über die von jedem eingesetzten Lernstrategien kann man das eigene Lernen optimieren.
- Falsche Sichtweisen und Denkfehler werden in der Auseinandersetzung mit anderen schneller entlarvt.
- Durch die Verteilung von umfangreichem Lernstoff auf die einzelnen Mitglieder des Lernteams ist eine deutliche Zeitersparnis beim Lernvorhaben möglich.
- Durch das Aufbereiten und Vortragen der zugeteilten Themen erhöht man seine Kompetenz im Präsentieren eines Stoffs vor mehreren Zuhörern.
- Lern-»Durchhänger« vermindern sich, da man gegenüber dem Lernteam eine Verantwortung hat und Gründe oder Ausreden, warum man jetzt nicht lernen kann, nicht so leicht funktionieren.
- Durch die Gruppendynamik in einem Lernteam wird man aktiviert und motiviert.
- Man trainiert die später im Beruf sehr wichtige »Teamfähigkeit«.
- Das Selbstbewusstsein hinsichtlich des eigenen Wissens, aber auch hinsichtlich des eigenen Denkens oder der eigenen Fähigkeiten kann durch Lob der anderen gestärkt werden.

Willst du schnell voranommen, gehe allein, willst du weit kommen, gehe mit anderen.
Afrikanisches Sprichwort

Natürlich besteht beim Lernen in der Gruppe auch die Gefahr, dass man sich leicht gegenseitig ablenkt, herumgealbert wird oder Streitigkeiten eine harmonische Lernatmosphäre zunichtemachen können. Deshalb sollte man die folgenden Punkte beachten, um eine funktionierende Lerngruppe zusammenzustellen:

- Drei bis vier Personen im Team sind ideal (maximal fünf).
- Die Teammitglieder sollten sich sympathisch sein, sodass ein durchgehend gutes Lernklima gewährleistet ist.
- Alle im Team sollten ein ähnliches Denk- und Wissensniveau haben.
- Keiner sollte zu dominant hervortreten.

- Es sollten keine Ängste und Neidgefühle in der Lerngruppe aufkommen, damit ein offener und freier Austausch untereinander möglich ist.
- Die Teammitglieder sollten ähnliche Ziele verfolgen.
- Alle sollten ungefähr gleich motiviert sein.
- Regeln des gemeinsamen Lernens sollten vorher aufgestellt werden.
- Ein geeigneter Ort zum Lernen sollte vereinbart werden.

An dieser Auflistung kritischer Punkte sieht man, dass es nicht ganz leicht ist, ein erfolgreiches Lernteam zusammenzustellen. Doch hat man unter Beachtung dieser Empfehlungen die passenden Leute gefunden, sie für die Bildung eines Lernteams begeistern können und das Zusammen-Lernen auch ein wenig geübt, wird jeder Einzelne beim Lernen von der Gruppe profitieren.

Die Effektivität des gemeinsamen Lernens lässt sich noch steigern, wenn sich die Teammitglieder immer wieder gegenseitig mit Fragen löchern. Dies können Fragen sein, auf die man selber die Antwort noch nicht weiß, sie aber wichtig, prüfungsrelevant oder interessant findet. Oder es sind Fragen, um die anderen zu testen – aber nicht aufgrund arroganter Boshaftigkeit, sondern aus dem Wunsch heraus, den anderen zu helfen und sie auf das gleiche Wissensniveau zu bringen.

Darüber hinaus ist die Erstellung eines Lernplans (siehe Lerntipp 42) für das Lernen im Team genauso wichtig wie für das Lernen im Alleingang. Wobei auch hier wieder die Unterscheidung von kurzfristigen, evtl. mittelfristigen und langfristigen Lernplänen sinnvoll ist.

Damit die Ernsthaftigkeit und auch der Erfolg einer solchen Lerngruppe gesteigert werden, könnte es auch ratsam und hilfreich sein, dass jeder ein offizielles Versprechen (am besten schriftlich) abgibt, nach bestem Wissen und Gewissen mitzuarbeiten, das Team zu unterstützen und nicht aufzugeben, bevor das Lernziel erreicht ist!

Von vielen Lehrern habe ich übrigens in diesem Zusammenhang gehört, wie extrem wichtig die Unterstützung der Eltern für das Lernen insbesondere bei jüngeren Schülern ist. Hierbei wäre es sicherlich hilfreich, wenn die Eltern nicht von oben herab und schulmeisterlich den Lernprozess bestimmen, sondern gemeinsam mit ihrem Kind ein harmonisches, möglichst gleichberechtigtes Lernteam bilden. Ich selbst war oft genug überrascht, welche neuen Erkenntnisse ich gewann, wenn ich mit meiner achtjährigen Tochter einfach nur für die Schularbeiten lernte. Mit Neugier kann jeder dazulernen!

AUS DER PRAXIS

Zuerst überlegt man sich bei der Zusammenstellung eines Lernteams, für welchen Lernbereich/welches Schulfach man das Lernen im Team am sinnvollsten hält. Dann schaut man, wer einem für ein gemeinsames regelmäßiges Erarbeiten des Lernstoffs sympathisch ist. Im nächsten Schritt achtet man darauf, dass das Leistungsniveau der Teammitglieder dem eigenen ähnlich ist, wobei mindestens einer auch ein etwas höheres (aber nicht zu hohes) Leistungsniveau haben sollte, wovon die anderen nach Möglichkeit profitieren können. Nun versucht man, seine drei bis vier Favoriten von seiner Lernteam-Idee zu begeistern – wobei unbedingt zu berücksichtigen ist, dass sich auch die anderen untereinander mögen.

Diesen Lerntipp nutze ich:

0	1	2	3	4	5	6	7	8	9	10		☞	

0 = nie   10 = immer

Tipp 46

Schlafhygiene – oder: Mach die Nacht nicht zum Tag!

Wie auch ein Muskel nach hartem Training benötigt das Gehirn eine »Auszeit«. Diese holt es sich in natürlicher Weise durch den Schlaf. Eine drastische und regelmäßige Reduktion der Schlafdauer mindert die Leistungsfähigkeit nicht nur unseres Körpers und unseres Immunsystems, sondern auch unserer grauen Zellen!

Eine lustige, aber treffende Umschreibung für diesen Lerntipp könnte lauten: »Sei kein (dummes) Schaf, sondern schlaf!« Jeder Mensch hat ein natürliches Schlafbedürfnis – und diesem sollte er auch gerecht werden. Doch gerade junge Menschen sehen das nicht so eng und bauen oft über mehrere Tage ein immer größeres Schlafdefizit auf, um dann an einem freien Tag mal so richtig lang auszuschlafen. Auf Dauer ist das allerdings ganz und gar nicht gesund! Eine große, 475 000 Personen umfassende Übersichtsstudie über einen Zeitraum von 25 Jahren (Cappuccio, 2011) hat vor Kurzem deutlich gezeigt, dass Menschen mit weniger als sechs Stunden Schlaf pro Nacht ein um 50 Prozent erhöhtes Risiko für Herzerkrankungen oder einen Herzinfarkt haben und sich auch das Darmkrebsrisiko erhöht. Außerdem wurde wissenschaftlich bewiesen, dass Schlafentzug (und Schlafstörungen) bei Erwachsenen und Kindern zu gravierenden Einbußen der Lernleistungen führen.

In der Regel liegt das Schlafbedürfnis von Erwachsenen bei sechs bis neun Stunden (meistens sieben bis acht Stunden; sehr selten vier bis fünf Stunden oder bei Langschläfern zehn bis zwölf Stunden); dies ist individuell sehr verschieden und teilweise auch genetisch bedingt. Gönnt man sich jedoch keinen ausreichenden Schlaf, ist nicht nur die absolute Schlafzeit vermindert, sondern zudem kann sich auch der relative Anteil der Tiefschlafphasen reduzieren. Genau diese Tiefschlafphasen sind jedoch für den bedeutsamen Lernfaktor »Wissenskonsolidierung« (wie im Lerntipp 9 näher erläutert) wichtig.

Die Wissenschaftler kommen dem Phänomen »Schlaf« zunehmend auf die Spur. Ein auf den ersten Blick unverständliches Phänomen ist der Schlaf durchaus: So ist es in der Tat erstaunlich, dass alle höher entwickelten Tiere schlafen. Denn es birgt eine immense Gefahr, in der freien Natur mit all den gefräßigen Feinden so einfach ganz ohne Bewusstsein wehrlos herumzuliegen.

> *Der Schlaf ist für den ganzen Menschen, was das Aufziehen für die Uhr.*
> Arthur Schopenhauer, deutscher Philosoph, 1788–1860

Vermutlich gibt es mehrere Gründe, warum wir regelmäßig schlafen müssen: Zum einen wird die Nachtruhe vom Gehirn genutzt, um verbrauchte Energiereserven wieder aufzufüllen. So haben Forscher festgestellt, dass Ratten (die uns biochemisch sehr verwandt sind) gerade während des Schlafs im Gehirn in starkem Maße den Energieträger Adenosintriphosphat (ATP) produzieren. Zum anderen belegen jüngste Studien (Wright, 2010), wie sehr der Mensch im Schlaf seinen Energiehaushalt – wohl auch für eine mentale Erholung – herunterfährt: Anhand von Experimenten mit sieben Versuchspersonen in einem sogenannten Ganzraumkalorimeter konnte man feststellen, dass ein Mensch während des nächtlichen Schlafs circa 30 Prozent weniger Energie verbraucht als im nächtlichen schlaflosen Ruhezustand (circa 60 kcal/h gegenüber circa 85 kcal/h).

Außerdem hat die Wissenschaft herausgefunden, dass im Schlaf nicht nur eine allgemeine mentale Regenerierung sowie Lernprozesse stattfinden, sondern das Immunsystem gestärkt, die Wundheilung beschleunigt und Wachstumsprozesse (durch die Ausschüttung von Wachstumshormonen in der Tiefschlafphase) gefördert werden.

Zudem laufen im Gehirn neben Zellwachstumsprozessen auch regionale und über das ganze Gehirn verteilte Vernetzungsprozesse ab. Und wie die einzelnen Gehirnzellen miteinander verschaltet und vernetzt werden, ist in den wichtigen Entwicklungsjahren der Kindheit, aber auch später im Erwachsenenalter von entscheidender Bedeutung für die Frage, wie effizient und effektiv das Gehirn in den späteren Jahren die Prozesse des Lernens bewältigen kann.

Übrigens hat eine selbst auferlegte Verringerung der Schlafdauer auf circa drei Stunden pro Nacht schon nach zwei bis drei Tagen gravierende Auswirkungen wie Kopfdröhnen, Frieren, Heißhunger, Konzentrationsmangel oder Halluzinationen. Wer krampfhaft versucht, sein individuelles Schlafpensum über längere Zeit drastisch zu reduzieren, wird zunehmend an Konzentrationsschwäche und Aufmerksamkeitsdefiziten leiden. Experimente deuten darauf hin, dass das Gehirn dann nämlich von sich aus im Wachzustand einige für das unmittelbare Überleben nicht so wichtige Gehirnbereiche (auch jene für abstrakte Lernprozesse) in einen »Dämmerzustand« zurückschaltet, um einer neuronalen Erschöpfung entgegenzuwirken.

Alle diese Fakten sollten dich überzeugen, grundsätzlich auf vernünftigen und ausreichenden Schlaf zu achten, aber insbesondere, wenn für die nächsten Tage eine wichtige Prüfung ansteht, um dann dafür topfit zu sein!

Demjenigen, der jetzt vielleicht auf die Idee kommt – wenn man schon recht viel Zeit seines Lebens mit dem Schlafen verbringen sollte –, diese unumgängliche Schlafzeit noch zusätzlich für das Lernen zu nutzen, indem er sich den Lernstoff während des Nachtschlafs leise mittels eines MP3-Players vorspielt, muss ich einen Dämpfer versetzen. Umfangreiche Studien (z. B. Wood, 1992) haben zwar gezeigt, dass die Ohren diese akustische »Lehrdarbietung« registrieren, wir uns am nächsten Morgen jedoch nicht daran erinnern können.

AUS DER WISSENSCHAFT

An der Paris-Lodron-Universität Salzburg sind im Fachbereich Psychologie zahlreiche interessante Untersuchungen zum Thema »Auswirkung des Schlafverhaltens auf die Lernleistung« durchgeführt worden. Hierbei zeigte sich bei erwachsenen Probanden, dass die Schlafqualität (die durch Neurofeedback trainiert werden kann) einen deutlichen Einfluss auf die Lernerfolge beim Einstudieren von Wortpaaren hatte. Jüngste Studien mit einer großen Anzahl von Kindern im Alter von acht bis elf Jahren weisen ebenfalls auf einen markanten Zusammenhang von Schlafqualität (bewertet durch das EEG-Muster) und Gedächtnisleistungen hin (Hödlmoser, 2011).

Diesen Lerntipp nutze ich:

0	1	2	3	4	5	6	7	8	9	10		☞	

0 = nie 10 = immer

Tipp 47

Besser Lesen: Mit Training & Gangschaltung

Lesen können zum Glück die meisten, denn für unsere Wissenserweiterung ist das Lesen nahezu unabdingbar. Doch viele bleiben bei ihrer in früher Kindheit erlernten Lesestrategie (und damit Lesegeschwindigkeit) stehen. Dabei kann fast jeder mit effizienteren Lesetechniken, der Beachtung von Leseregeln und gezieltem Training den Prozess des Lesens deutlich effektiver gestalten!

Der Prozess des Lesens ist sehr komplex und umfasst viele Vorgänge, die aufeinander abgestimmt sein müssen bzw. nahezu gleichzeitig ablaufen, wie: Augenbewegung, Buchstabenwahrnehmung, Wörtercodierung, analytisches Denken, assoziative Informationsverarbeitung unter Nutzung von Wissen im Langzeitgedächtnis und Abspeicherungsprozesse.

Dies haben wir alles in den Anfängen unserer Schulzeit gelernt und jahrelang in gleicher und in immer wiederkehrender Weise angewendet und fest verankert. Das ist der Grund, weshalb fast alle Menschen mit ungefähr der gleichen Geschwindigkeit lesen, und zwar mit etwa 200 bis 300 Wörtern pro Minute (bei weniger anspruchsvollen Texten).

Außerdem wenden wir üblicherweise diese eine Art des Lesens bei jedem Text an, ob er nun simpel oder kompliziert ist oder ob wir uns dabei entspannen wollen oder nach Informationen suchen.

Dabei gibt es zwei ganz wichtige Aspekte, die man für ein besseres Lesen beachten sollte:

Lese-Gangschaltung

Für das Lesen stellt das Fahrradfahren eine schöne Analogie dar. Das normale Lesen entspricht dem Fahren ohne Gangschaltung. Effizienter ist jedoch das Fahren mit Gangschaltung, wobei man je nach den Anfordernissen mal in einem niedrigeren Gang, mal in einem höheren Gang fährt und so das Radfahren optimiert. Entsprechend sollte man dies beim Lesen tun, indem man sich fragt, welcher »Lese-Gang« für die zu bewältigende Aufgabe tatsächlich angebracht ist:

- **1. Gang:** Sehr komplizierte Texte oder mit Fremd- oder Fachwörtern überfrachtete Texte sind im 1. Gang zu lesen, das heißt langsam und intensiv. Dabei mag auch ein gelegentliches wiederholtes Lesen notwendig sein (Beispiel: schwierige Fachartikel).
- **2. Gang:** Dieser Gang ist für schwere Texte geeignet, die zwar nicht so kompliziert sind, dass mehrfaches Lesen angebracht ist, aber ein konzentriertes Lesen mit einigen Unterbrechungen zur Reflexion über den Lesestoff erforderlich machen (Beispiel: ältere, textlastige Lehrbücher/Sachbücher).
- **3. Gang:** Bei mittelschweren Texten empfiehlt sich der 3. Gang: Textpassagen, die bereits bekannte oder nicht so relevante Informationen enthalten, sollte man nicht Wort für Wort lesen, was unnötige Zeit kostet. Hier reicht ein rasches Überfliegen (Beispiel: Zeitungen und Zeitschriften).
- **4. Gang:** Leichte Texte sind für diesen schnellen Lesegang geeignet. Man kann entspannt und rasch lesen, da keine bewusste Informationsaufnahme für ein tieferes Verständnis oder für ein dauerhaftes Lernen und Behalten erforderlich ist (Beispiel: Romane). Nach Bedarf kann man ja wieder runterschalten!
- **5. Gang:** In diesem schnellsten Gang, der auch als Querlesen bezeichnet wird, kann man Texte bearbeiten, von denen man vermutet, dass sie evtl. verstreute interessante Informationen enthalten. Oder man ist dabei nur auf der Suche nach relevanten Schlüsselwörtern (Beispiel: Wörterbuch). Von Lesen im landläufigen (aber auch wissenschaftli-

chen) Sinn kann man hier nicht sprechen, denn unter Lesen versteht man in der Leseforschung, dass man wirklich jedes Wort sieht und wahrnimmt.

Zweifelsohne spart man Zeit und Energie, wenn man immer im richtigen Lese-Gang liest! Man kann recht schnell lernen, immer die richtige Wahl der Gänge zu treffen und zwischen den Gängen hin und her zu schalten. Man muss sich nur immer wieder daran erinnern, den eigenen Lesegang auf das Lesematerial abzustimmen.

Lese-Training

Doch kann man eigentlich auch schneller (und damit besser) lesen, als man es üblicherweise tut – und zwar so unglaublich schnell, wie es von manchen Schnelllese-Trainern teuer versprochen wird? Die Antwort ist »Ja« und »Nein«.

- Ja: In der Tat kann man durch intensives Training schlechte Angewohnheiten beim Lesen eindämmen sowie gewisse Leseabläufe verbessern, wie zum Beispiel das *Vermeiden des Zurückspringens der Augen*, die *Verkürzung der Fixierungsdauer* oder die *Erweiterung der Blickspannenweite*. Wobei es hier leider ein paar betrübliche Hürden gibt: Zum einen erfordert dies ein sehr intensives Training von ein bis zwei Stunden pro Tag für mehrere Wochen (kein Wunder, denn man hat in seinem Erwachsenenleben schon viele Millionen Wörter in lesetechnisch ungünstiger Art gelesen). Außerdem funktioniert dieses sogenannte »Turbo«-Lesen oder »Speed-Reading« fast nur bei sehr simplem Lesestoff und nicht bei komplizierteren Texten (bei denen das Verstehen der geschwindigkeitsbegrenzende Faktor ist!). Außerdem verliert man diese Turbo-Lesefähigkeit wieder, wenn man es nicht fast täglich praktiziert.
- Nein: Die oftmals versprochenen Steigerungen der Lesegeschwindigkeit auf 1000, 2000, 5000, 10 000 oder gar 30 000 Wörter (Photo-Reading) pro Minute sind Humbug, da dies dann mit Lesen überhaupt nichts mehr zu tun hat (sondern nur ein »Scannen« des Textes mit ent-

sprechend niedrigem Verständnisniveau ist). Nach Ansicht vieler Wissenschaftler ist »nur« eine Steigerung auf 500 bis 600 Wörter pro Minute möglich, wenn man alle mechanischen und kognitiven Prozesse berücksichtigt, die beim Leseprozess ablaufen müssen. Doch das wäre ja schon eine enorme Steigerung auf das Zwei- bis Dreifache der normalen Lesegeschwindigkeit!

Nur der Vollständigkeit halber: Es scheint ganz wenige Menschen auf dieser Erde zu geben, die tatsächlich einfache Texte mit deutlich höherer Geschwindigkeit lesen und erinnern können, wie gewisse Autisten (z. B. der kürzlich verstorbene Kim Peak, der mit jedem Auge separat eine Seite las und über 14 000 Bücher auswendig wusste), oder eine Weltmeisterin im »Speed Reading« mit 1500 Wörtern/Minute. Allerdings erzählte sie mir, dass sie seit vielen Jahrzehnten fast täglich fünf bis sechs Stunden liest!

AUS DER WISSENSCHAFT

Nach aufwendiger Suche wurden einmal die schnellsten Leser Amerikas wissenschaftlich getestet – meistens Trainer von Schnell-Lese-Kursen (Carver, 1985). Sie gaben selbst an, mit mehreren Tausend Wörtern pro Minute lesen zu können. Tatsächlich lagen sie mit ihrer »Lese«-Geschwindigkeit deutlich über 1000 Wörtern, doch war ihr Textverständnis gering, sodass sie offensichtlich den Text nur überflogen hatten. Prof. Carver fasste es pointiert so zusammen: »Die Schnell-Leser waren fantastisch – aber nur im Umblättern der Seiten!«

Diesen Lerntipp nutze ich:

0	1	2	3	4	5	6	7	8	9	10		☞	

0 = nie 10 = immer

Tipp 48

Neu und markant: der Lern-Garant

Bekanntes, Normales, Monotones oder Altbackenes ist für unser Gehirn uninteressant und langweilig. Wie unser gesamtes sensorisches System wird auch unser Gehirn insbesondere durch neue Reize aktiviert. Garantiere dir somit besseres Lernen, indem du Neuheiten, Ungewöhnlichkeiten und besonders markante Aspekte in deinen Lernstoff integrierst bzw. darin zu erkennen versuchst.

Die wissenschaftliche Basis für diesen Lerntipp geht weit zurück auf die Psychologin Hedwig von Restorff, die bereits um 1930 durch ihre Forschungen zeigte, dass wir uns besser an Dinge erinnern, die herausstechen, andersartig oder einmalig sind. Nach ihr benennt man dieses Gedächtnisphänomen *Von-Restorff-Effekt*. So werden wir uns bei einer langen Aufzählung von Früchten sehr leicht zum Beispiel an den eingestreuten Begriff »Tennis« erinnern, denn er sticht durch seine Verschiedenheit markant aus der Liste heraus. (Übrigens erinnert man sich auch mehr an die Außenseiter – in der Schule, im Sportverein, in der Firma etc. – als an einen, der zur großen Masse der »Normalen« gehörte.)

Wenn man dieses Phänomen nun ganz bewusst und gezielt zum Lernen einsetzt, spreche ich auch gern vom *SPOT-Effekt*. Denn man richtet damit gleichsam einen hellen mentalen Scheinwerfer (Spot) auf eine ganz besondere Stelle (englisch: *spot*) des Lernstoffs und stellt damit deren Bedeutung heraus, was zur Erhöhung der Aufmerksamkeit führt.

Veranschaulichung des Spot-Effekts: Für viele Schüler und Studenten geschieht das Lernen wie in der Dämmerung, in der alles zwar noch schemenhaft sichtbar ist, aber keine Farbe, keine Einzelheiten, keine Strukturen sowie keine Besonderheiten mehr zu erkennen sind. Leuchtet man aber mit einem (selbst nur kleinen) Scheinwerfer gezielt auf eine Stelle, so erkennt man endlich Genaueres (»Es geht einem ein Licht auf.«), und man wird aufmerksam, wachsam und vielleicht auch neugierig. Und durch das diffuse Licht des Scheinwerfers werden zudem auch die um den Lichtspot herumliegenden Bereiche klarer!

> *Wer ein Auge für das Neue hat, findet Neues überall.*
> Hans-Jürgen Quadbeck-Seeger, deutscher Chemiker und Manager, geb. 1939

Forschungen deuten darauf hin, dass im Gehirn beim Erkennen von etwas interessantem Neuem oder etwas Ungewöhnlichem ähnliche chemische Prozesse wie bei einer Belohnung ablaufen: Es scheint zur Ausschüttung des Neurotransmitters Dopamin zu kommen, der am Entstehen vieler positiver emotionaler Zustände beteiligt ist. Der Lernforscher Prof. Spitzer betont ebenfalls die Rolle von Neuem für unser Gehirn und bezeichnet das für jegliches Lernen wichtige Hippocampus-Gehirnareal sogar als »Neuigkeitsdetektor«.

Doch gerade in der Schule gibt es das Problem, dass ständig und in großer Fülle Neues zu lernen ist. Hier wird das Neue zum Normalen, weshalb der Spot-Effekt sich leider quasi selbst inaktiviert. Entsprechendes geschieht mit unserer Sinneswahrnehmung durch Gewöhnung. Unsere Sinne reagieren nicht auf Signale, sondern nur auf Signaländerungen. Bleibt das Signal gleich, fast egal wie stark, nimmt man bald nichts mehr wahr!

Dennoch kannst du den Spot-Effekt ganz praktisch beim Lernen einsetzen. Hier einige Vorschläge:

- Versuche etwas wirklich Markantes im Lernstoff zu finden, was dich interessiert und begeistert.

- Findest du nichts dergleichen, schweife ruhig mal etwas ab oder versuche eine neue, interessantere Perspektive auf den Lernstoff zu gewinnen. Beispiel: Die abstrakte Zahl der Erdbeschleunigung von 9,81 m/s² ist zu lernen. Du könntest dich nun fragen, welcher Beschleunigung in einem Sportwagen (z. B. Bugatti Veyron) von 0 auf 100 km/h dieser Erdbeschleunigung eigentlich entspricht!
- Mache Teile des Lernstoffs für dich akustisch markant! Viele lesen und lernen nur stumm vor sich hin. Doch erreicht man schon einen Spot-Effekt, indem man das Wichtigste des Lernstoffs laut ausspricht (auch Flüstern reicht). Dies haben jüngste Untersuchungen gezeigt, wobei der Spot-Effekt nicht auftrat, wenn die Versuchspersonen alles laut lasen, da dann das laute Lesen wieder das Normale war (Ozubko, 2010).
- Teile des Lernstoffs kannst du auch durch Gesten und Bewegungen herausheben, indem du zum Beispiel eine wichtige Definition mit einer bestimmten Körperbewegung unterlegst und damit von der Masse der anderen Informationen abhebst.

Toll wäre es natürlich, wenn auch Lehrer und alle Unterrichtenden den Spot-Effekt einsetzen würden. So könnte man sich zum Beispiel von guten Rednern, Schauspielern und Komikern effektive Vermittlungsstrategien abschauen und mit Betonung, Gestik, schauspielerischer Mimik oder »merkwürdigen« Handlungen bedeutende Informationen des Lehrstoffs für die Schüler markant herausstellen. (So erlebte ich einmal, wie ein Vortragsredner seine wichtigste Aussage nach der Besteigung eines Tisches zum Besten gab. Und ein früherer Chef von mir hat uns die wichtigste Verkaufsstrategie mit pompösen Worten ans Herz – und in unser Gehirn – gelegt, nachdem er elegant auf die Fensterbank geklettert war.)

Ein Lehrer, der sein Fach liebt, spannend findet und fasziniert davon ist, ist gewiss auch offen für neue Sichtweisen und Fragestellungen und hat keine Probleme, an interessante – für den Spot-Effekt – wirksame Informationen heranzukommen.

Gewusst wie: So könnte ein engagierter Biologielehrer beim trockenen Thema »Auge« vielfältige Akzente setzen durch spannende Fragen: Wie kann man das LAN-Netz für die Augenhäute nutzen? Warum strengt es uns nicht an, die Augen offen zu halten? Oder wie wäre es mit einer Blinzelhäufigkeitsmessung oder einem Weitseh-Schülerwettkampf!

Natürlich dürfen solche kuriosen Spot-Aktionen nicht zu sehr ablenken. Aber das Ziel sollte sein, dass der Schüler seinen Eltern nach der Schule begeistert sagt: »Wow, wisst ihr, was ich heute gelernt habe!?«

AUS DER WISSENSCHAFT

In einer Studie an der Uni Marburg (Düzel, 2007) zeigte man den Versuchspersonen vor dem Lernen von Begriffen fünf Minuten lang entweder bekannte Bilder oder ganz neue, noch nie vorher gesehene Bilder. Einen Tag später testete man die Behaltensleistung und stellte fest, dass die Gruppe, der man die neuen Bilder vor dem Lernen gezeigt hatte, signifikant mehr Begriffe wusste. Übrigens hatten neue und interessante Landschaftsbilder den höchsten Effekt; und ein solcher Lernverbesserungseffekt scheint bis zu 30 Minuten nach dem Anschauen von neuen Bildern anzuhalten.

Deshalb zum Beispiel beim Pauken von Vokabeln immer mal zwischendurch für ein paar Minuten faszinierende Landschaftsbilder (im Internet leicht zu finden) anschauen – und das Gehirn ist wieder in den »Neuheits-Modus« geschaltet!

Diesen Lerntipp nutze ich:

0	1	2	3	4	5	6	7	8	9	10		☞	

0 = nie 10 = immer

Tipp 49

Win-win-Situation: Beim Lehren lernen

Oft denkt man, dass man den Lernstoff bereits beherrscht, und stellt erst in der Prüfung verblüfft (und oft mit bitteren Folgen) fest, dass dem keineswegs so ist. Damit du nicht in diese missliche Lage gerätst, solltest du versuchen, den von dir gelernten Wissensstoff einem anderen zu vermitteln. Denn dann erkennst du deine Lücken und Schwächen viel eher!

Die Weisheit »Beim Lehren lernen wir« ist schon über 2000 Jahre alt und vermutlich auf den römischen Philosophen, Staatsmann und Dichter Seneca den Jüngeren zurückzuführen, der diesen berühmten lateinischen Spruch *(Docendo discimus)* prägte. Auch in den mittelalterlichen Lateinschulen wurde die Bedeutung des Lehrens für einen tiefgründigen Lernprozess immer wieder betont. Senecas Ausspruch hat immer noch seine Gültigkeit – vielleicht mehr denn je in unserer informationsbeladenen Gesellschaft. Denn durch die zunehmende Fachspezialisierung wird aus fast jedem von uns Lernenden auch einmal – zumindest zeitweise – ein Lehrender.

Übrigens wurde diese Lernweisheit in der Geschichte nicht nur für didaktische Zwecke oder als das Lernen unterstützende Maßnahme genutzt, sondern es gab gelegentlich auch ökonomische Gründe. So wurden im 18. und 19. Jahrhundert zum Beispiel in Schottland und Frankreich wegen Lehrermangels des Öfteren Schüler zum Unterrichten eingesetzt, um der zunehmenden Schülerschwemme Herr zu werden.

Schüler-Lehrer, die Lösung!? Im Grunde sehen wir uns derzeit einer sehr ähnlichen Problematik gegenübergestellt: viel zu wenige Lehrer, überfüllte Klassen und ein immer stärker auseinanderdriftendes Leistungsniveau innerhalb der Klassen. Warum also nicht die besten Schüler in den Unterrichtsstunden einsetzen, damit sie eine Teilgruppe von schwächeren Schülern unterrichten? Das käme allen zugute: den schwächsten Schülern durch die intensive Betreuung, den mittelstarken Schülern, um die sich der Lehrer nun gezielt bemühen kann, dem Lehrer, dessen gut gemeintes Bemühen erfolgversprechender wird und der wesentlich weniger gestresst sein wird, und nicht zuletzt den eigentlichen Adressaten dieses Lerntipps: den besten Schülern!

Denn der Hauptgrund, warum ich diesen Lerntipp erwähne, besteht darin, dir eine weitere Möglichkeit zu geben, auf ein höheres Wissensniveau zu kommen. Wenn wir nämlich jemand anderen unterrichten, also unser Wissen an eine andere Person weiterzugeben versuchen, bringen wir nicht nur dieser anderen Person etwas bei, sondern die Wissensweitergabe ist auch für uns selbst sehr hilfreich – und zwar in vielerlei Hinsicht:

- Durch das Lehren des Lernstoffs verankern wir ihn fester in unserem Gedächtnis. Dies wird nicht nur durch die bloße Wiederholung erreicht, sondern durch die nun neue Betrachtungsweise des Lernstoffs. Denn man muss sich Gedanken machen, wie man ihn präsentiert, sodass ein anderer ihn versteht.
- Durch das Erklären kann uns an einigen Stellen selber auffallen, dass wir etwas noch nicht richtig verstanden haben. Plötzlich können einem Fragen in den Sinn schießen, die einem noch niemals gekommen waren.
- Im aktiven Prozess des Lehrens können wir zu einem tieferen Verständnis und zu neuen Erkenntnissen kommen.
- Durch Fragen, die uns andere stellen, können bisher verborgene eigene Ungereimtheiten und unlogische Schlüsse aufgedeckt werden.

- Wenn man selber schon in der Situation des Lehrenden war, wird man die Probleme und Schwierigkeiten eines Lehrers besser verstehen können. Dies trägt dazu bei, die Kommunikation mit Lehrern zu verbessern und damit letztlich den eigenen Lernerfolg zu erhöhen.
- Und nicht zuletzt ist es ein schönes Gefühl, mit seinem Wissen anderen geholfen zu haben!

Ganz nebenbei übt man beim Lehren viele wichtige Schlüsselqualifikationen, zum Beispiel Sprechen vor anderen Menschen, schnelles Strukturieren seines eigenen Wissens, verständliches Präsentieren von Informationen, gezieltes Zugreifen auf das relevante Wissen durch spontan gestellte Fragen sowie die Fähigkeit zu erkennen, ob oder inwieweit das Gegenüber den Lehrstoff verstanden hat.

Aufgrund all dieser positiven Aspekte, die dafür sprechen, anderen dein Wissen zu vermitteln, solltest du die vielfältigen Möglichkeiten hierfür (und nicht nur die vom Lehrer vorgeschriebenen Referate) nutzen:

- So kannst du in einer Lerngruppe anregen, dass jeder einmal dran ist, einen komplexeren Sachverhalt ausführlich zu erklären.
- Du kannst Freunden oder Familienmitgliedern das frisch Gelernte erläutern und sie dabei auffordern, dich ordentlich mit Fragen zu »löchern«.
- Einige Schüler erzählen sogar ihren Haustieren den Schulstoff, wenn kein anderer da ist. Warum nicht, wenn es hilft!?

- Insbesondere für Schüler und Studenten: Versuche in mindestens einem Bereich (aber natürlich in möglichst vielen) so gut zu werden, dass du Nachhilfe geben kannst. Das kommt dir gleichermaßen finanziell wie »wissenstechnisch« als auch persönlich zugute.

AUS DER PRAXIS

Schon seit Jahrzehnten wende ich diesen Lerntipp regelmäßig an. Immer wenn ich etwas Interessantes, Faszinierendes oder sehr Informatives gelesen habe, versuche ich möglichst bald mindestens einer Person in meinem Umfeld davon zu berichten. Auch wenn ich gerne Leuten etwas beibringe, so sind meine Beweggründe doch zu einem guten Teil egoistischer Art. Denn ich weiß, wie sehr ich dadurch mein eigenes Wissen festige, meine Gedanken sortiere und mich dadurch gut überprüfen kann, wie viel ich behalten habe bzw. was ich tatsächlich verstanden habe. Gerade früher ist es dann schon des Öfteren vorgekommen, dass ich mitten in meiner Darlegung ins Stocken geriet, weil ich mich nicht mehr mit hundertprozentiger Sicherheit an eine genaue Zahl erinnern konnte, mir Lücken in meinem vermeintlichen Wissen aufgefallen sind oder mir das Ganze plötzlich überhaupt nicht mehr einleuchtete, obgleich ich vorher felsenfest davon überzeugt war, alles verstanden zu haben.

Wenn man den oder die richtigen Zuhörer hat, ist es eine Freude, gemeinsam einer Sache so richtig auf den Grund zu gehen. Scheue dich also nicht, dir und anderen immer wieder mit deinen Lehreinlagen etwas Gutes zu tun!

Diesen Lerntipp nutze ich:

0	1	2	3	4	5	6	7	8	9	10		☞	

0 = nie 10 = immer

Tipp 50

Dokumentiere dein Wissensniveau

Es kostet viel Aufwand und Zeit, sich in ein Gebiet einzuarbeiten und dadurch ein gewisses Wissensniveau zu erreichen – danach beginnt unweigerlich das Vergessen. Schreibe deshalb die Essenz deiner Kenntnisse auf dem Höhepunkt deines Wissens für dich nachvollziehbar auf. Dies ermöglicht dir, dich später schnell wieder auf dieses hohe Wissensniveau katapultieren zu können!

In diesem letzten Lerntipp vereinigen sich zahlreiche bereits erwähnte Lerntipps. Um etwas zu lernen, hat man in der Regel viele, viele Stunden intensiver Lerntätigkeit zugebracht, um dann beispielsweise in einer Schularbeit, einer Semesterabschlussprüfung, einem Eingangstest oder einer Abschlussklausur zur Zertifizierung seiner Fort- oder Weiterbildung sein Wissen testen zu lassen. Und was dann?

Dann macht sich das gefräßige Monster des Vergessens ans Werk und nagt frech (und wer weiß, vielleicht auch genüsslich) an unserem mühsam und oftmals kunstvoll aufgebauten Wissensgebäude herum – oft so lange, bis kaum noch etwas davon übrig ist.

So sind dadurch nach Monaten, spätestens aber nach einigen Jahren selbst die epochalsten Geschichtsereignisse, die bedeutendsten physikalischen Gesetze, die grundlegendsten mathematischen Formeln, die simpelsten chemischen Reaktionen oder die einflussreichsten Werke der Weltliteratur nicht im Entferntesten mehr geläufig – und dabei haben wir damit doch ungeheuer viel Zeit verbracht! Wir wissen dann im Grunde nur noch eins: »Ich habe es mal gewusst!«

Dies allein ist schon recht traurig, denn man weiß ja nie, ob man mit dem sich einst angeeigneten Wissensstoff nicht doch noch einmal im Leben etwas anstellen kann. Außerdem ist es in einer längeren Ausbildung wie der Schulzeit, der Berufsausbildung oder dem Studium erfahrungsgemäß so, dass man das zurückliegende Wissen in verschiedenen Stadien der Ausbildung erneut aktivieren muss. So baut sich der neue Lernstoff auf dem alten auf, oder man versteht durch Vergleiche mit dem früher Gelernten besser.

Aus diesen Gründen ist es sinnvoll, den alten Lernstoff schnell rekapitulieren und rasch auf das alte Wissensniveau gelangen zu können!

Doch wenn wir uns an die Grafik zum Kaskadenmodell des Vergessens erinnern (siehe Lerntipp 19), sehen wir, dass wir irgendwann (ohne rechtzeitige Wiederholungsdurchgänge) so viel vergessen haben werden, dass unser Wissen quasi verloren ist.

Diesem Wissensverlust kannst du jedoch ebenso leicht wie effektiv vorbeugen! Schreibe dafür immer, wenn du tiefer in ein Wissensgebiet eingedrungen bist, mit deinen eigenen Worten die wichtigsten Informationen auf. Nicht zu viel, da das zu langwierig und mühsam wäre, aber auch nicht zu wenig. Es sollten einfach nur genügend wichtige »Bruchstücke« zu Papier gebracht werden, um damit zu einem späteren Zeitpunkt zumindest die grobe Struktur des einmal vorhandenen Wissensgebäudes wieder zusammensetzen zu können.

Eine Dokumentation deines Wissens hat folgende Vorteile:

- Das Aufschreiben stellt für dich einen intensiven Wiederholungsvorgang dar, der dein Wissen im Langzeitgedächtnis stärker verankert. Hilfreich ist es dabei auch, dein Wissen zu markanten Fragen zu formulieren, die du dann selbst beantwortest.
- Durch das Erstellen einer solchen Zusammenfassung werden die Zusammenhänge oftmals klarer. Auf der anderen Seite fällt dir evtl. auch dabei auf, was noch unverständlich geblieben ist oder wo Wissenslücken bestehen. Dadurch entstehen bei dir noch ungeklärte Fragen, die du ebenfalls möglichst präzise aufschreiben solltest.

- Durch solche offengebliebenen Fragen nutzt du den Zeigarnik-Effekt (siehe Lerntipp 8), indem dein Gehirn in nächster Zeit sich im Unterbewussten noch weiter mit möglichen Antworten beschäftigen wird.
- Eine solche Dokumentation deines erworbenen Wissens über einen speziellen Sachverhalt spart dir später Zeit, wenn du auf das gleiche Wissensniveau kommen möchtest, um daran anzuknüpfen. Einerseits ersparst du dir den Zeitaufwand, alle Informationen wieder zusammenzusuchen. Andererseits stellt deine eigene Zusammenfassung die beste Repräsentation deines im Gedächtnis vorliegenden Wissensnetzwerkes dar. Somit aktivierst du beim späteren Lesen deiner von dir erstellten Zusammenfassung dieses Wissensnetzwerk und kannst dich viel besser und umfassender an den gesamten Lernstoff erinnern.
- Du kannst beim späteren Neueinstieg in den Lernstoff schnell und gut den Faktor »Priming« (Lerntipp 3) nutzen; gerade die noch offenen Fragen können dich rasch auf ein höheres Wissensniveau katapultieren.
- Deine Lernmotivation und dein Lernspaß werden sich dadurch erhöhen, dass du mit der Zeit eine immer größere Wissensdatenbank anlegst, auf die du schnell zugreifen kannst (insbesondere wenn du den Lerntipp 21 beachtest und übersichtliche Ordnung hineinbringst).

Klar: Eine solche Dokumentation deines Wissens macht Mühe und kostet Zeit, doch am Ende wirst du reichlich Früchte ernten!

AUS DER PRAXIS

Meine Tochter Kim hatte in der dritten Klasse das Thema »Martin Luther«. Etwa eine Woche beschäftigte sie sich für die Prüfung damit und hatte einiges an Wissen durch den Unterricht, die von der Lehrerin ausgehändigten Materialien, Bücher, Internetrecherche und natürlich durch uns Eltern in ihrem Kopf zusammengetragen. In einer kleinen Dokumentationssession fasste sie dann die wichtigsten Informationen und Ideen zusammen:

Martin Luther wurde 1483 in Eisleben geboren (Aha: etwa eine Stunde nördlich von Erfurt); sein Vater war Bergbauer, aber recht wohlhabend, so konnte Luther studieren; weil neben ihm ein Blitz einschlug, versprach er, Gott zu dienen, und wurde Theologe; in seinen 95 Thesen kritisierte er die katholische Kirche wegen der Ablassbriefe; diese 95 Thesen schlug er an die Schlosskirche zu Wittenberg im Jahr 1517 (Aha: 17 Jahre nach 1500, und 17 Jahre waren es auch von seiner Geburt bis 1500!; er war dann also 2 x 17 = 34 Jahre alt). Er veränderte (reformierte) die Kirche durch sein Handeln. Er übersetzte auch die griechische Bibel ins Deutsche, und zwar auf der Wartburg, wo er sich nach der kirchlichen Verbannung (als Junker Jörg) versteckte. Warum war er berühmt? Wegen seiner Reformation der Kirche, der Bibelübersetzung und seines Einflusses auf die Vereinheitlichung der deutschen Sprache.

Noch offene Fragen: 1. Warum heißt es eigentlich Ablassbriefe? 2. Wie lange gab es die Ablassbriefe schon? 3. Wann wurden sie abgeschafft? Hatte er also wirklich etwas bewirkt? 4. Wozu hat die Kirche das damit eingenommene Geld benutzt? 5. Wurde er jemals heiliggesprochen (wie Hildegard von Bingen)?

Übrigens fand Kim später zwei Antworten zu noch offenen Fragen, die sie dann gleich in ihre Wissensdokumentation einbinden konnte: 4. Es wurde zum Beispiel der Bau des gewaltigen Petersdoms in Rom mit dem Geld finanziert. 3. 1567 wurde der Ablasshandel in der römisch-katholischen Kirche verboten (Aha: Die Ziffern »567« folgen doch aufeinander – ist doch logisch, dass sie das endlich verbieten mussten!).

Diesen Lerntipp nutze ich:

0	1	2	3	4	5	6	7	8	9	10		☞	

0 = nie 10 = immer

Ermittlung der Gesamtpunktzahl der zehn Lerntipps dieses Kapitels

Bei jedem der zehn in diesem Kapitel vorgestellten Lerntipps solltest du dir eine Punktzahl von 0 (Lerntipp nutzt du nie) bis 10 (Lerntipp nutzt du immer) gegeben haben. Trage in die nachfolgende Tabelle nun die einzelnen Punkte ein und zähle sie zusammen. Dadurch erfährst du, wie ausgiebig du die Lerntipps zur Lernoptimierung bereits nutzt oder eben auch noch nicht. (In Kapitel 7 kannst du dann auch deinen LQ-Gesamtwert bestimmen.)

Lerntipps aus dem Bereich Lernoptimierung	Punkte
41 • Selbsterkenntnis statt Lerntypen-Wahn	
42 • Lernplan erstellen	
43 • Bestimme deinen Sprachen-Lerntyp	
44 • Besser Vor-Lernen als Nach-Hilfe!	
45 • Suche dir ein gutes Lernteam	
46 • Schlafhygiene – oder: Mach die Nacht nicht zum Tag!	
47 • Besser Lesen: Mit Training & Gangschaltung	
48 • Neu und markant: der Lern-Garant	
49 • Win-win-Situation: Beim Lehren lernen	
50 • Dokumentiere dein Wissensniveau	
Gesamtpunktzahl (maximal 100 Punkte)	

Deine Fragen, Gedanken, Kommentare oder Ideen zu diesem Kapitel:

Binärzahlen-Weltmeister durch Selbsterkenntnis

Im Jahr 2005 wurde ich bei der Gedächtnis-Weltmeisterschaft (ausgetragen an der Universität von Oxford) Weltmeister in der Disziplin »Binärzahlen«, bei der man sich in 30 Minuten möglichst viele Binärzahlen einprägen muss. Ich konnte darin mit weitem Abstand Weltmeister werden. Aber warum? Weil ich meine Stärke im Lernen erkannt und genutzt hatte. Als einzigem Mentalsportler in der Weltspitze reicht es mir, Binärzahlensequenzen (die ich mit einem sehr einfachen 6er-Block-System abspeichere) nur für einige Sekunden und nur einmal im Doppelpack (siehe Lerntipp 19) anzuschauen, um dann noch (fast) alle in der richtigen Reihenfolge zu wissen. Alle anderen müssen in den 30 Minuten Einprägzeit mindestens ein- bis zweimal wiederholen, was natürlich ein extra Zeitaufwand ist.

Die folgende Anzahl von Binärzahlen hatte ich mir gemerkt und konnte damit einen neuen Weltrekord aufstellen. Übrigens sind die 5 unterstrichenen Ziffern meine einzigen Fehler gewesen (die jeweils zu 15 Punkten Abzug führten).

10100010001111010111110111110100010101000101101001

01010000101010011100101110110111010111101011100100

01010100100010001001011110100101010010101010010101

0000001010010101001011111111111110100001001010100

000101010010101101110100001000000000100000010101111

11111010010000100101010101000000010111101000101010

010100101001001001000000000000101111011100100100

11011101101000001011101010101001010101001010100010

10011110110010100010010001101010010100100100100000

10100000001000000111111111100011110100010011100010

1010010110001010101000101001010011111010110010101
1101011110110000010101010100010000010100101010101 0
1011010101010100000001001000010010000101011111 10100
0101100101001010101010000000000000111100101111111000
1110001010000000100001010000000111111001010010111 0
0000000010100101010010001011111100000000010101011 10
1010101000010000111110101001001010010101101110010 1
0101010010000000001001010110100100011111101010101 00
1110010100001000100011111111001001001010100111111 0
1111001010000000000101011111000111010101100111111 11

0001000000000101001010110100100010101010101000000 10
0100100001010111111101000000101010101001010000000111
1111100100100000000100000000001111110101010000010111
1111110011110011100000000000000000111110011111001 01
0001010101110010100110101000101011111110010111111 00
1111110101000101010101001001010101010101111111 10010
1101010100000100101000010000000000111101010101010 11
0100101001000010010010000100101010000000001010011 11
1100010000100101011111111110000000000111010100001011
1000000000010111111010010100101011011100101010000 01

1110001000000000100010010101101001000101010101010 00
1010100100001010100111111010001100010101010100101 00
0001110011011001110001110000000000000011101100110 11
1000010101010101110010100110111110100010101111110 11
0101111110011001111010100010101010100100001010100 1
0001010111111100100010101010100000010001010000010 01
011111000000111110101010101101110101010i00100100 10
0111001000010010101000111000000101001111001110111 11
0000011000100001001010111100011111000001100000001 1
1010100001011000111110010010001110000100010001111 0

0011000011110101010001111001011110000011110001010 1
01111101001010010101101110010101000001001000000001
11110100000000101010101000000000011010010100011111
00101111010101100010100010101111111000000000111000
01001001110010101110101010100101000000111000111011
10000011110010010000000111101010100011110010111000
00001000111110011110011100000001110011111001011111
01111001010101110010100110101001011100001110011100
00000011110001101010001000101010100100101011111010
10101111111001000001101010001000001001010000100000

00001111010101010101101001010010000100100100001001
01010000011110001010011111100010000100101011110000
11111000000000111010100001011100000000001010001111
01001010010100000110111001010100000100010000001111
00101001010110100100010101010101000000100100100011
01010110000000011110100000010101010100101000011100
11111111001001000000010000000000111000000001110101 01
00000101111111110011110011100000000011111110000011
00111110011111001011110001010101110010100110101000
10101111110010111111001111100000111111111010100010

10101010010010101010111111010111111100101101010101
11100001001010000100000000011110101010101011010010
10010000010010010000100101010000000001010011111110001
11000010010010111110001111000000000111010001000010
11100001111100000010111110100101001010110111001010
10000010001000000000101001010110100100010101010111 1
10100011111110001001001000010101111111010000001010 1
01010010100011111000111111110010010000000100000011
10001111110101010000010111100111110011110011100000
00000000000111110011111001010001010111101110010100

000110101000001010011001111001011011110011111110101
011000001010101010010001010101010101111111100101101
10001000010010101101111110001000001110101000

Neuer Weltrekord (Universität Oxford 2005): **3570 Binärzahlen.** Memoriert in 30 Minuten mit nur fünf Fehlern, Wiedergabezeit 60 Minuten.

7

Bestimmung deines LQ (Lernquotient)-Wertes

In jedem der fünf Lerntipp-Kapitel hast du dein Punkteergebnis für die jeweils vorgestellten zehn Lerntipps ermittelt. Trage in das nachfolgende Diagramm nun deine fünf Punkteergebnisse zweimal ein. Einmal als Zahlenwerte in die dafür vorgesehenen Kästchen und einmal als »Messpunkte« mit einem X an der entsprechenden Position der vertikal angegebenen Prozentwerte von 0 bis 100 Prozent. Verbinde dann die einzelnen »Messpunkte« so miteinander, dass du eine durchgehende Kurve erhältst. Hierdurch wird leichter sichtbar, in welchen Bereichen du die Lerntipps schon gut anwendest bzw. in welchen Lernbereichen eben noch nicht. Durch Addieren der fünf einzelnen Punktwerte aus den fünf Lernbereichen kannst du zudem deinen LQ (Lernquotient)-Gesamtwert für die in diesem Buch beschriebenen Lernbereiche errechnen. Der Maximalwert liegt bei 500 Punkten.

Versuche dann in der nächsten Zeit möglichst viele der beschriebenen Lerntipps für dich umzusetzen und anzuwenden. Gehe dann nach etwa drei bis sechs Monaten jeden einzelnen der 50 Lerntipps nochmals durch und bewerte dich erneut. Ich bin sicher, dass die meisten ihren LQ-Wert drastisch erhöht haben werden. Einen Wert von 250–300 solltest du mindestens anstreben!

Und vergiss nicht: Auf www.Lerntipps-vom-Weltmeister.de kannst du deine Ergebnisse mit denen anderer Leser vergleichen und deine Meinung über die einzelnen Lerntipps abgeben. Viel Spaß dabei!

Dein LQ-Wert					
Lerntipps aus der wissenschaftlichen Forschung	*Lerntipps zu den Speicherfaktoren des Gedächtnisses*	*Lerntipps aus der Methodensammlung*	*Lerntipps aus der Gedächtniskunst*	*Lerntipps aus dem Bereich Lernoptimierung*	*Gesamt-LQ-Wert (maximal 500 Punkte)*
Dein LQ-Wert nach … Wochen					

	Deine LQ-Wert-Kurve				
	Lerntipps aus der wissenschaftlichen Forschung	*Lerntipps zu den Speicherfaktoren des Gedächtnisses*	*Lerntipps aus der Methodensammlung*	*Lerntipps aus der Gedächtniskunst*	*Lerntipps aus dem Bereich Lernoptimierung*
100 %					
98 %					
96 %					
94 %					
92 %					
90 %					
88 %					
86 %					
84 %					
82 %					
80 %					
78 %					
76 %					
74 %					
72 %					
70 %					
68 %					
66 %					
64 %					
62 %					
60 %					
58 %					
56 %					
54 %					
52 %					
50 %					
48 %					
46 %					
44 %					
42 %					
40 %					
38 %					
36 %					
34 %					
32 %					
30 %					
28 %					
26 %					
24 %					
22 %					
20 %					
18 %					
16 %					
14 %					
12 %					
10 %					
8 %					
6 %					
4 %					
2 %					
0 %					

Schlusswort

Ich hoffe, mein Buch hat dir viele neue und interessante Tipps gegeben, wie du dein eigenes Lernen verbessern kannst. Natürlich musst du die eine oder andere Lernmethode etwas üben, bevor du richtig merken wirst, dass dadurch dein Lernen effektiver, erfolgreicher und höchstwahrscheinlich auch spannender und unterhaltsamer wird. Auch ist es ratsam, sich bei einigen Lerntipps noch weiter einzulesen, da dieses Buch eher dafür gedacht ist, dir einen umfassenden Eindruck zu vermitteln, welche Möglichkeiten es zur Verbesserung deines Lernprozesses gibt.

Mein Hauptanliegen ist, dich mit dem notwendigen Rüstzeug auszustatten, um beim Lernen zu den *Besten der Besten* zu gehören. Denn die *Besten der Besten* lernen eben auch nicht anders, als es in diesem Buch beschrieben ist. Und da du nun ebenfalls im Besitz dieses Wissens bist, ist es jetzt auch für dich möglich, alle deine Lernziele, fast unabhängig davon, wie hoch sie sein mögen, mit wirklich beindruckenden Leistungen zu erreichen.

Und so möchte ich dir zum Schluss viel Spaß und Erfolg bei deinem bevorstehenden Lernabenteuer wünschen und dir dafür noch folgenden Spruch mit auf den Weg geben:

Wer kämpft (sich bemüht), kann verlieren,
wer nicht kämpft (sich nicht bemüht), hat schon verloren.

Deine Zusammenfassung

Wie du nun gelernt hast, ist es nach dem Durchlesen eines Buches für das langfristige Erinnern sehr hilfreich, die für einen selbst wichtigen, bedeutsamen oder interessanten Informationen schriftlich zusammenzufassen. Blättere dieses Buch also noch einmal langsam durch und schreibe hier deine »Top-Infos« auf:

Verzeichnis der wissenschaftlichen Originalartikel

(Atkinson, 1975) »An application of the mnemonic keyword method to the acquisition of a Russian vocabulary«, Atkinson, R. C. und Raugh, M. R., 1975, J. Exp. Psychol. Hum. Learn. Mem. 1: 126–133. Lerntipp 36.

(Baddeley, 1978) »The influence of length and frequency of training sessions on the rate of learning to type«, Baddeley, A. D. und Longman, D. J. A., Ergonomics, 21, 627–635. Lerntipp 20.

(Blunt, 2011) »Retrieval Practice Produces More Learning than Elaborative Studying with Concept Mapping«, Karpicke, J. D. und Blunt, J. R., Science, 2011, Vol. 331, Nr. 6018, S. 772–775. Lerntipp 24.

(Born, 2004) »Sleep inspires insight«, Wagner, U., Gais, S., Haider, H., Verleger, R., Born, J., NATURE, Band 427, 352–354. Lerntipp 9.

(Cappuccio, 2011) »Sleep duration predicts cardiovascular outcomes: A systematic review and meta-analysis of prospective studies«, Cappuccio, F. P., Cooper, D., D'Elia, L., Strazzullo, P., Miller, M. A., European Heart Journal, 2011; 32: 1484–1492. Lerntipp 46.

(Carver, 1985) »How good are some of the world's best readers?«, Reading Research Quarterly 20, 389–419. Lerntipp 47.

(Clark, 1991) »Dual Coding theory and Education«, Clark, J. M. und Paivio, A., Educational Psychology Review, 3 (3), 149–210. Lerntipp 24.

(Dark, 1998) »Context-Dependent Memory for Meaningful Material: Information for Students«, Grant, H. M., Bredahl, L. C., Clay, J., Ferrie, J., Groves, J. E., McDorman, T. A. und Dark, V. J., Applied Cognitive Psychology, 1998, Band 12, 617–623. Lerntipp 6.

(De Beni, 1985) »Effects of the mnemotechnique of loci in the memorization of concrete words«, De Beni, R. und Cornoldi, C., Acta Psychologica, Band 60, Ausgabe 1, 1985, S. 11–24. Lerntipp 16.

(Dumke, 1984) »Die hierarchische Strukturierung von Unterrichtsinhalten als Lernhilfe in der Grundschule« Dumke, D., (1984), Psychologie in Erziehung und Unterricht«, 31. Jg., S. 43–49. Lerntipp 30.

(Dumke, 1986) »Verbesserung des Lernens durch trainiertes Unterstreichen«, Dumke, D., Schäfer, G. (1986), »Psychologie in Erziehung und Unterricht« 33. Jg., S. 210–219. Lerntipp 23.

(Hiller, 1991) »Replikation der Ebbinghaus'schen Vergessenskurve mit der Ersparnismethode: »Das Behalten und Vergessen als Funktion der Zeit«, Heller, O., Mack, W. und Seitz, J., Z. Psychol. 199, 1991, 3–18. Lerntipp 10.

(Hödlmoster, 2011) »Sleep spindles and is relation to declarative memory performance as well as (emotional) intelligence«, Hoedlmoser, K., Roell, J., Peigneux, P., Sadeh, A., Klimesch, W. und Schabus, M., Poster presented at the 6th Annual Conference on Pediatric Sleep Medicine, Florida, USA, 27–30. October 2011. Lerntipp 50.

(Jacobs, 1993) »A quantitative dendritic analysis of Wernicke's Area in humans: Gender hemispheric and environmental factors«, »Journal of Comparative Neurology«, Jacobs, B., Schall, M. und Scheibel, A., 1993, B 327, 83–111. Lerntipp 2.

(Jaeggi, 2008) »Improving fluid intelligence with training on working memory«, Jaeggi, S. M., Buschkuehl, M., Jonides, J., Perrig, W. J., (2008), ProcNatlAcadSci USA 105: 6829–6833. Lerntipp 18.

(Kliegl, 1989) »Testing-the-Limits and the Study of Adult Age Differences in Cognitive Plasticity of a Mnemonic Skill«, Kliegl, R., Smith, J. und Baltes, P. B., Developmental Psychology, 1989, Band 25, Nr. 2, 247–256. Lerntipp 34.

(Lawson, 1998) »Learning and recall of foreign-language vocabulary: Effects of a keyword strategy for immediate and delayed recall«, Lawson, M. J., Hogben, D., Learning Instruction, 1998, 8: 179–194. Lerntipp 34.

(Martin, 1993) »Contextual effects on the ability of divers to use decompression tables«, Martin, K. M., Aggleton, J. P., Applied Cognitive Psychology, Band 7 (4), Aug 1993, 311–316. Lerntipp 6.

(Noice, 2004) »A cognitive learning principle derived from the role acquisition strategies of professional actors«, Noice, T. und Noice, H., *The International Journal of Cognitive Technology,* 2004, 9 (1), 34–39. Lerntipp 26.

(Ozubko, 2010) »The production effect: Delineation of a phenomenon«, MacLeod, C. M., Gopie, N., Hourihan, K. L., Neary, K. R., Ozubko, J., Journal of Experimental Psychology: Learning, Memory, and Cognition, Vol. 36 (3), Mai 2010, 671–685. Lerntipp 48.

(Pashler, 2009) »Learning Styles, Concepts and Evidence, Psychological Science in the Public Interest«, Pashler, H., McDaniel, M., Rohrer, D., Bjork, R., 2009, Band 9, Nr. 3, S. 105–119. Lerntipp 47.

(Roediger, 1980) »The effectiveness of four mnemonics in ordering recall«, Roediger, H. L., J. Exp. Psychol. Hum. Learn. Mem., 1980, 6: 558–567. Lerntipp 1 und Lerntipp 34.

(Rohrer, 2006) »The effects of overlearning and distributed practice on the retention of mathematics knowledge«, Applied Cognitive Psychology, Rohrer, D. und Tylor, K., 2006, 20, 1209–1224. Lerntipp 20.

(Rothkopf, 1966) »Learning from written instructive materials: an exploration of the control of inspection behavior by testlike events«, American Educational Research Journal, 1966, 3: 241–249. Lerntipp 25.

(Salomon 1984) »Television is ›easy‹ and print is ›tough‹: The differential investment of mental effort in learning as a function of perceptions and attributions«, Salomon, G., Journal of Educational Psychology. Vol 76 (4), Aug 1984, 647–658. Lerntipp 9.

(Spitzer, 2003) »Emotional context modulates subsequent memoryeffect«, Erk, S., Kiefer, M., Grothe, J., Wunderlich, A. P., Spitzer, M., Walter, H., Neuroimage, Band 18, Ausgabe 2, Februar 2003, 439–447. Lerntipp 4.

(Walter, 2002) »Einer flog übers Kuckucksnest« oder welche Interventionsformen erbringen im sonderpädagogischen Feld welche Effekte? Ergebnisse ausgewählter US-amerikanischer Meta- und Mega-Analysen, Walter, J., Zeitschrift für Heilpädagogik, 11/2002. Lerntipp 31.

(Wood, 1992) »Implicit and explicit memory for verbal information presented during sleep«, Wood, J. M., Bootzin, R. R., Kihlstrom, J. F. und Schacter, D. L., (1992), Psychological Science, 3, 236–239. Lerntipp 50.

(Zeigarnik, 1927) »Das Behalten erledigter und unerledigter Handlungen«, Psychologische Forschung, 1927, 9, 1–85. Lerntipp 8.

Literaturverzeichnis

Gamon, David, Bragdon, Allen D., »Brain Fitness«, mvg

Gluck, M. A., Mercado, E. und Myers, C. E., »Lernen und Gedächtnis«, Spektrum Akademischer Verlag

Jensen, Eric, »Brain-based Learning – The new paradigm of teaching«, Corwin Press

Langer, Ellen J., »Kleine Anleitung zum Klugsein« (Sieben Kapitel über sinnvolles Lernen), Klett-Cotta Verlag

Karsten, Gunther, »Erfolgsgedächtnis. Wie Sie sich Zahlen, Namen, Fakten, Vokabeln einfach besser merken«, Goldmann Verlag

Karsten, Gunther, »Lernen wie ein Weltmeister« (Ein kinderleicht zu lesendes Buch für alle Lernwilligen zwischen 10 und 100), Goldmann Verlag

Korte, Martin, »Wie Kinder heute lernen« (Was die Wissenschaft über das kindliche Gehirn weiß), Deutsche Verlags-Anstalt

Metzig W., Schuster M., »Lernen zu lernen« (Lernstrategien – sofort anwendbar, Springer Verlag, 8. Auflage

Spitzer, Manfred, »Lernen« (Gehirnforschung und die Schule des Lernens), Spektrum Akademischer Verlag

Strixner, Stefan, »753 Rom schlüpft aus dem Ei«, Gondrom-Verlag

Susuki, Shinichi, »Erziehung ist Liebe«, Gustav Bosse Verlag

Winner Ellen, »Hochbegabt« (Mythen und Realitäten von außergewöhnlichen Kindern, Klett-Cotta Verlag

Zimbardo und Gerrig, »Psychologie«, Springer Verlag, 7. Auflage

Interessante Internetadressen zum Thema Lernen

Interessant hauptsächlich für Schüler/Studenten

www.study4success.de
Interessante Infos rund ums Lernen und das Studium. Insbesondere kann man kostenlose Lehrbücher oder Online-Vorlesungen hochklassiger Universitäten aus verschiedenen Fachrichtungen herunterladen.

www.helles-koepfchen.de
Diese vom Bundesfamilienministerium geförderte Website bietet unzählige Artikel zu vielfältigen Themen, ein Forum zum Austausch von Tipps und Sorgen rund um die Schule (und natürlich auch zu Freizeitthemen) sowie einen regelmäßig stattfindenden Chat. Die Registrierung ist nur für höchstens 16-Jährige möglich!

www.studis-online.de
Studis Online ist zwar in erster Linie für den BaFöG-Rechner bekannt, bietet allerdings auch eine hervorragend recherchierte Artikelreihe: Von der Erläuterung zahlreicher Studiengänge über Fragen der Konzentration und Ernährung bis hin zu Ratschlägen für das Lernen wird vieles abgehandelt. Ebenfalls ist eine Praktikumsbörse vorhanden, und man erhält Tipps zur Berufsfindung.

www.matheboard.de
Die clickforknowledge GmbH aus Salzburg betreibt Internetforen für über ein Dutzend Schul- bzw. Studienfächer, wie Mathematik, Physik oder Medizin. Die Plattformen sind wohlstrukturiert, moderiert und aufgrund der Werbefinanzierung komplett kostenlos.

Interessant hauptsächlich für Lehrkräfte

www.antolin.de
Ein innovatives Onlineportal zur Leseförderung von Klasse 1 bis 10 mit Quizfragen zu Kinder- und Jugendbüchern, die Schüler/-innen online beantworten können. Vor allem Schülern der ersten Klassen wird ermöglicht, die mitunter mühsame Lesepraxis in greifbaren Erfolg umzuwandeln. Und den Lehrkräften hilft dieses Onlineportal, die Leseleistung und das Textverständnis ihrer Schüler besser einschätzen zu können. Das Angebot ist teilweise kostenpflichtig.

Interessant hauptsächlich für Eltern

www.bildungsexperten.net
Bieten Expertenwissen rund um das Thema Bildung. Fundierte Informationen zu den Themen Schule, Ausbildung, Studium, Fernstudium, Weiterbildung, Job und Karriere.

www.lernförderung.de
Wer Anhaltspunkte zur Hilfe bei ausgeprägten Lernschwächen wie ADS oder Dyskalkulie sucht, könnte auf dieser Website einige Hilfestellungen bekommen. Dort finden sich Tipps zur Erkennung und Verbesserung von Lernschwächen und darüber hinaus noch eine hilfreiche Sammlung von Verweisen auf Adressen zum Thema.

www.bke-elternberatung.de
Diese Website richtet sich vornehmlich an Eltern, die Ratschläge zu Problemen mit ihren Kindern haben möchten. *Was tun in schwierigen Entwicklungsphasen? Wie sieht man, ob Kinder überfordert sind? Wie finde ich wieder Zugang zum Kind?* Das sind Beispiele für Fragen, auf die man hier versucht, Lösungen zu finden.

www.elternwissen.com
Ein ausführlicher Elternratgeber rund um Kindergesundheit, Lernen, Schule und Freizeit. Zahlreiche Tipps für die Schule und den Umgang mit den Kindern werden gegeben. Hilfreich ist auch die Grobeinteilung in Baby, Kleinkind, Schulkind und Teenager.

www.flimmo.de
Auf den Seiten von FLIMMO findet man neben Besprechungen zu Fernsehsendungen, die insbesondere Kinder interessieren, auch medienpädagogisches Know-how, Ratschläge und Tipps zur Fernseherziehung sowie Interessantes rund ums Thema Fernsehen.

www.hbf-ev.de
Einer der in Deutschland bekanntesten eingetragenen Vereine mit Ziel der Hochbegabtenförderung. Eltern finden hier Hilfe bei Problemen mit ihren hochbegabten Kindern. Außerdem werden deutschlandweit auf ehrenamtlicher Basis Kurse für hochbegabte Kinder (IQ über 120) angeboten. In diesen Kursen werden die Kinder, neben der Schule oder in den Ferien, gefordert sowie gefördert, um ihr Potenzial ausschöpfen zu können. Zudem haben die Kinder eine Chance, »Gleichgesinnte« zu treffen.

Gedächtnissport und Mentalförderung

www.memoryXL.de
Für Interessenten von regionalen Gedächtnismeisterschaften.

www.memoriade.net
Für Interessenten der Deutschen Gedächtnismeisterschaft.

www.worldmemorychampionship.com
Website des World Memory Sport Councils (WMSC) und des offiziel-

len Gremiums der Gedächtnis-Weltmeisterschaften mit Informationen über alle weltweit ausgetragenen Gedächtnismeisterschaften, die Disziplinen und Regeln des Gedächtnissports sowie die Weltrangliste und die aktuellen Weltrekorde.

www.happyneuron.de
Diese Website bietet viele Spiele, z. B. zur Verbesserung der Konzentrations-, Sprach- oder Gedächtnisfähigkeiten. Die angebotenen umfangreichen Gehirnjogging-Spiele haben wissenschaftlichen Hintergrund und sind für mehrere Altersstufen geeignet. Die Mitgliedschaft ist zwar kostenpflichtig, aber man kann in einige Spiele umsonst reinschnuppern.

www.neuronation.de
NeuroNation ist eine neuartige, webbasierte Software, die eine messbare Verbesserung von Konzentration, Gedächtnis und Intelligenz durch personalisiertes Gehirntraining ermöglicht. Über 40 interaktive Übungen bringen jede Menge Spaß und fordern das Gehirn zu Höchstleistungen. Das Beste dabei: Die Übungen passen sich laufend an das eigene Niveau an. Egal ob bereits Fortgeschrittener oder Anfänger des mentalen Gehirntrainings, das Gehirn erhält stets ein spannendes und motivierendes Training.

www.meovi.com
Diese Internetadresse ermöglicht den einfachen und direkten Zugang zu weltweit führenden Experten für Themen wie Erziehung, Partnerschaft, Gesundheit, (Zeit-)Management, Lernen u. v. m. In vielen kurzen, hochqualitativen Videos bekommt man leicht verständliche und kompetente Antworten auf die interessantesten, spannendsten und aktuellsten Fragen direkt vom Experten.

Danksagungen

Ich möchte mehreren Personen danken, die in der einen oder anderen Form mit dazu beigetragen haben, dass dieses Buch entstehen konnte.

Ich möchte allen **Lehrern, Trainern und Freunden** danken, die mir Lerntipps zukommen ließen oder die mir durch Gespräche Anregungen und Ideen zu diesem Buch gegeben haben: *Malin Böhne, Falko Braun, Maria Buchvaldova, Henning Busboom, Sabine Busch, Max Debuch, Patrick Fabel, Dr. Mark Friederich, Gabriele Gerlach, Kathrin Gotthardt, Katharina Greiner-Kratz, Gunther Grimmer, Olaf Hartmann, Heike Heinemann, Ralf Heinemann, Kerstin Hochmuth, Michael Jansen, Gabriele Kappus, Joachim Karsten, Thomas Klemmer, Dr. Felix Kratz, Dr. Ralf Laue, Silke Laue, Beate Lemke, Silke Neundörfer-Albrecht, Dr. Sonja Pagliusi, Rolf Pathe, Petra Reece, Jana Richter, Horst Richardson, Dieter Schneider, Maria Schwade, Barbara Siedentopf, Mark Sipowicz, Dr. Bernd Uhe, Nicole M. Walder.*

Ebenfalls möchte ich all jenen **Universitäts-Professoren und Dozenten** danken, die mich bei der Auswahl der wissenschaftlichen Studien unterstützt haben bzw. mich mit interessanten Artikeln der neuesten wissenschaftlichen Forschung versorgt haben: *Prof. Dr. Frank Bittmann, Prof. Jan Born, Prof. Dr. med. Henning Boecker, Prof. Dr. Ap Dijksterhuis, Dr. Jochen Donczik, Dr. Martin Dresler, Prof. Dr. Emrah Düzel, Dr. Kerstin Hödlmoser, Prof. Dr. Dumke, Prof. Dr. Andreas Eder, Prof. Dr. Daniel Erlacher, Prof. Dr. Susanne M. Jaeggi, Dr. Andrea Flemmer, Prof. Dr. Marcus Hasselhorn, Dr. Katrin Hille, Prof. Dr. Reinhold Kliegl, Dr. Siegfried Lehrl, Prof. Helga Noice, Prof. Dr. Dr. Ralf Reinhardt, Prof. Dr. Klaus Samac, Prof. Dr. Martin Schuster, Prof. Dr. Manfred Singer, Prof. Dr. Manfred Spitzer, Dr. Victor Spoormaker.*

Ebenfalls gilt mein Dank dem Diplom-Biologen *Domenic Saller,* einem der fähigsten und zuverlässigsten Menschen, die ich kenne. Seine Durchsicht des Grobmanuskriptes mit allen kritischen Anmerkungen und zusätzlichen Ideen war immens hilfreich.

Ein besonderer Dank gilt dem jungen talentierten Mensaner, Pianisten und Chemiestudenten *Paul Roßmann*, der mir während der monatelangen Arbeit an diesem Buch durch vielfältige Recherchen, Kommentare und Textdurchsichten stets hilfreich zur Seite stand.

Außerdem bin ich für die riesige Fotodatenbank von *www.istockphoto.de* dankbar, aus der ich die meisten Bilder und Grafiken erhalten habe. Ich hoffe, dass dadurch die Lerntipps besser in Erinnerung bleiben und das Lesen des Buches vergnüglicher und reizvoller wird. Diese Fotos wurden direkt oder nach einer gewissen eigenen Bearbeitung im Buch verwendet. Alle anderen grafischen Elemente und Diagramme wurden von mir selbst erstellt.

Und natürlich möchte ich meinem Verlag *Goldmann Verlag, Verlagsgruppe Random House*, danken, und zwar zum einen für die erfolgreiche langjährige Zusammenarbeit bei unseren bisherigen Buchprojekten. Zum anderen aber für die Unterstützung und den Beistand bei diesem für mich bisher umfangreichsten schriftstellerischen Werk.

Last, but not least gilt mein Dank meiner lieben Frau *Michaela Karsten*, die mich über eine lange Zeit hinweg an vielen Abenden und Wochenenden entbehren musste und geduldig und nachsichtig auf ihren unermüdlich über Lerntipps grübelnden, gestressten und angespannten Ehemann einging und trotzdem stets bereit war, mir als kompetente Gesprächspartnerin zur Seite zu stehen. Danke!

Über den Autor

Wenn du noch mehr wissen willst

Für alle, die nicht so gut aus Büchern lernen oder einfach noch mehr wissen und noch besser werden wollen, bieten der Autor und seine Frau verschiedene Möglichkeiten der Weiterbildung in Form von Vorträgen, Workshops und Seminaren an.

Dr. Gunther Karsten

als Vortragsredner

(Seminarleiter und Mentaltrainer)

Dr. Gunther Karsten gibt sein Expertenwissen mit seinem Unternehmen MemoVision® seit über zehn Jahren an Lehranstalten, Institutionen & Firmen in Form von Vorträgen auf Veranstaltungen und Events weiter. Die Vorträge (45 bis 90 Minuten) sind zugleich unterhaltsam und lehrreich gestaltet. Das Publikum wird verblüfft von mentalen Höchstleistungen und durch Tests und Übungsspiele mit einbezogen. Dabei erfährt es von den Schwächen unseres Gedächtnisses, aber auch von den fantastischen Möglichkeiten bei Nutzung der richtigen Gedächtnistechniken.

Zu seinen Kunden zählen renommierte internationale Firmen wie: *Bayer, BASF, Commerzbank, Lufthansa, Fujitsu, IBM, Hitachi, IAK, EnBW, Nordmetall, Microsoft, Siemens, VW u. v. a.*

Buchbar sind:
- Fachvortrag
- Warm-up-Vortrag
- Impulsvortrag
- Vortragsshow

Ebenfalls bietet Dr. Gunther Karsten spezielle Gedächtnis- und Turbo-Lernseminare (BrainSecret-Seminare, BrainEffect-Seminare etc.) an. Außerdem gibt er auch gern sein Wissen in Form von Workshops und persönlichen Einzelcoachings weiter.

***Buchung und nähere Information unter:* www.memovision.de**

Dr. Michaela Karsten
als Seminarleiterin
(auch spezielle ein- oder zweitägige Lernseminare für Schüler und Studenten)
Dr. Michaela Karsten (mehrfache Frauen-Gedächtnis-Weltmeisterin, Guinness-Rekordlerin, promovierte Medizinerin, Autorin von zahlreichen Artikeln über das Gehirn & Gedächtnis) gibt ihre mehrjährigen Erfahrungen im Gedächtnissport in Form von verschiedenen Gedächtnisseminaren, Workshops und Vorträgen weiter. Mit ihrem Unternehmen MindKarat® ist sie auf die Bereiche Lernen, Gedächtnis, Konzentrationstraining und Kreativität spezialisiert.

Zu ihren Kunden zählen internationale Firmen, Handelskammern, Schulen, wie Gymnasien oder Internate, und Universitäten.

Buchbar sind: • Gedächtnisseminare für Firmen- & Privatkunden • Seminare für Kinder & Studenten • Familienseminare • Einzeltrainings • Workshops & Impulsvorträge

***Buchung und nähere Information unter:* www.mindkarat.de**

Das Motto von MindKarat®:
Jeder kann seine mentalen Brillanten entwickeln!

Register

G

H

I

K

L

Bildnachweis

Guido Karp: 281; **Dirk Urban:** 265; **Delf Zeh:** 280; **iStockphoto:** 7 (Nicholas Monu), 15 (Georgi Anchev), 26 (almagami), 30 (Murat Giray Kaya), 34 (Smileus), 38 (ariwasabi), 42 (Jim Jurica), 46 (clearviewimages), 50 (Dag Ellingsen), 54 (Valua Vitaly), 63 (Bartosz Hadyniak), 74 (Carl Anderson), 78 (Spectral-Design), 82 (Swettlana), 86 (PeskyMonkey), 90 (Ken Brown), 94 (Sergei Kleshnev), 98 (vitor costa), 102 (Allen Johnson), 106 (Rena Schild), 110 (Marco Marchi), 120 (foto-ruhrgebiet), 128 (steve vanhorn), 136 (Slawomir Fajer), 140 (Viorika Prikhodko), 145 (wdstock), 147 (emily2k, 123render, oonal, Stefan Schulze), 148 (Givaga, ktsimage), 150 (Iuliia Burlachenko), 154 (Chris Bernard), 158 (jnaas), 168 (Orlando Rosu), 172 (Lauri Wiberg/Luca Fabbian), 176 (Feng Yu), 180 (Aleksandr Ugorenkov), 184 (SoleilC), 188 (Stephan Zabel), 192 (ktsimage), 196 (mediaphotos), 200 (Sergey Borisov), 204 (blackred), 214 (Troels Graugaard), 218 (Victor Correia), 222 (Yuriy Kirsanov), 226 (Ruslan Dashinsky), 230 (Relax-Foto.de), 234 (eucyln), 238 (Lobke Peers), 242 (ktsimage), 246 (Pamela Moore), 248 (Amanda Rohde), 250 (Olga Khoroshunova); **www.ingrid-schobel.de:** 28, 43, 64, 75, 105, 108, 112, 170, 206